Khensur Jampa Tegchok

*Leerheit und Abhängiges Entstehen*

Khensur Jampa Tegchok

# *Leerheit und Abhängiges Entstehen*

## Die Essenz der buddhistischen Philosophie

*Herausgegeben von Claudia Wellnitz*

Diamant Verlag München

**Bibliografische Information Der Deutschen Bibliothek**
Die Deutsche Bibliothek verzeichnet diese Publikation in der
Deutschen Nationalbibliografie; detaillierte bibliografische Daten
sind im Internet über http://dnb.ddb.de abrufbar.

2.Auflage 2021

Alle Rechte beim Diamant Verlag München
© Diamant Verlag München

ISBN 978-3-9807572-7-0

Satz/Layout: Traudel Reiß
Umschlaggestaltung: Jörg Hoffmann
Druck, Buchbindung: Druckerei Pohland, Augsburg

# Inhaltsangabe

## 6. Kapitel

## 7. Kapitel

## 8. Kapitel

## 9. Kapitel

## 10. Kapitel

# Vorwort

Dieses Buch enthält zwei Unterweisungen zum Thema Leerheit, die von ihrem Charakter her unterschiedlich sind. Bei der ersten Unterweisung mit dem Titel *Essenz der Guten Erklärung* handelt es sich um einen Kommentar zu Je Tsongkhapas *Lobpreis an Buddha Shakyamuni für seine Lehre vom Abhängigen Entstehen*, den Khensur Jampa Tegchok im Sommer 1984 im Kloster Nalanda, Südfrankreich, gab. Sie orientiert sich stark am Grundtext, der am Anfang des zweiten Teils und dann nochmals im Kommentar wiedergegeben ist.

Bei der zweiten Unterweisung mit dem Titel *Leerheit verständlich gemacht* lehrt Khensur Tegchok aus seiner persönlichen Erfahrung heraus; sie wurde 2001 im Kushi Ling Meditationszentrum in Italien gegeben.

Die Abschrift der Belehrungen aus Frankreich wurde ins Tibetische rückübersetzt, und Khensur Tegchog brachte Korrekturen und Erweiterungen an, die dann in der zweiten Fassung berücksichtigt wurden. Auch die zweite Fassung wurde nochmals ins Tibetische übersetzt, so dass weitere Verbesserungen gemacht werden konnten. Die ursprüngliche Übersetzung und erste Revision stammen von Thubten Sherab Sherpa; die zweite Fassung wurde von Thrinley Tenzin übersetzt. Gelong Thubten Gyatso gab diese Übersetzungen zunächst auf Englisch in Form einer Broschüre heraus. Die erste Übersetzung ins Deutsche von Albert Pichlmeier wurde von der Herausgeberin überarbeitet. Die Unterweisungen des zweiten Teils wurden vom Ehrw. Steve Carlier ins Englische übersetzt. Die deutsche Übersetzung basiert auf einer Tonbandabschrift und wurde von der Herausgeberin redigiert.

Beide Teile des Buches weisen die für mündliche Belehrungen in der tibetischen Tradition üblichen Wiederholungen auf und überschneiden sich teilweise. Ich habe bewusst auf radikale Kürzungen verzichtet, um diesen typischen Lehrstil beizubehalten. Ich hoffe, dass das Lesen dieses Buches bereits zu einer Meditation über Leerheit wird. Ginge es um ein bloß intellektuelles Verständnis, wäre die buddhistische Philosophie schnell erklärt, doch das Ziel dieser Art von Unterweisung ist eine grundlegende Veränderung unserer Sicht der Wirklichkeit – und die kann sich nur dann einstellen, wenn man das Thema auf einer tieferen, meditativen Ebene betrachtet und die eigene getäuschten Wahrnehmungen aufspürt, um sie dann zu widerlegen. Bei diesem kontemplativen Ansatz geht es darum, sich an die neue Sichtweise zu gewöhnen, und so wiederholt man die gleichen Überlegungen – unter nur geringfügig verändertem Blickwinkel – so lange, bis eine nachhaltige Veränderung spürbar wird.

Ich war selbst bei beiden Unterweisungen anwesend und habe sehr viel profitiert. Ich hoffe, dass ich diese positive Erfahrung durch das Zusammenstellen dieses Bandes weitergeben kann.

*Claudia Wellnitz*
*Meditationshaus Kushi Ling, Arco, Italien*
*Juni 2004*

*Erster Teil:*
*Essenz der guten Erklärung*

# Einführung

Buddha wurde vor über 2500 Jahren in Indien als Prinz Siddharta, ein Königssohn des Sakya-Volkes, geboren. Ein Heiliger sagte voraus, aus dem jungen Prinz würde einmal entweder ein großer Monarch werden oder ein spiritueller Führer, der die höchsten Verwirklichungen erlangen und viele andere zur Befreiung führen würde. Besorgt, dass sein Sohn in späteren Jahren in das spirituelle Leben eintreten könnte, schirmte der König Siddharta von allem ab, was auf die Existenz von Unglück und Leid hinwies. Dennoch sah der Prinz die Leiden von Krankheit, Alter und Tod und erkannte, dass den Daseinsformen innerhalb der Bereiche des Daseinskreislaufs jegliche Essenz fehlt, da sie allesamt von Leid gekennzeichnet sind. Im Alter von 29 Jahren entsagte er dem genussvollen Leben im väterlichen Palast und wurde ein asketischer Yogi – bewegt vom Mitgefühl für alle leidenden Wesen und mit der Absicht, sie von ihrem Unglück zu erlösen. Er lebte mit seinen Lehrern im Wald und meisterte viele Schwierigkeiten, aber schließlich befreite er sich von allen Fehlern und erlangte die Weisheit, die alle Phänomene erkennt.

Buddha erlangte die Erleuchtung als Resultat seines Bodhicitta – der über zahllose Leben genährten Absicht, alle Wesen vom Leid zu befreien. Nachdem er die Ursachen für Leiden und den Pfad zur Beendigung des Leids entdeckt hatte, drehte er das Rad des Dharma, um den fühlenden Wesen zu zeigen, wie sie sich selbst von Fehlern befreien und Glück erlangen können. Buddha liebte alle Wesen gleichermaßen, aber die Wesen hatten unterschiedliche Ansammlungen von Verdienst, so dass nicht alle aus den Dharma-Belehrungen Nutzen ziehen konnten. Manche konnten das Dharma verstehen und sofort mit der Praxis beginnen, andere erfassten dessen Bedeutung nur allmählich. Wir halten den Buddha in Ehren und empfinden Hochachtung für ihn, weil er seinen Geist durch Meditation über die Leerheit von inhärenter Existenz sogar von den subtilsten Fehlern reinigte und sich alle Weisheit aneignete. Er führte dann andere in das Verständnis der Leerheit ein und brachte ihnen bei, wie man Fehler bereinigt und sich Weisheit aneignet, genau wie er selbst es getan hatte.

Leerheit ist keine Erfindung des Buddha. Phänomene sind immer leer von inhärenter Existenz gewesen, aber unser Geist ist seit anfangsloser Zeit niemals frei von emotionalen Befleckungen und falschen Vorstellungen gewesen, die nach wahrer Existenz greifen. Diese haben uns davon abgehalten, die Leerheit zu erkennen – die Art, wie die Dinge tatsächlich existieren. Buddha legte die Methode zum Beseitigen dieser Hindernisse dar, die er selbst angewandt hatte. Jenen, die sich Glück wünschen, zeigt er den Weg zum Glück; jenen, die sich wünschen, frei von Schmerz zu sein, zeigt er den Weg, um Schmerz zu beseitigen. In dieser Weise nutzt Buddhas Mitgefühl den fühlenden Wesen. Die Intelligenten und jene, die viel Verdienst angesammelt hatten, konnten seine Lehren genau so ausüben, wie er sie erklärte. Viele erlangten die Buddhaschaft. Ihr Vorbild zeigt uns, dass auch wir die Buddhaschaft erlangen können, sofern wir den Anweisungen des Buddha folgen.

Buddhas Lehren hatten eine Blütezeit in Indien und verbreiteten sich in viele andere Länder. Bis circa 1950 war Tibet mit seinen vielen Kloster-Universitäten und ausgiebigen Bibliotheken zu Buddhas Sutra- und Tantra-Lehren sowie einschlägigen Kommentaren ein Hauptzentrum der Dharma-Praxis. Die Lehren wurden weithin praktiziert, aber ungünstige politische Verhältnisse in Tibet und anderen buddhistischen Ländern haben in letzter Zeit einen raschen Verfall der Dharma-Praxis verursacht. Glücklicherweise gibt es im Osten und im Westen noch Länder mit günstigen Bedingungen für das Studium der Lehre, und die Anzahl der Praktizierenden steigt wieder an. Menschen haben immer noch die Gelegenheit, ein Verständnis davon zu gewinnen, wie die Dinge in Wirklichkeit existieren. Wenn sie dem Pfad des Buddha folgen, erkennen sie, dass solch eine Praxis sogar die Schwierigkeiten des gegenwärtigen Lebens beseitigt. Aufrichtig Praktizierende werden sanft, friedvoll und weise. Solche Eigenschaften sind in allen menschlichen Gesellschaften selten, werden aber überall hoch angesehen.

So wie wir uns Glück wünschen, suchen auch alle anderen Wesen Glück; so wie wir uns wünschen, von Leid frei zu sein, suchen auch alle anderen Wesen die Freiheit vom Leid. Buddhas Lehren enthalten die Methoden, um Leid zu beseitigen und Glück zu erreichen; nicht nur für uns selbst, sondern für alle Wesen. Am Anfang müssen wir liebevolle Zuneigung und Mitgefühl allen Wesen gegenüber erzeugen und ebenso die Absicht, ihnen beim Überwinden von Leid und Erwerben von Glück zu helfen. Wenn wir nicht unverzüglich Liebe und Mitgefühl für alle anderen haben können, können wir zumindest aufhören, ihnen Schaden zuzufügen. Immer mehr Menschen erkennen die Wichtigkeit von Buddhas Lehren für sich selbst und für die Gesellschaft. Durch das Ausüben des Pfades, den der Buddha zeigte, schaden wir keinem und nutzen vielen. Wenn wir diesen Lehren nicht zu folgen vermögen, liegt der Fehler in uns selbst, nicht in der Lehre.

Wenn wir uns elend fühlen, weil wir nicht bekommen können, was wir wollen, oder wenn wir gezwungen sind, in schwierigen Umständen zu leben, sind diese und alle anderen Arten von Elend Resultate unserer eigenen unheilsamen Handlungen in früheren Leben. Unsere früheren Handlungen waren durch geistige Leidenschaften wie Anhaftung, Wut und Stolz motiviert, die auf der falschen Vorstellung basierten, die nach wahrer Existenz des Selbst greift. Dieser Vorstellung hängen wir noch immer an, aber wenn wir sie abschwächen, können wir auch die durch sie entstehenden geistigen Leidenschaften abschwächen. Wie das Beschädigen der Wurzeln eines Baumes die Zweige, Blätter und Blüten schädigt, werden wir die Leidenschaften eindämmen, sobald unser Greifen nach wahrer Existenz geringer wird; und es wird uns gelingen, unheilsame Handlungen, die nur Unglück hervorbringen, aufzugeben.

Solange wir nicht dem Pfad zur Erkenntnis der nicht-wahren Existenz des Selbst folgen, wird es uns niemals gelingen, uns aus dem Kreislauf von Tod und Wiedergeburt zu befreien; wir werden niemals das Nirvana eines Hörers, Alleinverwirklichers oder eines Mahayana-Anhängers erlangen. Es gibt keine Buddhas, Bodhisattvas, Alleinverwirklicher oder Hörer der Vergangenheit, Gegenwart oder Zukunft, die nicht dem Pfad der Erkenntnis nicht-wahrer Existenz folgten. Dies ist der Pfad, der von allen Buddhas und Bodhisattvas gepriesen wird. Wenn wir Frieden und Glück für uns und für andere wünschen, müssen wir uns definitiv an das Studium und die Erkenntnis der Leerheit machen.

Würden die Reliquien des Buddha in Stupas gelegt, die aus den sieben kostbaren Edelsteinen gefertigt sind, und wäre die Anzahl der Stupas gleich der Anzahl der Atome des gesamten Universums und würden die fühlenden Wesen aller drei Bereiche diese Gaben darbringen – würde unermesslich viel Verdienst geschaffen. Wenn jedoch jemand lediglich eine Abschrift der *Prajnaparamita-Sutren* macht und sie anderen darbringt, wird er größeres Verdienst schaffen, weil die mutter-gleichen *Prajnaparamita-Sutren* die Bedeutung der Leerheit direkt wiedergeben – denn es ist schließlich das Verständnis der Leerheit, durch das die Buddhas und Bodhisattvas der drei Zeiten ihre Verwirklichungen erlangten.

Wenn unsere Dharma-Praxis vom Verständnis der Leerheit getragen wird, können wir alles Leid beseitigen – so wie man mit der wirkungsvollsten Arznei sämtliche Krankheiten zu heilen vermag. Die *Prajnaparamita-Sutren* sind von enormem Nutzen, weil sie den Samen der Weisheit im Geist der Praktizierenden säen, und dies wird schließlich all die verschiedenen Leiden der Existenz überwinden; genauso wie das Säen eines Heilpflanzensamens die Wurzeln, Stängel, Zweige, Blätter, Blüten und Früchte erzeugt, wobei jeder Teil seine eigenen Heilkräfte hat. Ein moderneres Beispiel wäre ein Stromgenerator, der eine einzige Art von Energie aussendet, die viele verschiedene Funktionen erfüllt: Sie speist Radios, Heizungen, Kühlschränke, Züge usw. Die *Prajnaparamita* kann ebenso mit der Erde verglichen werden, die alle Dinge trägt.

Warum preisen wir die *Vollkommenheit der Weisheit* so sehr? Sind nicht Liebe und Mitgefühl die Ursache für das Erlangen der Buddhaschaft? Wenn Liebe und Mitgefühl nicht gestützt werden von der Weisheit, welche die nicht-inhärente Existenz der Dreier-Sphäre (Subjekt, Objekt und Handlung) versteht, können sie nicht zur Ursache für das Erlangen der Buddhaschaft werden. Die Weisheit, die die Leerheit erkennt, ist die Hauptursache für das Durchtrennen der Wurzel des Daseinskreislaufs. Liebe und Mitgefühl werden als Vorbereitungen für die Erkenntnis der Leerheit praktiziert, aber nach dieser Erkenntnis werden sie von der Weisheit, die die Leerheit erkennt, gestützt und werden zur Ursache für das Erlangen der Buddhaschaft. Die Leerheit stützt die anderen Eigenschaften wie ein Weltenherrscher sein Gefolge stützt.

Buddha fragte Indra: »Was würdest du wählen: die *Prajnaparamita* oder ein Reines Land, gefüllt mit Reliquien?« Indra erwiderte: »Ich bevorzuge die *Prajnaparamita.*« »Aus welchem Grund triffst du diese Wahl?«, fragte Buddha. Indra erwiderte: »Mir mangelt es keineswegs an Respekt für die Reliquien, aber Buddhas und ihre Reliquien entstammen der Praxis der *Prajnaparamita,* und aus Respekt für die *Prajnaparamita* verehren gewöhnliche Wesen die Buddhas und ihre Reliquien.« In Indras Aussage werden die Buddhas und ihre Reliquien mit den Untergebenen eines Königs verglichen – aufgrund ihrer Nähe zum König empfindet man Respekt und Anerkennung ihnen gegenüber. In gleicher Weise wird ein Behälter, in dem sich ein Wunsch erfüllendes Juwel befindet, aufgrund seines Inhalts als wichtig betrachtet. Menschen respektieren Buddhas heiligen Körper, weil er der Behälter des Weisheits-Wahrheitskörpers ist – des Dharmakaya.

Bäume sind von verschiedenster Art, Farbe und Gestalt, aber alle spenden einen Schutz mit demselben Namen: Schatten. In ähnlicher Weise erhalten all die verschiedenen Übungen – Großzügigkeit, ethische Disziplin, Geduld, Tatkraft und Konzentration den einen Namen »Paramita«, wenn sie mit der Weisheit der *Prajnaparamita* verbunden sind. Abschriften der *Prajnaparamita*-Texte zu erstellen und sie anderen darzubringen, bringt mehr Verdienst, als so viele Wesen in den Zustand eines Arhats zu erheben, wie es Atome in der Welt gibt; ihre Bedeutung zu erklären, bringt sogar noch mehr Verdienst. Es gibt siebzehn Ebenen, die anwachsende Nützlichkeit der *Prajna-paramita* zu erklären; alles Verdienst entspringt der *Prajnaparamita*. Ohne einen Sprössling kann es keine Stängel, Blätter oder Blumen geben; wenn es keine Weisheit gibt, die die Leerheit versteht, gibt es keine Chance, Buddha zu werden. Wenn keine Buddhas in der Welt erscheinen, gibt es auch keine Bodhisattvas, Alleinverwirklicher oder Hörer. Dann gibt es niemanden, der den fühlenden Wesen umfassend nützt. Weil die Sonne aufgeht, können sich alle Wesen in der Welt ihre Hitze und ihr Licht zunutze machen. Gleichermaßen gilt: Wenn ein Buddha in die Welt kommt, gibt er diejenigen Belehrungen, die die Menschen auszuüben vermögen. Sie können damit Bodhicitta erlangen und den fühlenden Wesen unermesslichen Nutzen bringen.

Wenn die Nagas[1] den Manasarowar-See verlassen, werden alle Seen und Flüsse der Erde austrocknen, die Vegetation wird verdorren, Ernten werden ausfallen, und man kann keine Naga-Juwelen mehr finden. Ähnlich ist es, wenn uns die Weisheit, die die Leerheit versteht, fehlt: Es wird keine Liebe und kein Mitgefühl geben, die von der Weisheit, die die Leerheit versteht, gestützt werden; es wird kein Erlangen von Bodhicitta geben und keine Erleuchtung, denn diese hängen von Liebe und Mitgefühl ab, welche von dieser Weisheit gestützt werden.

*Geshe Jampa Tegchok*
*Kloster Nalanda, Frankreich, Herbst 1984*

# Grundtext

## Lobpreis an Buddha Shakyamuni für seine Lehre vom Abhängigen Entstehen

1. Ich verbeuge mich vor Ihm,
   dessen Einsicht und Rede Ihn unübertrefflich machen
   als Weisen und Lehrer;
   der Sieger, der (die endgültige Wahrheit) erkannte,
   lehrte uns dann abhängig-verbundenes Entstehen.

2. Unwissenheit ist die Wurzel schlechthin für alle
   Unannehmlichkeiten in dieser vergänglichen Welt.
   Sie werden abgewendet durch das Verstehen
   des Abhängigen Entstehens, welches Du gelehrt hast.

3. Wie könnten denn die Intelligenten nicht verstehen,
   dass der Pfad des abhängig-verbundenen Entstehens
   die Essenz Deiner Lehre ist?

4. Da dem so ist, oh Beschützer,
   wer könnte etwas Wunderbareres finden,
   um Dich zu preisen,
   als Deine Lehre über Abhängiges Entstehen?

5. Was auch immer von Umständen abhängt,
   ist »leer von inhärenter Existenz«.
   Welche vortreffliche Unterweisung könnte es geben,
   die bewundernswerter wäre als diese Worte?

6. Indem sie (Abhängiges Entstehen) falsch verstehen
   stärken die Kindischen das Band
     der extremen Ansichten.
   Aber für die Weisen ist das Gleiche das Mittel,
   sich aus dem Netz der Erdichtungen zu lösen.

7. Da diese Lehre nirgendwo anders gefunden wird,
   bist Du allein der *Lehrer*.
   Für einen Tirthika wäre dieser Name Schmeichelei,
   als ob man einen Fuchs einen Löwen nennen würde.

8. Oh wunderbarer Lehrer, oh wunderbare Zuflucht,
   vortrefflicher Redner, großer Beschützer,
   ich huldige diesem großen Lehrer,
   der Abhängiges Entstehen so klar beschrieb.

9. Oh Wohltäter, um alle Wesen zu heilen
   hast Du Abhängiges Entstehen verkündet,
   die einzigartige Begründung,
   die Leerheit, den Kern der Lehre, zu beweisen.

10. Wie könnten jene, die den Weg
    von tiefgründigem Abhängigen Entstehen
    als widersprüchlich oder unbewiesen ansehen,
    jemals Dein System verstehen?

11. Wenn man wahrnimmt, dass *leer*
    gleichbedeutend ist mit *Abhängigem Entstehen*,
    dann widerspricht »leer von inhärenter Existenz«
       nicht
    der Wirksamkeit von Handelndem und Handlung.

12. Nimmt man aber das Gegenteil wahr,
    könnte es weder in Leerheit Handlung geben,
    noch Leerheit in dem, was handelt, und
    man würde in einen entsetzlichen Abgrund fallen.

13. Deshalb: Abhängiges Entstehen zu verstehen,
    so wie Du es gelehrt hast,
    wird wohl gepriesen.
    (Dinge) sind nicht völlig nicht-existent,
    noch sind sie inhärent existent.

14. Das Unabhängige ist wie eine Himmelsblume,
    deshalb ist nichts nicht abhängig.
    Existenz durch eigene Natur schließt aus,
    dass etwas durch Ursachen und Umstände besteht.

15. Daher wird gelehrt:
    Weil nichts anderes als Abhängig Entstehendes
        existiert,
    gibt es kein existierendes Ding,
    welches nicht leer ist von inhärenter Existenz.

16. Da inhärente Natur kein Ende hat,
    sagtest Du, dass Nirvana unmöglich wäre,
    wenn Phänomene irgendeine inhärente Natur hätten,
    da Projektionen kein Einhalt geboten werden könnte.

17. Wer kann Ihn daher anzweifeln,
    der in Versammlungen der Weisen,
    mit dem mächtigen Ruf eines Löwen
    die Freiheit von inhärenter Natur klar verkündete?

18. Da das Fehlen von inhärenter Natur und die Fähigkeit,
    wirksam zu sein, sich nicht widersprechen,
    steht dem nichts entgegen,
    dass Abhängiges Entstehen und Leerheit zusammen
        bestehen.

19. »Folgt man der Schlussfolgerung des
        Abhängigen Entstehens,
    so gibt es keine Grundlagen für extreme Ansichten.«
    Wegen dieser meisterhaften Lehre,
    oh Beschützer, ist Deine Rede unübertrefflich.

20. »Alles ist leer von Selbst-Natur«
    und »aus dieser Ursache entsteht jene Wirkung«
    – diese beiden Tatsachen stützen einander
    und verweilen in Harmonie.

21. Was ist wundervoller als dies?
    Was ist herrlicher als dies?
    Wenn Du für diesen Grundsatz gepriesen wirst,
    ist das der wahre Lobpreis und kein anderer.

22. Sklaven der Geistesplagen
    schätzen Dich gering;
    wen wundert es, dass sie den Klang von
    »nicht-inhärenter Existenz« unerträglich finden.

23. Aber »Abhängiges Entstehen« akzeptieren,
    den kostbaren Schatz Deiner Rede,
    und dann den mächtigen Ruf von Leerheit missachten;
    das finde ich wahrlich unbegreiflich.

24. Wenn manche gerade aufgrund der Benennung des
        Höchsten,
    des »Abhängigen Entstehens«
    – des Tors, welches zu nicht-inhärenter Existenz führt –
    nach inhärenter Existenz greifen, durch welche Mittel

25. können dann diese Menschen
    auf den guten Pfad geführt werden, der Dich erfreut,
    und diese unvergleichliche Eingangspforte
        durchschreiten,
    Durch die die erhabenen Aryas gehen?

26. Inhärente Existenz: ungeschaffen und nicht-abhängig;
    abhängig verbunden: geschaffen und abhängig.
    Wie sind diese beiden Zustände
    an einer Grundlage vereinbar, ohne Widerspruch?

27. Deshalb: Was auch immer abhängig entsteht,
    ist zwar stets frei von inhärenter Existenz,
    scheint aber von seiner eigenen Seite her zu existieren;
    daher sagtest Du, dies sei wie eine Illusion.

28. Aufgrund dieser Tatsache können wir gut verstehen,
    dass es heißt, jene,
    die Dich mit Hilfe von Logik herausfordern,
    könnten keinerlei Fehler in deinen Lehren finden.

29. Warum? Weil Deine Erklärung
    kaum Gelegenheit gibt
    manifeste oder nicht-manifeste Dinge
    übertrieben wahrzunehmen oder zu leugnen.

30. Deine Rede gilt als einzigartig,
    weil sie den Pfad Abhängigen Entstehens darlegt,
    und diese bringt auch die Gewissheit,
    dass (Deine) anderen Lehren ebenso gültig sind.

31. Du sahst die Wirklichkeit, und lehrtest sie wohl; jene,
    die in Deine Fußstapfen treten
    werden alle Schwierigkeiten überwinden,
    da sie die Wurzel des Unheilsamen zerstören.

32. Jene, die sich von Deiner Lehre abwenden,
    mögen sich zwar abmühen, lang und hart,
    ziehen jedoch nur ein Problem nach dem anderen an,
    durch ihre feste Vorstellung von einem Selbst.

33. Wunderbar! Wenn die Weisen den Unterschied
    zwischen diesen beiden [Schulungen] begreifen,
    wie können sie versäumen,
    Dich aus tiefstem Herzen wertzuschätzen?

34. Selbst wenn man den gesamten Schatz
    Deiner Lehren außer Acht lässt
    Und nur ein allgemeines Verständnis eines Teils
       davon erlangt,
    so bringt das bereits höchste Glückseligkeit hervor.

35. Ach! Mein eigner Geist wurde von Verwirrung
       geleitet,
    als ich vor langer Zeit Zuflucht suchte;
    blind gegenüber den ausgedehnten Qualitäten Deiner
       Lehren,
    ganz zu schweigen von ihren feinen Details.

36. Doch ist der Strom meines Lebens noch nicht
    in den Schlund des Herrn des Todes gesunken,
    und ich besitze ein wenig Vertrauen zu Dir.
    Schon allein deswegen kann ich mich glücklich
       schätzen.

37. Unter Lehrern – der Lehrer des Abhängigen Entstehens;
    unter den Weisheiten – die Weisheit des Abhängigen
       Entstehens:
    Gleich Königen über alle Herrscher der Welt,
    beweisen diese Deine allerhöchste Weisheit.

38. Alles, was Du gelehrt hast
    hat einen Bezug zum Abhängigen Entstehen,
    und da dies zum Nirvana führt,
    bringen alle Deine Taten Frieden.

39. Wundervoll ist Deine Lehre! Wer auch immer zuhört,
    wird Frieden erlangen,
    wem könnte da nicht daran gelegen sein,
    solche Lehren zu bewahren?

40. Da diese Doktrin alle Gegner überwindet,
    frei von innerem Widerspruch ist
    und beide Ziele der Wesen erfüllt,
    vermehrt sich meine Freude an ihr stetig.

41. Um der Lehre willen gabst Du
    immer wieder über zahllose Äonen hinweg:
    zuweilen Deinen Körper, zuweilen Dein Leben
    Deine teure Familie und Schätze an Gütern.

42. Wenn ich eingehender über die Vortrefflichkeiten
        Deines Dharma nachdenke,
    erscheinst Du meinem Geist
    wie ein Fisch, den man an einem Haken herbeizieht.
    Wie traurig mein Schicksal, es nicht von Dir gehört
        zu haben!

43. Die Intensität dieser Traurigkeit lässt meinen Geist
        nicht los,
    so wie der Geist einer Mutter,
    der nicht loskommt von den Gedanken
    an ihr geliebtes, verlorenes Kind.

44. Aber wenn ich mir Dich lehrend vorstelle,
    strahlend mit dem Glanz heiliger Merkmale
        und Zeichen,
    umgeben von Lichtstrahlen,
    oh Lehrer, Deine wohlklingende Brahma-Stimme

45. ausdrucksvoll in all ihrer Glorie.
    Wenn dieses Bild von Shakyamuni in
        meinem Geist entsteht,
    wird mein Kummer sofort geheilt
    so wie ein Fieber von Mondstrahlen gesenkt wird.

46. Obwohl dieses gute System so wunderbar ist,
    werden Ungeschickte völlig verwirrt,
    ihre Ideen sind völlig verknotet,
    gerade wie das Balbaja Gras.

47. Nachdem ich dieses Problem verstanden hatte,
    schulte ich mich (in den Werken) qualifizierter Weiser
    und hörte mit Energie hier und dort zu,
    wobei ich stets deine Intention zu verstehen versuchte.

48. Ich studierte viele Abhandlungen
    von buddhistischen und nicht-buddhistischen Schulen;
    dennoch quälte sich mein Geist immer
        wieder schmerzhaft,
    im Netz des Zweifels.

49. So ging ich zum Nachtlilien-Garten der Abhandlungen
    von Nagarjuna, der bereits angekündigt worden war,
    als jemand, der die Hauptpunkte Deines
        letztendlichen Fahrzeugs klar erläutern wird,
    frei von Extremen der Existenz und Nicht-Existenz.

50. Erhellende Kränze weißen Lichts,
    wahre Sprachgewandtheit des glorreichen Mondes
        (Chandrakirti),
    dessen strahlendes Auge unbefleckter Weisheit
    frei am Himmel der Schriften wandert,

51. die Dunkelheit extremistischer Herzen vertreibend
    und die Sternbilder falscher Rede überstrahlend.
    Ich entdeckte dies aufgrund der Güte meines Guru,
    und mein Geist fand endlich Erleichterung.

52. Von all seinen Handlungen ist Buddhas Rede
        die Allerhöchste
    und aus genau diesem Grund sollten wahre Weise
    des Vollendeten gedenken für diese Lehre.

53. Inspiriert durch den Lehrer, entsagte ich der Welt
und studierte die Lehre des Siegreichen gut.
Ich war fleißig in der Yoga-Praxis; derart ist
dieses Bhikshus Hochachtung für den Großen Seher.

54. Dank der Güte meines Guru war ich in der
glücklichen Lage,
der befreienden Lehre des einzigartigen Führers
zu begegnen;
deshalb widme ich dieses Heilsame,
auf dass alle Wesen von spirituellen Freunden
empfangen werden.

55. Mögen die Lehren des Wohltätigen nicht von
den Winden falscher Ansichten gestört werden,
bis Samsara endet;
mögen alle Wesen der Welt für immer die Essenz
der Lehren verstehen
und Vertrauen zum Lehrer haben.

56. Mögen sie Shakyamunis vortrefflichen Weg bewahren,
der das Prinzip des Abhängigen Entstehens offenbart;
mögen sie in all ihren Leben niemals wanken,
selbst wenn es ihren Körper und ihr Leben kosten
sollte.

57. Mögen sie Tag und Nacht immerzu denken,
wie man am besten diesen glorreichen Erfolg erzielt,
den der Höchste Befreier,
in Leben beharrlicher, unermesslicher Tatkraft
bewirkte.

58. Wenn Wesen mit reiner Absicht danach streben
[diese Lehre zu bewahren],
mögen Brahma, Indra und die Beschützer der Welten
sowie die Wächter wie Mahakala ihnen
fortwährend Unterstützung gewähren und sie
niemals verlassen.

# 1. Kapitel

Von Glück verheißenden Vorzeichen angekündigt wurde Lama Tsongkhapa im Jahre 1357 in Tibet geboren, womit sich eine Prophezeiung des Buddha erfüllte. Im Alter von drei Jahren wurde er der Obhut seines ersten Lehrers anvertraut, und in den nächsten dreiunddreißig Jahren studierte er unter Tibets größten Yogis und Meistern der Philosophie. Durch die Verbindung von Studium und Meditation mit vollkommener Entsagung meisterte er die Praktiken des Hinayana, Mahayana und Vajrayana. Schon als Novize war er als Lehrer berühmt, und sein Ruhm wuchs an, bis er allgemein als unfehlbarer Meister der Dharma-Praxis und -Weisheit anerkannt wurde. Um die Bedeutung von Sutra und Tantra klarzustellen, schrieb er achtzehn Textbände; die Essenz seiner Erklärung der Sutren ist enthalten in der kurzen *Essenz der Guten Erklärung* und der längeren *Essenz der Guten Erklärung,* die zwischen den endgültigen und zu interpretierenden Bedeutungen unterscheidet. Viele von Lama Tsongkhapas Nachfolgern schrieben Kommentare zur *Essenz der Guten Erklärung;* die folgende Belehrung basiert auf dem Kommentar des großen Lama Phur-Bu-Tschog.

## Den Lobpreis darbringen

*Essenz der Guten Erklärung* beginnt mit der Zeile: »Ich verneige mich vor Guru Manjushri«. Lama Tsongkhapa huldigt Manjushri, weil der Guru die Quelle alles Heilsamen ist und weil es Manjushri, dem Buddha der Weisheit, zu verdanken ist, dass er ein Verständnis und die Erkenntnis der Essenz von Buddhas Lehren erlangte, nämlich dass etwas Abhängig Entstandenes leer von inhärenter Existenz ist und dass etwas, das leer von inhärenter Existenz ist, ein Abhängig Entstandenes ist. Im Abschnitt zur Guru-Hingabe in seiner *Darlegung der Stufen auf dem Pfad (Lam Rim)* erklärte Lama Tsongkhapa die Wichtigkeit des Gurus und die Gründe, warum man ihn verehren sollte. Zu den zehn Hauptqualitäten, die ein Guru besitzen sollte, gehört ein vollständiges intellektuelles oder intuitives Verständnis der Leerheit. Wenn jemand das Thema, das er lehrt, nicht klar versteht, fühlen sich die Zuhörer so, als würden sie einer blinden Person folgen, die den Weg nicht kennt. Wir möchten dem Pfad zur Befreiung und zur Erleuchtung folgen, aber wenn unser Führer nicht versteht, wie die beiden Eigenschaften – Leerheit und Abhängiges Entstehen – an allen Phänomenen zusammen existieren, werden wir niemals das Ende des Pfades erreichen; alle unsere Bemühungen werden fruchtlos bleiben.

Lama Tsongkhapa studierte und praktizierte die Lehren von Guru Shakyamuni Buddha und Manjushri, die klar erkannt hatten: Wenn etwas in Abhängigkeit entsteht, ist es leer von inhärenter Existenz; und wenn etwas leer von inhärenter Existenz ist, entsteht es in Abhängigkeit. Er erlangte die gleiche Erkenntnis und preist nun Buddha, indem er die Wichtigkeit der Lehre vom »Abhängigen Entstehen« und der »Leerheit von inhärenter Existenz« hervorhebt.

## BUDDHAS QUALITÄTEN UND WISSEN PREISEN

*1) Ich verbeuge mich vor Ihm, dessen Einsicht und Rede*
*Ihn unübertrefflich machen als Weisen und Lehrer,*
*der Sieger, der (die endgültige Wahrheit) erkannte,*
*lehrte uns dann abhängig-verbundenes Entstehen.*

*Einsicht* bezieht sich auf Buddhas Wissen, und *Rede* bezieht sich auf seine Qualität, ein einzigartiger Lehrer zu sein. Er ist *ein unübertrefflicher Weiser und Lehrer,* weil er die Qualitäten von Liebender Güte und Mitgefühl besitzt und diese ihn motivieren, Abhängiges Entstehen und Leerheit zu lehren. *Der Sieger, der erkannte,* bezieht sich auf sein Wissen, seine durch Meditation über die Leerheit erworbene Erkenntnis. Er ist *der Sieger,* weil er die vier Maras (Dämonen) und die beiden Arten von Hindernissen überwunden hat.

Die vier Maras sind:
* Tod
* geistige Leidenschaften
* Leiden der Aggregate
* Wesen, die Praktizierende hindern.

Die beiden Hindernisse sind:
* Hindernisse in Bezug auf die Befreiung
* Hindernisse in Bezug auf die Allwissenheit

Nachdem er alle Hindernisse aufgegeben und überwunden hatte, erlangte Buddha die Erkenntnis des gesamten Pfades zur Allwissenheit; dann gab er dieses Wissen aus seinem großen Mitgefühl heraus an andere weiter. Lama Tsongkhapa zeigte direkt Buddhas allerhöchstes Aufgeben und indirekt seine allerhöchste Erkenntnis.


## BUDDHAS ZWEI ZIELE

Die beiden Motivationen, die die Handlungen des Buddha leiten, sind:
* das allerhöchste eigene Ziel,
* das allerhöchste Ziel für andere.

Das allerhöchste eigene Ziel hat zwei Aspekte: allerhöchste Verwirklichung und allerhöchstes Aufgeben. Allerhöchste Verwirklichung bedeutet, dass Buddha all die Dinge klar erkannt hat, die man wissen sollte; allerhöchstes Aufgeben bedeutet, dass er alle Dinge aufgegeben hat, die aufzugeben sind. Nach dem Erlangen der allerhöchsten Qualitäten lehrte Buddha das Dharma, um andere vor Leid zu beschützen: Das ist das allerhöchste Ziel für andere. Seine Erklärung der Bedeutsamkeit des Gesetzes von Ursache und Wirkung (Karma) und die Erklärung, dass die Phänomene Abhängig Entstandene sowie leer von inhärenter Existenz sind, sind Buddhas allerhöchstes, erleuchtetes Verhalten.

Lama Tsongkhapa erklärt nun, wie »Abhängiges Entstehen« und »leer von inhärenter Existenz« gleichbedeutend sind. Wir sollten versuchen, diese Erklärung zu verstehen und in unserem Geist die tatsächliche Erkenntnis hervorzubringen, weil es unser eigenes essentielles Ziel ist, die Buddhaschaft zu erlangen, indem wir die beiden Arten von Hindernissen aufgeben. Das können wir nur dadurch vollbringen, dass wir die Bedeutung von Abhängigem Entstehen und Leerheit erkennen.

## DIE VIER BUDDHA-KÖRPER

Der erste Vers kann auch als eine Erklärung der vier Buddha-Körper verstanden werden. Das Wort *Sieger* deutet auf den Wesenskörper hin – die Natur des Geisteskontinuums eines Buddha, welches frei von vorübergehenden Verunreinigungen ist. Man erlangt ihn durch die Kraft des Bereinigens der angeborenen Verunreinigung der Unwissenheit.

*Einsicht* bezieht sich auf den Weisheits-Wahrheitskörper: Buddhas Weisheit, die gleichzeitig die konventionelle und die endgültige Wahrheit erkennt.

*Rede* ist ein Hinweis auf die beiden Formkörper – den Körper des höchsten Erfreuens, mit dem Buddha den Arya-Bodhisattvas Belehrungen gibt, und den Ausstrahlungskörper, mit dem er gewöhnliche Wesen unterweist, deren Karma rein genug ist, um seinen Belehrungen beiwohnen zu können. Dieser Vers hat dieselbe Bedeutung wie die Huldigung in *Abhandlung über den Mittleren Weg*, die Lama Tsongkhapa am Anfang seines Textes einbindet:

*Ich preise den vollendeten Buddha,*
*den allerhöchsten Philosophen, der lehrte:*
*Das, was abhängig entsteht, hat keine Auslöschung,*
*kein Entstehen, kein Vergehen, keine Beständigkeit,*
*kein Kommen, kein Gehen, keinen Unterschied, keine Gleichheit,*
*ist frei von Projektionen und ist in Frieden.*

## BUDDHA, DIE VOLLKOMMENE ZUFLUCHT

Nach einer dritten Art, den ersten Vers zu betrachten, wird hier darauf hingewiesen, dass Guru Shakyamuni Buddha eine gültige Person ist, zu der wir Zuflucht nehmen können. Eine Person kann kein gültiges Zufluchtsobjekt für fühlende Wesen sein, wenn sie nicht weiß, wie sie diese vor Leid schützen kann. Eine Person ist ebenfalls kein gültiges Zufluchtsobjekt, wenn sie die Weisheit besitzt, andere aus dem Leid zu führen, ihr aber das Mitgefühl fehlt, die Wesen zu unterrichten. *Ich verbeuge mich vor ihm, dessen Einsicht und Rede* ... zeigt, dass Buddha sowohl die Weisheit besitzt, andere vor Leid zu beschützen, als auch das Mitgefühl, ihnen den Weg zu zeigen. Buddha lehrte ausschließlich zum Wohle anderer, er erwartete weder Ruhm noch materielle Belohnung.

# 2. Kapitel

## WARUM WIRD BUDDHA FÜR SEINE LEHRE VOM ABHÄNGI-GEN ENTSTEHEN GEPRIESEN?

Buddha kann auf viele Arten gepriesen werden – etwa wegen seines Bodhicitta, seiner Ansammlung von Verdienst und Weisheit, seines Erlangens der Erleuchtung oder seiner Qualitäten von Körper, Rede und Geist. In den folgenden drei Versen preist Lama Tsongkhapa den Buddha aufgrund seiner Lehre über Abhängiges Entstehen.

*2) Unwissenheit ist die Wurzel schlechthin*
*für alle Unannehmlichkeiten in dieser vergänglichen Welt.*
*Sie werden abgewendet durch das Verstehen*
*des Abhängigen Entstehens, welches Du gelehrt hast.*

All die hervorragenden ursächlichen und resultierenden Kenntnisse, die die Buddhas erwerben, dienen dazu, die verschiedenen Unannehmlichkeiten der Welt zu vertreiben. *Die Welt* bezieht sich hier sowohl auf die fühlenden Wesen als auch auf ihre Umgebung oder auf die eigenen Fünf Aggregate von Körper und Geist. Die Umgebung ist die äußere Welt; sie ist vergänglich, weil sie entsteht, besteht und schließlich zugrunde geht. Fühlende Wesen sind die innere Welt; sie sind vergänglich, weil sie geboren werden, altern und sterben. *Unannehmlichkeiten* bezieht sich auf die Entartungen der fühlenden Wesen und ihrer Umgebung oder auf die Anhäufung von vier oder fünf Aggregaten[2]. Die Entartung der Umgebung ist das Resultat karmischer Handlungen jener Wesen, die in dieser Umgebung leben; alles Leid – Unglücklichsein, Wiedergeburt, Altern, Krankheit und Tod – folgt dem Erwerb beflecker Aggregate; es ist das Resultat karmischer Handlungen in früheren Leben.

Karmische Handlungen hinterlassen im Bewusstsein eingeprägte Samen, welche durch die nährende Unterstützung der beiden Befleckungen Verlangen und Ergreifen heranreifen und bewirken, dass wir nach dem Tod eine neue Ansammlung befleckter Aggregate annehmen. Selbst wenn keine karmischen Samen aus früheren Leben vorhanden sind: Solange die Unwissenheit bleibt, bringt sie stets neue karmische Handlungen hervor; sie ist die Wurzel allen Karmas, das die fühlenden Wesen an den Daseinskreislauf bindet. Deshalb sagt Lama Tsongkhapa: »*Unwissenheit ist die Wurzel von allem*«.

Unwissenheit bezieht sich auf die beiden Vorstellungen, die nach einer Eigen-Identität von Personen und Phänomenen greifen. Um diese Unwissenheit aufzugeben, brauchen wir die Weisheit, die sich auf dasselbe Objekt – das bloß benannte Selbst – bezieht, aber dieses auf entgegengesetzte Weise erfasst. Nur mithilfe dieser Weisheit können wir uns von der Unwissenheit befreien. Daher müssen wir die Weisheit kultivieren, die die Nicht-Existenz des erfassten Objekts jener Vorstellungen erkennt, die nach den beiden Eigen-Identitäten greifen. Wenn wir uns mit dieser Weisheit über einen langen Zeitraum hinweg vertraut machen, sind wir schließlich fähig, alle Unwissenheit aufzugeben. Die Erkenntnis des Abhängigen Entstehens wird uns die Kraft geben zu verstehen, dass nichts von seiner eigenen Seite her existiert – nicht einmal das kleinste Teilchen. Diese Weisheit, die von den Extremen des Nihilismus und Eternalismus frei ist, ist der alleinige Pfad, um unsere grundlegende Unwissenheit zu beseitigen.

## ANHÄNGER BEIDER FAHRZEUGE ERKENNEN DIESELBE WEISHEIT

Ein Anhänger des Hinayana-Fahrzeugs erwirbt weniger Verdienst und muss weniger Mühe auf seinem Pfad anwenden als ein Mahayana-Anhänger, aber Anhänger beider Fahrzeuge verwirklichen dieselbe Weisheit, die die Leerheit erkennt. Der

Unterschied liegt darin, dass der Hinayana-Anhänger viel weniger Zeit damit verbringt, sich mit dieser Weisheit vertraut zu machen und Verdienst anzusammeln. Die Mahayana-Anhänger verwenden viele logische Begründungen, um die Leerheit von inhärenter Existenz nachzuweisen; die Hinayana-Anhänger sind nicht in der Lage, so tiefgründig über die Leerheit zu reflektieren. Dennoch erlangen beide Arten von Praktizierenden ihr jeweiliges Nirvana durch die Meditation über dieselbe Leerheit und deren direkte Erkenntnis.

## UNWISSENHEIT – DIE WURZEL DES DASEINSKREISLAUFS

Buddha lehrte Abhängiges Entstehen auf verschiedene Arten, um den Menschen verstehen zu helfen, dass die gesamte Umgebung und die fühlenden Wesen, die darin leben, nicht-inhärent existent sind. Die Grundursache für alle Unannehmlichkeiten und Entartungen der fühlenden Wesen wie auch ihrer Umgebung ist Unwissenheit. Bei den Zwölf Gliedern des Abhängigen Entstehens steht die *Unwissenheit* an erster Stelle, gefolgt von *karmischer Handlung*, welche einen Eindruck im *Bewusstsein* (3. Glied) hinterlässt. Die Glieder *Verlangen* und *Ergreifen* entstehen zum Zeitpunkt des Todes; sie nähren den karmischen Eindruck, und dies führt durch das Glied *Werden* zur zukünftigen *Geburt*. Die Weisheit, die die Leerheit von inhärenter Existenz erkennt, bewirkt, dass das Glied *Unwissenheit* beseitigt wird, und dadurch werden die restlichen Glieder zerstört. Wenn wir uns die Zwölf Glieder in umgekehrter Reihenfolge ansehen, wird verständlich, wie das möglich ist.

In unserem nächsten Leben werden wir *Altern und Tod* erfahren – ein Resultat der Tatsache, dass wir geboren worden sind; unsere Wiedergeburt ist das Resultat eines karmischen Samens, der in diesem Leben heranreift. Die karmischen Samen werden durch *Verlangen* und *Ergreifen* genährt; welche mit *Kontakt* und der Erfahrung von Sinnesobjekten verbunden sind. All das geschieht aufgrund des Erwerbens der befleckten Aggregate, das wiederum auf einen karmischen Eindruck zurückgeht, der sich in einem früheren Leben ins Bewusstsein eingeprägt hat. Dieser karmische Eindruck stammt aus einer von Unwissenheit motivierten Handlung.

Wer die Unwissenheit aufgibt, kann entweder das Hinayana-Ziel der Befreiung oder das Mahayana-Ziel der höchsten Erleuchtung erlangen. Man könnte nun die Frage stellen:»Wenn sowohl die Weisheit, die die Leerheit erkennt, als auch die Unwissenheit, die aufgegeben wird, dieselben sind, warum gibt es nicht ein für beide Fahrzeuge gemeinsames Resultat?« Der Unterschied ist, dass die beiden Arten von Praktizierenden sehr verschiedene Zeitspannen aufwenden, um Vertrautheit mit dieser Weisheit zu gewinnen und Verdienst anzusammeln.

Lama Tsongkhapa legt die Sicht der Prasangika-Madhyamika-Schule dar. Danach ist die Unwissenheit die Wurzel des Daseinskreislaufs, und die Vorstellungen, die nach einem inhärent existenten Selbst der Personen und der Phänomene greifen, sind diese Unwissenheit. Anderen Schulen zufolge sind die Vorstellungen, die nach einem Selbst greifen, nicht die Unwissenheit, die die Wurzel des Daseinskreislaufs bildet, denn diese Grundunwissenheit ist ein Geistesfaktor und kein Hauptbewusstsein. Doch Lama Tsongkhapa erwähnt diesen Punkt in mehreren Schriften, auch in der *Knappen Darlegung der Stufen auf dem Pfad*, wo es heißt:»*Die Vorstellung, welche wirksame Phänomene als wahrhaft existent erfasst, ist Unwissenheit.*« In dieser Schrift werden die beiden nach einem Selbst greifenden Vorstellungen nicht getrennt erwähnt; Personen und Phänomene sind beide in dem Ausdruck»wirksame Phänomene«enthalten. Lama Tsongkhapa zeigt, dass die Vorstellung, die wirksame Phänomene als inhärent existent erfasst, jene Unwissenheit ist, die als Wurzel des Daseinskreislaufs gilt.

Im letzten Teil des Abschnitts zur Besonderen Einsicht in *Große Darlegung der Stufen auf dem Pfad* sagt Lama Tsongkhapa: »*Der große Chandrakirti akzeptiert, dass die Vorstellung von inhärenter Existenz Unwissenheit ist.*« In der gleichen Schrift sagt er auch:»*Beiderlei Arten des Greifens nach einem Selbst – der Person und der Phänomene – sind Unwissenheit.*«

Die Anhänger des Svatantrika-Madhyamika bezeichnen die Vorstellung, die wirksame Phänomene als wahrhaft existent erfasst, als Hindernis vor der Allwissenheit; den Prasangika-

Anhängern zufolge ist diese Vorstellung das Hindernis vor der Befreiung; sie bezeichnen die Erscheinung von inhärenter Existenz und die Befleckung, die beiden Wahrheiten als getrennte Wesenheiten zu betrachten, als Hindernis vor der Allwissenheit. In seinem *Kommentar zu (Nagarjunas) Wurzel der Weisheit* sagt Lama Tsongkhapa:

> *»Durch Wahrnehmen der Wirklichkeit erlangt man Nirvana; durch das Nicht-Wahrnehmen der Wirklichkeit tritt man in den Daseinskreislauf ein.«*

*Wahrnehmen der Wirklichkeit* bezieht sich auf die Erkenntnis der Leerheit von inhärenter Existenz. Dies impliziert, dass die Vorstellung von inhärenter Existenz Unwissenheit und die Wurzel des Daseinskreislaufs ist.

Im *Kommentar zu (Dignagas) Kompendium der Gültigen Erkenntnis* sagt Dharmakirti: *»Das Nicht-Wahrnehmen der Leerheit ist die Ursache für den Daseinskreislauf«* Statt vom *»Greifen nach einem Selbst«* oder von der *»Vorstellung von inhärenter Existenz«* zu sprechen, wenn es um die Unwissenheit geht, die die Wurzel des Daseinskreislaufs ist, spricht er hier vom *Nicht-Wahrnehmen der Leerheit* und *Nicht-Wissen*.

Die beiden nach einem Selbst greifenden Vorstellungen erfassen ihre Objekte so, als würden sie aufgrund ihrer eigenen Merkmale existieren. Diese Wahrnehmung entsteht nicht aufgrund ihrer eigenen Kraft, sondern durch die Kraft der Unwissenheit. Um klar aufzuzeigen, wie die nach einem Selbst greifenden Vorstellungen unwissend bezüglich ihres wahrgenommenen Objekts sind, nannte Lama Tsongkhapa sie in vielen seiner Werke *»Unwissenheit«*. Er bezog sich bei dieser Darlegung auf Schriften von Nagarjuna, der in *Siebzig Verse über Leerheit* schrieb: *»Der Geist, der inhärente Existenz wirksamer Phänomene erfasst. ist Unwissenheit; auch Buddha bezeichnet diesen Geist als Unwissenheit.«*

Im Abschnitt über Besondere Einsicht in *Große Darlegung der Stufen auf dem Pfad* sagt Lama Tsongkhapa: *»Was ist Verwirrung? Die Natur aller inneren und äußeren Phänomene ist, dass sie nicht aufgrund ihrer eigenen Merkmale existieren. Wenn der Geist* *diese Phänomene so erfasst, als ob sie aufgrund ihrer eigenen Merkmale existierten, ist das eine Übertreibung; das ist Verwirrung.*«

Im Kommentar zu (Nagarjunas) *Wurzel der Weisheit* sagt Lama Tsongkhapa: »*Unwissenheit ist nicht bloß das Fehlen der Wahrnehmung von Leerheit; sie ist auch nicht bloß verschieden von der Erkenntnis der Leerheit; sie ist ein Geist, eine Art ein Objekt zu erfassen, die in direktem Gegensatz zur Erkenntnis der Leerheit dieses Objekts steht.*«

Er zeigt auf, dass die nach einem Selbst der Person und der Phänomene greifenden Vorstellungen Unwissenheit sind, weil die Art, in der sie ihre Objekte erfassen, widersprüchlich zum Erfassen der Leerheit jener Objekte ist.

## MEDITATION ÜBER ABHÄNGIGES ENTSTEHEN IST DER PFAD ZUR BEFREIUNG

*Wie könnten denn die Intelligenten nicht verstehen,*
*dass der Pfad des abhängig-verbundenen Entstehens*
*die Essenz Deiner Lehre ist?*

Die »Intelligenten« sind die Bodhisattvas, die mittels der Meditation über den Pfad die Leerheit erkannt haben – sie haben verstanden, dass »leer von inhärenter Existenz« gleichbedeutend ist mit »abhängig entstehend«. Die Meditation über den Pfad führt zu dem Verständnis, dass es sich hierbei um die Essenz der Buddhalehre handelt. Der Pfad ist das Mittel der Intelligenten, um den Daseinskreislauf zu durchtrennen und um Befreiung und Erleuchtung zu erlangen. Guru Shakyamuni Buddha sagte: »Aufgrund des Greifens nach Ich und Mein wandern die fühlenden Wesen im Daseinskreislauf umher.«

In *Ergänzung* zu (Nagarjunas) *Abhandlung über den Mittleren Weg* sagt Chandrakirti: »Fühlende Wesen ziehen aufgrund des Greifens nach *Ich* und *Mein* ohne jede Wahl durch den Daseinskreislauf; sie fallen in den Daseinskreislauf, wie ein Eimer in den Brunnenschacht hinabfällt.«

Durch ihr Greifen nach *Ich* und *Mein* stärken die fühlenden Wesen ihre Unwissenheit fortwährend. Ihre Gedanken drehen sich ständig um: »ich«, »ich bin«, »mein«, »mein Besitz«. Ein Eimer fällt leicht in den Brunnenschacht, aber es ist schwer, ihn wieder herauszuziehen. In gleicher Weise fallen die fühlenden Wesen leicht in die drei leidhaften Bereiche, doch es ist schwer für sie, dann wieder in den glücklichen Bereichen wiedergeboren zu werden.

In *Grundlegende Abhandlung über den Mittleren Weg* sagt Nagarjuna: »*Um die Unwissenheit zu beenden, sollte man häufig über Leerheit meditieren.*«

In *Vierhundert Verse über den Mittleren Weg* sagt Aryadeva: »*Wenn man begreift, dass* ›*Abhängiges Entstehen*‹ *und* ›*leer von inhärenter Existenz*‹ *gleichbedeutend sind, ist Unwissenheit abwesend.*« In seinem Kommentar zu (Nagarjunas) *Abhandlung über den Mittleren Weg* sagt Buddhapalita: »*Das Auge der Weisheit der gewöhnlichen Wesen ist verschleiert durch Verwirrung; sie nehmen die Wirklichkeit der Dinge falsch wahr.*«

Obwohl in Wirklichkeit alle Phänomene leer sind von inhärenter Existenz, nimmt der getäuschte Geist gewöhnlicher Wesen eine falsche Wirklichkeit wahr, und sein fehlendes Verständnis der Dinge bringt ihn dazu, Eigenschaften auf sie zu projizieren, die sie nicht besitzen. Solche auf Unwissenheit basierenden Projektionen führen zu weiteren Befleckungen, wie Anhaftung, Hass und Stolz, welche dann ungeschickte karmische Handlungen anregen. Auf diese Art erschaffen gewöhnliche Wesen die Ursachen dafür, fortwährend innerhalb der sechs Bereiche des Daseinskreislaufs[3] umherzuwandern. Wenn wir vollständig verstehen, dass »leer von inhärenter Existenz« »Abhängiges Entstehen« bedeutet, wird unser Geist von der strahlenden Weisheit erhellt, welche die Dunkelheit der Verwirrung entfernt. Wenn die Dunkelheit einmal vertrieben ist, erscheint unserem Weisheitsauge die Wirklichkeit aller Phänomene.

Wer intelligent ist, kultiviert diese Weisheit; sie tritt den nach einem Selbst greifenden Einstellungen direkt entgegen, sodass diese aufgegeben werden. Sie führt auch zur Überwindung aller anderen Befleckungen, die schließlich durch die Macht der nach einem Selbst greifenden Einstellungen entstehen. Wenn einmal die Hauptaufgabe erledigt ist, folgen die

sekundären Dinge natürlicherweise: Sind die Wurzeln eines
Baumes durchtrennt, sterben die Blätter und Zweige ab. Wenn
wir nur ein simples Gegenmittel gegen eine der sekundären
Befleckungen einsetzen, kann es nicht gelingen, sie alle zu entfernen. So ist die Meditation über die Hässlichkeit beispielsweise das Gegenmittel gegen Anhaftung, aber sie greift keine
anderen Befleckungen wie etwa Hass oder Stolz an.

## DER VORTREFFLICHSTE LOBPREIS

*4) Da dem so ist, oh Beschützer,*
*wer könnte etwas Wunderbareres finden, um Dich zu preisen,*
*als Deine Lehre über Abhängiges Entstehen?*

Guru Shakyamuni Buddha wusste, dass das Verständnis des
Abhängigen Entstehens dazu führen würde zu erkennen, was
mit »leer von inhärenter Existenz« gemeint ist und umgekehrt.
Ihn dafür zu preisen, dass er dieses Wissen anderen lehrte, ist
der vortrefflichste Lobpreis; nicht einmal die Weisen könnten
einen besseren Weg finden, Buddha zu preisen.

*5) Was auch immer von Umständen abhängt,*
*ist »leer von inhärenter Existenz«.*
*Welche vortreffliche Unterweisung könnte es geben,*
*die bewundernswerter wäre als diese Worte?*

Dieser Vers fasst die Bedeutung des 26. Kapitels von Nagarjunas *Wurzel der Weisheit* und die Bedeutung der Sutren, auf
welches sich jenes Kapitel bezieht, zusammen – die Vorwärts-
und Rückwärtsentfaltung der Zwölf Glieder des Abhängigen
Entstehens. Alle Lehren des Buddha sollen den Menschen helfen, direkt oder indirekt die Wirklichkeit zu erkennen – nämlich die Leerheit von inhärenter Existenz aller Phänomene. Der
Pfad der Erkenntnis des Abhängigen Entstehens ist die Essenz
der Lehren, weil es Buddhas Ziel war, alle Wesen vom Unglück zu befreien. Dieser Pfad führt durch die Zerstörung der
Unwissenheit – der Wurzel der Befleckungen – zur Freiheit.

Wenn die Befleckungen für immer entfernt sind, ist die Grundursache des Leidens entfernt, und die fühlenden Wesen können die Ziele der Befreiung und Erleuchtung erlangen. Die Erkenntnis der Leerheit ist der einzige Weg, um in die Arya-Pfade, die Fahrzeuge der Hörer, Alleinverwirklicher und Bodhisattvas, einzutreten. Sie ist das einzige Tor zum Erlangen des Friedens von Nirvana, und zusammen mit den anderen fünf Paramitas führt sie zur Buddhaschaft.

# 3. Kapitel

## Kurzer Lobpreis der Lehre vom Abhängigen Entstehen

BEWUNDERUNG DER LEHRE, DASS PHÄNOMENE NICHT INHÄRENT EXISTIEREN, WEIL SIE AUF URSACHEN UND UMSTÄNDEN GRÜNDEN

Der fünfte Vers zeigt:

1) Wahre Leiden sind das Resultat Wahrer Ursachen – von Karma und geistigen Befleckungen.
2) Wahre Beendigungen sind das Resultat der Wahren Pfade.
3) Wiedergeburt in den niederen Bereichen und die jeweilige Umgebung in den niederen Bereichen sind Resultate von unheilsamem Karma.
4) Wiedergeburt als Mensch oder Gott des Begierde-Bereichs und die jeweilige Umwelt sind Resultate von heilsamem Karma.
5) Wiedergeburt als Götter des Körperlichen und Körperlosen Bereichs und die Umwelt des Körperlichen Bereichs sind Resultate von unveränderlichem Karma.

Ursachen und Wirkungen, die zur Wiedergeburt innerhalb der drei Bereiche führen, werden als »Ursache und Wirkung auf der Seite der Befleckung« bezeichnet. Die drei Fahrzeuge, die zum Erlangen von Befreiung und Erleuchtung führen, werden »Ursache und Wirkung auf der Seite der Läuterung« genannt.

GLEICHZEITIGES WIDERLEGEN DER BEIDEN EXTREMEN
ANSICHTEN

Buddha lehrte, dass alles, was in Abhängigkeit von Ursachen
und Umständen existiert, leer ist von inhärenter Existenz. Diese Lehre ist höchst wundervoll; kein besserer oder tiefgrün-
digerer Rat könnte je gegeben werden. Wenn man den impli-
zierten Syllogismus in den ersten beiden Zeilen des fünften
Verses versteht, widerlegt das gleichzeitig die beiden extremen, falschen Ansichten. Das ermöglicht uns, auf dem Mittleren Weg zu bleiben.

Der Syllogismus lautet:»Innere und äußere wirksame Phänomene sind leer von inhärenter Existenz, weil sie von Ursachen und Umständen abhängig sind.« Die Abhängigkeit von
Ursachen und Umständen widerlegt die extreme Ansicht des
Nihilismus, dass die Dinge nicht abhängig von Ursachen und
Umständen sind.»Leer von inhärenter Existenz« widerlegt die
extreme Ansicht des Eternalismus, dass die Dinge von ihrer
eigenen Seite her existieren. Anderen Begründungen fehlt die
Kraft dieses Syllogismus, der gleichzeitig beide extreme Ansichten vertreiben kann.

Buddha sagte zu Anavatapa, dem König der Nagas:»Jene
Dinge, die in Abhängigkeit von Ursachen und Umständen hervorgebracht werden, existieren nicht natürlicherweise; jene Dinge, die von Umständen erzeugt sind, besitzen nicht einmal das
kleinste Teilchen inhärenter Existenz; alles, was in Abhängigkeit von Umständen existiert, ist leer von inhärenter Existenz.
Wenn diese Dinge verstanden werden, wird man große Sorg-
falt aufbringen, um die drei Tore von Körper, Sprache und Geist
zu bewachen.«

In *Große Darlegung der Stufen auf dem Pfad* sagt Lama Tsongkhapa:»Keine Philosophen außer den Madhyamika-Anhängern
können erklären, in welcher Weise diese beiden Eigenschaften
[Abhängiges Entstehen und ›leer von inhärenter Existenz‹]
nicht-widersprüchlich sind.« Wenn jene (Prasangika-) Madhyamika Philosophen, die die Leerheit direkt erkannt haben, den
Ausdruck»Abhängiges Entstehen« hören, verstehen sie automatisch, dass dies bedeutet, dass das Objekt leer von inhären-

ter Existenz ist. Philosophen aller anderen Schulen halten diese beiden Merkmale dagegen für widersprüchlich. Wenn sie »Abhängiges Entstehen« hören, heißt das für sie automatisch, dass das Objekt natürlich existent ist, und sie verfallen der extremen Sicht des Eternalismus. Wenn sie über »leer von inhärenter Existenz« nachdenken, sehen sie keine Verbindung zum Abhängigen Entstehen; in der Tat vermittelt es ihnen die Vorstellung das Objekt existiere überhaupt nicht, und sie verfallen der extremen Sicht des Nihilismus.

STAUNEN, DASS DIE BEGRÜNDUNG, DIE UNWEISE MENSCHEN ANFÜHREN, UM DIE VORSTELLUNG INHÄRENTER EXISTENZ ZU BESTÄTIGEN, FÜR DIE WEISEN EINE PERFEKTE BEGRÜNDUNG FÜR DIE NICHT-INHÄRENTE EXISTENZ IST

*6) Indem sie (Abhängiges Entstehen) falsch verstehen*
*stärken die Kindlichen das Band der extremen Ansichten.*
*Aber für die Weisen ist die gleiche Sache das Mittel,*
*sich aus dem Netz der Erdichtungen zu lösen.*

Kindliche Wesen, denen Weisheit fehlt, haben ihre Begründungen, durch die sie die Vorstellung, die nach einer inhärenten Existenz greift, aufrechterhalten. Für die Weisen sind die gleichen Begründungen eine Methode, um die Vorstellung, die nach inhärenter Existenz greift, zu durchtrennen. Wir alle verstehen: Wenn wir Reiskörner säen, können wir nur Reis heranziehen und keine Erbsen oder Gerste. Ebenso allgemein bekannt ist die innere Tatsache, dass heilsames und unheilsames Karma eindeutig seine jeweiligen Resultate erzeugt. Ausgehend von diesem Faktum denken die Unvernünftigen, dass Phänomene von ihrer eigenen Seite her und inhärent existieren. Ihnen zufolge folgt aus der Tatsache, dass aus Reissamen nur Reis entstehen kann, dass Reis inhärent existent ist. Verstehen sie die Geradlinigkeit des Prozesses von Ursache und Wirkung, so führt das bei den Unvernünftigen zu der falschen Vorstellung, welche nach inhärenter Existenz greift. Sie verfangen sich noch mehr in extremen Ansichten.

Für die Prasangika-Anhänger ist die Erkenntnis, dass unterschiedliche Ursachen unterschiedliche Resultate hervorbringen, ein Mittel, um die verschiedenen Erdichtungen der Vorstellung von inhärenter Existenz zu durchtrennen. Für sie ist ein Beweis, dass Dinge nicht natürlich existieren, und sie zeigt die nicht-inhärente Existenz aller Phänomene auf. In *Große Darlegung der Stufen auf dem Pfad* sagt Lama Tsongkhapa: *»Wenn die Unweisen erkennen, dass zusammengesetzte Phänomene von Ursachen und Umständen abhängen, stärkt das ihre Vorstellung, die nach inhärenter Existenz greift, wohingegen die Prasangika-Anhänger durch das Verständnis, dass zusammengesetzte Phänomene von Ursachen und Umständen abhängen, die nicht-inhärente Existenz jener Phänomene erkennen.«* Wenn hier von »Unweisen« oder »Unvernünftigen« gesprochen wird, so sind damit alle Anhänger der Lehrmeinungen von Svatantrika-Madhyamika bis hinab zu Vaibashika gemeint.

Wenn die Svatantrika-Anhänger den Syllogismus aufstellen: »Ein Sprössling ist nicht-wahrhaft existent, weil er etwas Abhängig Entstehendes ist«, betrachten sie das Merkmal – Abhängiges Entstehen – als natürlich existent. Die Anhänger des Prasangika stimmen dem nicht zu; sie sagen: »Wenn Abhängiges Entstehen als natürlich existent betrachtet wird, ist der Syllogismus kein Beweis für die subtile nicht-wahre Existenz aller Phänomene.« Die beiden Schulen erkennen unterschiedliche Ebenen von wahrer Existenz an; dem Svatantrika-System zufolge sind »Existenz« und »natürliche Existenz« synonym, und sie geben sich, anders als die Prasangika-Anhänger, keine Mühe, natürliche Existenz zu verneinen.

Allgemein sind die verschiedenen Begründungen, die die unteren Schulen anführen, um wahre Existenz zu verneinen, unvollkommen, wenn man sie mit denen der höheren Schulen vergleicht. Die Begründungen der unteren Schulen gehen einher mit der Annahme, die Begründungen selbst seien inhärent existent, ein Beispiel ist der hier angeführte Syllogismus. Die Svatantrika-Anhänger akzeptieren den dualistischen Standpunkt, dass Objekte gleichzeitig von ihrer eigenen Seite her existieren und von einem Subjekt – dem Geist – zugeschrieben sind.

STAUNEN, DASS KEIN ANDERER LEHRER DIESE TATSACHEN
LEHRT

*7) Da diese Lehre nirgendwo anders gefunden wird,*
*bist Du allein der Lehrer.*
*Für einen Tirthika wäre dieser Name Schmeichelei,*
*als ob man einen Fuchs einen Löwen nennen würde.*

Guru Buddha Shakyamunis Erklärung zur Widerlegung der
beiden extremen Ansichten ist einzigartig, weil sie in keiner
vergangenen oder gegenwärtigen philosophischen Lehre zu
finden ist. Da Buddha der einzige ist, der diese überaus wichtige Doktrin lehrt, sollte allein ihm der Titel »Lehrer« zuste-
hen. In den nicht-buddhistischen Schulen gibt es Schüler, die
ihre Lehrer für vollkommene Führer halten, aber wenn ihre
Philosophie die beiden extremen Ansichten nicht widerlegen
kann, sind sie keine vollkommenen Lehrer; würde man sie so
nennen, ist es, als würde man einen Fuchs als Löwen bezeichnen.

*8) Oh wunderbarer Lehrer, oh wunderbare Zuflucht,*
*vortrefflicher Redner, großer Beschützer.*
*ich huldige diesem großen Lehrer,*
*der Abhängiges Entstehen so klar beschrieb.*

»*Oh wunderbarer Lehrer*« zeigt Lama Tsongkhapas Wertschätzung für Buddhas bewundernswerte Fähigkeit, dem richtigen
Pfad zu folgen, das Ziel der Erleuchtung zu erlangen und, aus
großem Mitgefühl heraus, anderen den Pfad zu zeigen. »*Oh
wunderbare Zuflucht*« bedeutet, dass Buddha vollständig frei von
allen Fehlern und Befleckungen ist, dass er vollkommen befä-
higt ist, andere aus Furcht erregenden Verhältnissen zu führen, und dass er großes Mitgefühl hat und damit unterschieds-
los allen fühlenden Wesen hilft, sich von ihren Fehlern und
unglücklichen Umständen zu befreien. »*Vortrefflicher Redner*«
bedeutet: Wenn Buddha die Doktrin verkündet, so tut er dies
mit vielen Qualitäten, wie etwa den Vier Arten der Furchtlosigkeit. Niemand kann seine Lehre widerlegen – deshalb be-

zeichnet man seine Rede als die vortrefflichste. *Großer Beschützer* bedeutet, dass Buddha alle Wesen beschützt, so wie ein Vater seine Kinder schützt – durch Erziehung und indem er sie mit allem versorgt, was sie benötigen.

»Alle Dinge sind leer von inhärenter Existenz, weil sie Abhängig Entstehende sind« ist eine bemerkenswerte Aussage, deren Bedeutsamkeit wir erst verstehen, wenn wir eingehender über die Begründungen nachdenken, die sie belegen. Lama Tsongkhapa begriff die Wahrheit dieser Aussage und lobt deshalb den Buddha insbesondere dafür. Wenn wir sagen, die Vorstellung von inhärenter Existenz sei die Grundlage aller Arten von Befleckung, ist das vergleichbar mit der Aussage, das Organ des Tastsinns sei die Stütze für die anderen Sinnesorgane. Ist das Körper-Organ zerstört, kann keines der Sinnesorgane mehr funktionieren. Und so gilt auch: Wenn die Vorstellung, die nach inhärenter Existenz greift, zerstört ist, sind alle Befleckungen und ihre Fehler zerstört. Auch wenn die Vorstellung, die nach inhärenter Existenz greift, nur abgeschwächt wird, beeinflusst das die Befleckungen bereits tiefgreifend. In *Ergänzung zu (Nagarjunas) Abhandlung über den Mittleren Weg* sagt Chandrakirti: »*Wenn der Brennstoff ausgegangen ist, erlischt das Feuer; wenn eine Person erwacht, enden ihre Träume.*« Der Vorstellung, die nach inhärenter Existenz greift, Einhalt zu gebieten, verhindert das Entstehen der Befleckungen und ihrer Fehler; wird diese Vorstellung von der Wurzel her zerstört, sind die Befleckungen für immer entfernt.

Die Vorstellung, die nach inhärenter Existenz greift, ist der Geist, der davon ausgeht, dass die Dinge wahrhaft und unabhängig, von ihrer eigenen Seite her existieren. Wenn eine Person darüber nachdenkt, dass Phänomene »Abhängig Entstehende« sind, versteht sie allmählich, dass diese unzweifelhaft von Ursachen und Umständen und von einer Zuschreibung abhängen. Sie neigt dann nicht mehr dazu, die Dinge zu betrachten, als ob sie unabhängig von anderem existierten. Um zu vermeiden, dass wir diesen beiden Extremen des Eternalismus und Nihilismus verfallen, sollten wir folgende Aussage reflektieren:»Alle Phänomene sind nicht-inhärent existent, weil sie abhängig verbunden sind«. Das wird uns auf dem Mittleren Weg halten und uns ermöglichen, gleichzeitig die beiden extremen Ansichten aufzugeben. »Nicht-inhärente Existenz« beseitigt den Gedanken, dass Dinge für immer existieren, und »abhängig verbunden« beseitigt den Gedanken, dass Dinge überhaupt nicht existieren.

# 4. Kapitel

## Ausführlicher Lobpreis der Lehre vom Abhängigen Entstehen, Teil I

### Erkennen der letztendlichen Sicht des Lehrers

*9) Oh Wohltäter, um alle Wesen zu heilen*
*hast Du (Abhängiges Entstehen) verkündet,*
*die einzigartige Begründung,*
*die Leerheit, den Kern der Lehre, zu beweisen.*

Dieser Vers bedeutet:»Oh Wohltäter, dass alle Phänomene leer sind von inhärenter Existenz, ist die Essenz Deiner Lehren. Wenn Du Leerheit lehrst, widerlegst Du die extreme Anschauung des Eternalismus; wenn Du Abhängiges Entstehen lehrst, widerlegst Du die extreme Haltung des Nihilismus. Diese Lehren sind die vortrefflichen Schlussfolgerungen, um zu begründen, dass alle inneren und äußeren Phänomene leer sind von inhärenter Existenz.«

Die Grundlage unserer Diskussion ist der Syllogismus:»Alle inneren und äußeren Phänomene sind nicht natürlich existent, weil sie abhängig verbunden sind«. Das logische Anzeichen *abhängig verbunden* zeigt, dass alle inneren und äußeren Phänomene in Abhängigkeit von Teilen oder von Ursachen und Umständen existieren und nicht von ihrer eigenen Seite her. Phänomene können auf viele Arten abhängig verbunden sein, zum Beispiel:

1.  Alle zusammengesetzten Phänomene sind erzeugt, sie hängen von Ursachen und Umständen ab, die ihnen vorausgingen; auch die Ursachen und Umstände selbst entstanden in Abhängigkeit von vorangehenden Ursachen und Umständen.

2.  Nicht-zusammengesetzte Phänomene basieren nicht auf Ursachen, hängen aber dennoch von anderen Faktoren ab, wie etwa einem begrifflichen Bewusstsein, das benennt. »Wahre Beendigung« ist ein nicht-zusammengesetztes Phänomen, das vom begrifflichen Bewusstsein abhängt, das »Wahre Beendigung« zuschreibt. Sie basiert auch auf dem Wahren Pfad, wodurch sie erlangt wird.

3.  Die Leerheit – ein weiteres nicht-zusammengesetztes Phänomen – hängt von ihrer Grundlage ab. Die Leerheit einer Vase stützt sich auf ihre Grundlage: die Vase.

4.  Der »nicht-zusammengesetzte Raum« ist definiert als ein Zustand, in dem jeder hinderliche Kontakt fehlt. Er kann nur in einer Situation identifiziert werden, in der kein hinderlicher Kontakt vorliegt und hängt daher von dieser ab.

5.  Alle Phänomene, zusammengesetzte oder nicht-zusammengesetzte, hängen von ihren Teilen ab.

6.  Alle Objekte, wie etwa eine Vase, hängen von der Grundlage ihrer Benennung ab, der Benennung selbst und dem begrifflichen Bewusstsein, das diese Benennung vergibt. Die Grundlage für die Benennung »Vase« ist ein bauchiger Wasserbehälter mit flachem Boden (die Definition von Vase). Die Benennung »Vase« wird dieser Grundlage vom begrifflichen Bewusstsein gegeben, das denkt: »Dies ist eine Vase«.

Es gibt grobe und subtile Ebenen abhängiger Beziehungen. Ein Beispiel für ein Phänomen, das in Abhängigkeit von einem groben Objekt existiert, ist »Kürze«. Kürze existiert nur dadurch, dass sie mit etwas Langem verglichen wird. Außen und innen, rechts und links, sowie die vier Himmelsrichtungen sind alle in dieser Weise abhängig verbunden. Es gibt keine festen Seiten oder Richtungen, sie alle hängen von dem Umstand ab, miteinander verglichen zu werden.

Ein subtilerer Aspekt abhängiger Beziehungen zeigt sich im Kontext der Existenz der fühlenden Wesen innerhalb des Daseinskreislaufs. Aufgrund ihrer Unwissenheit haben sie Befleckungen, und durch diese schaffen sie karmische Handlungen. Aufgrund des Heranreifens karmischer Eindrücke erfahren sie die verschiedenen Arten von Wiedergeburten innerhalb des Daseinskreislaufs. Ähnlich lässt sich die Seite der Läuterung erklären: Die Meditation über das Gegenmittel – den Wahren Pfad – führt zum Erlangen der Wahren Beendigung: zum Zustand, in dem man die Hindernisse überwunden hat.

Wenn wir eingehender über all die Arten nachdenken, in denen Dinge abhängig verbunden sein können, führt uns dieser Syllogismus zum Verständnis, dass alle Phänomene in Abhängigkeit existieren; es wird uns gelingen, die Vorstellung aufzugeben, Phänomene seien nicht abhängig verbunden. Wir werden verstehen, dass kein Phänomen unabhängig und von seiner eigenen Seite her existiert. So können wir die letztendliche Bestehensweise aller Dinge verstehen. Obwohl in Wirklichkeit alle Phänomene nicht von ihrer eigenen Seite her existieren, erfassen gewöhnliche Wesen sie immer noch so, als ob sie so bestünden: Das ist die Vorstellung von wahrer Existenz. Diese, zusammen mit der Erscheinung wahrer Existenz von der Seite des Objekts her, ist das Objekt der Negation.

## OBJEKTE DER NEGATION

Im *Von Upa erbetenen Sutra* gibt es eine Darlegung der Prasan-gika-Sicht: »*Alles ist nicht-inhärent existent, alle Dinge sind zuge-schrieben. Von den herrlichen Gärten der Reinen Bereiche bis zum tiefsten Höllenbereich: Alles ist bloß benannt durch das begriffliche Bewusstsein. Alle Dinge, ob sie extrem gut oder extrem schlecht sind, haben keinen inhärent existierenden Schöpfer.*«

In *Vierhundert Verse über den Mittleren Weg* sagt Aryadeva: »*Es gibt keine Objekte der Befleckungen – etwa der Anhaftung – die nicht vom begrifflichen Bewusstsein zugeschrieben wären. Deshalb gibt es im Prasangika-System kein existentes Phänomen, das nicht von der Vorstellung zugeschrieben ist.*«

Die Prasangika-Anhänger sagen: Würde ein Phänomen exi-stieren, ohne von der Vorstellung zugeschrieben zu sein, wäre es selbstexistent. Selbstexistenz bedeutet, dass etwas besteht, ohne von irgendetwas anderem abzuhängen. Ein Selbst, das unabhängig existiert, ist ein Objekt, das es zu widerlegen gilt. Das Fehlen eines solchen Selbst wird Selbstlosigkeit genannt. Es gibt zwei Arten von Selbstlosigkeit: der Person und der Phänomene. Vom Standpunkt des Gegenmittels – des Wahren Pfades – aus sind die zu widerlegenden Objekte: die Hinder-nisse in Bezug auf die Befreiung und die Hindernisse in Bezug auf die Allwissenheit. Vom Standpunkt der Logik aus sind sie: wahre Existenz und die Vorstellung, die nach wahrer Existenz greift.

Die Vorstellung von wahrer Existenz kann durch logische Begründungen widerlegt werden, die die nicht-wahre Existenz des Objekts beweisen, welches fälschlicherweise als wahrhaft existent erfasst wurde. Wenn wir erkennen, dass das von der Vorstellung von wahrer Existenz ersonnene Objekt nicht exi-stiert, wird die Vorstellung selbst auch widerlegt. Deshalb ist die wahre Existenz auf der Seite des Objekts das zentrale Ob-jekt der Negation. Wenn wir erkennen, dass das von der nach wahrer Existenz greifenden Vorstellung erfasste Objekt in Wirk-lichkeit nicht existiert, begreifen wir auch, dass die Vorstel-lung selbst ein falsches Bewusstsein ist – das Bewusstsein selbst wird auch widerlegt.

## EINIGE IRRTÜMLICHE IDEEN VON LEERHEIT

Wenn wir über die Leerheit von wahrer Existenz meditieren, müssen wir erkennen, dass ausnahmslos alle Phänomene leer sind von wahrer Existenz. Nichts existiert zuerst wahrhaft und dann später nicht-wahrhaft. Auch die nicht-wahre Existenz selbst ist leer von wahrer Existenz. Wir müssen uns um ein genaues Verständnis der Leerheit bemühen und falsche Vorstellungen vermeiden. Vielleicht denken wir, manche Phänomene seien leer von wahrer Existenz, andere aber nicht. In Wirklichkeit existiert die Leerheit zusammen mit allen Phänomenen. Oder wir haben die Vorstellung, Leerheit bedeute »Nichts« und meditieren folglich über die Erscheinung eines »Nichts«, statt mit einem spezifischen Objekt zu arbeiten – im Glauben, dass uns diese Meditation hilft, den Dharmakaya zu erlangen. Dabei erliegen wir einem Trugschluss: Der Dharmakaya kann nur erlangt werden, wenn wir (über einen sehr langen Zeitraum hinweg) darüber meditieren, dass alle Dinge leer sind von einem Selbst, das von seiner eigenen Seite her existiert.

Die Leerheit, über die wir meditieren sollten, bedeutet nicht, dass ein Objekt leer von etwas anderen ist; etwa, dass eine Vase leer davon ist, eine Säule zu sein, oder eine Kuh davon, ein Esel zu sein. Eine weitere falsche Ansicht ist, dass alle Phänomene weder existent noch nicht-existent sind, und dass es zur Erleuchtung führt, darüber zu meditieren. Es ist ein direkter Widerspruch zu sagen, Dinge seien nicht existent, aber auch nicht nicht-existent, weil die erste Aussage bedeutet, dass die Dinge nicht-existent sind, und die letztere impliziert, dass sie existent sind. Es ist nicht möglich, durch Meditation über einen solchen Widerspruch Erleuchtung zu erlangen.

## SYNONYME FÜR DAS OBJEKT DER NEGATION

Die Leerheit, auf die sich die Prasangika-Anhänger beziehen, ist das Leersein eines Objekts davon, von seiner eigenen Seite her zu existieren. Es gibt acht synonyme Ausdrücke für die Bestehensweise, die von den Prasangika-Anhänger verneint wird:

- endgültige Existenz (*don dam par grub pa*);
- vollkommene Existenz (*yang dag par grub pa*);
- wahre Existenz (*bden par grub pa*);
- Existenz aufgrund eigener Merkmale (*rang gi mtsan nyid kyis grub pa*);
- inhärente Existenz (*rang bzhin gyis grub pa*);
- Existenz von der eigenen Seite her (*rang ngos na grub pa*);
- ursprüngliche Existenz (*gnas lugs su grub pa*):
- natürliche Existenz (*gshis lugs su grub pa*).

Wenn wir das Objekt der Negation identifizieren wollen, können wir irgendeines dieser Synonyme untersuchen – jedes einzelne führt uns zu einer klaren Erkenntnis des Objekts der Negation. Dann müssen wir über vier essentielle Punkte meditieren:

1. Erkennen des Objekts der Negation;
2. Feststellen, dass Durchdringung vorliegt;
3. Feststellen, dass es nicht eins mit den Aggregaten ist;
4. Feststellen, dass es nicht getrennt von den Aggregaten ist.

## DER ERSTE ESSENTIELLE PUNKT: ERKENNEN DES OBJEKTS DER NEGATION

Um die Nicht-Existenz des von der Vorstellung von inhärenter Existenz wahrgenommenen Objekts zu erkennen, müssen wir zuerst untersuchen, wie die Phänomene unserem Geist erscheinen. Jedes Mal, wenn wir denken: »Ich tat dies«, »Ich tat jenes«, erscheint unserer angeborenen Vorstellung, die nach einem Selbst greift, ein deutliches Selbst. Dieses Selbst scheint unabhängig und natürlich zu existieren, von seiner eigenen Seite her. Wenn wir exakt verstehen, wie solch ein Selbst erscheint, können wir das wahrhaft existierende Selbst widerlegen. Erkennen wir diese Erscheinungsweise dagegen nicht, wird uns das niemals gelingen.

Obwohl ein unabhängiges Selbst völlig nicht-existent ist, müssen wir erkennen, wie es zu existieren scheint, denn nur dann können wir logische Begründungen verwenden, um es zu widerlegen – andernfalls wäre es so, als würde man versuchen, mit verbundenen Augen auf ein Ziel zu schießen. Es ist auch nicht gut genug, lediglich eine grobe Vorstellung des Objekts der Negation zu haben: Wir müssen exakt erkennen, was es ist. Wollen wir einen Dieb fangen, so genügt es nicht zu wissen, dass der Dieb ein Mann mit Hut ist; wir müssen ihn eindeutig identifizieren und auf ihn deuten können. Würden Objekte von ihrer eigenen Seite her existieren, so würden sie nicht von irgendetwas abhängen: nicht von Ursachen und Umständen, nicht von ihren eigenen Teilen oder nicht von einer zuschreibenden Vorstellung. Die Phänomene lassen sich in Produkte und Nicht-Produkte unterteilen; innerhalb dieser beiden Kategorien existiert nichts, ohne entweder von Ursachen und Umständen, von seinen eigenen Teilen oder einer zuschreibenden Vorstellung abzuhängen – alle Phänomenen sind Abhängig Entstehende. Wenn wir die wahre Existenz, die zu verneinen ist, nicht erkennen, können wir die Leerheit nicht realisieren und sind unfähig, dem Daseinskreislauf zu entfliehen. Deshalb wird in den Werken von Aryadeva und Shantideva klar aufgezeigt, wie grundlegend wichtig es ist, das Objekt der Negation zu erkennen.

Wenn wir an eine Situation denken, in der wir von jemandem kritisiert oder zu unrecht beschuldigt werden, können wir leicht erfassen, wie das Selbst unserem Geist erscheint. Bei solchen Gelegenheiten entsteht ein Gefühl der Empörung: »*Ich* habe das nicht getan«. Das *Ich*, das unserem Geist dann deutlich erscheint, wirkt so, als ob es von seiner eigenen Seite her existieren würde – dies ist das Objekt der Negation. Eine ebenso starke »Ich-Empfindung« entsteht in Gefahrensituationen, etwa, wenn wir am Rand eines Abgrundes stehen und hinabstürzen könnten. Das ist die Erscheinung eines unabhängig von den Aggregaten existierenden Ich. In der Meditation sorgen wir dafür, dass solch eine Ich-Empfindung entsteht, und während sie dem Geist erscheint, nutzen wir einen Teil des Geistes, um zu analysieren und herauszufinden, in welcher Weise das Ich existieren kann.

Anfangs erscheint dieses Ich klar und deutlich, aber es neigt zum Verblassen, so dass wir das Objekt der Negation nicht mehr länger erkennen können. Wir müssen oft und sorgfältig meditieren, sonst wird es uns niemals gelingen, das selbstexistente Ich zu widerlegen. Das Ich erscheint unserer nach einem Selbst greifenden Vorstellung so, als ob es solide existieren würde. Es ist so, als würden wir im Dunkeln unseren Weg ertasten und unsere Hände würden einen Baum berühren: Automatisch halten wir den Baum für selbstexistent, es hat nicht den Anschein, als hinge er von anderen Ursachen und Umständen ab.

Wenn Dinge von ihrer eigenen Seite her existierten, sollten sie auffindbar sein, wenn wir nach ihnen suchen; aber wann immer wir nach einem Phänomen in seiner Grundlage der Zuschreibung suchen, können wir es nicht finden. Wir nennen ein Objekt »Tisch«, aber wir können den Tisch nicht finden, wenn wir in der Benennungsgrundlage nach ihm suchen. Wenn wir drei Bleistifte und einen Löffel sehen, können wir den Löffel leicht identifizieren, aber wenn wir in seiner Benennungsgrundlage nach dem Löffel suchen, lässt er sich nicht finden. Würde etwas von seiner eigenen Seite her existieren, sollte es sich nicht von einem Zustand in einen anderen verwandeln; doch eine Vase kann zerstört werden, und dann endet selbst ihre Leerheit. Alle Produkte verändern sich von Moment zu Moment; Leerheiten (Nicht-Produkte) enden, wenn ihre Grundlagen aufhören zu existieren. Solche Veränderungen könnten nicht auftreten, wenn Phänomene wahrhaft existierten.

Was immer von einem der fünf Sinnes-Bewusstseinsarten eines gewöhnlichen Wesens erfahren wird, existiert nicht so, wie es erscheint. Wir können denken, dass Dinge nicht so existieren, wie sie erscheinen, doch mit einem bloßen Gedanken lässt sich das Objekt der Negation nicht negieren. Wir müssen sorgfältig darüber meditieren, wie die Dinge existieren. Erst dann können wir den Schluss ziehen, dass sie nicht so existieren, wie sie erscheinen. Wenn wir in unserem Zimmer etwas sehen, was wie eine Schlange aussieht, genügt es nicht, einfach nur zu denken, dass keine Schlange in unserem Raum sein kann – das kleinste Geräusch wird uns zu Tode erschrecken. Um unsere Angst zu überwinden, müssen wir das Objekt untersuchen, das eine Schlange zu sein scheint. Haben wir uns dann genau davon überzeugt, dass es keine Schlange ist, erkennen wir die Vorstellung, im Haus sei eine Schlange, als falsch, und unsere Angst klingt ab. Ähnlich müssen wir untersuchen, wie die Erscheinung wahrer Existenz in unserem Geist entsteht, und herausfinden, ob Phänomene tatsächlich so existieren, wie sie zu existieren scheinen. Kommen wir dann allmählich zu dem Schluss, dass Phänomene nicht so existieren, wie sie erscheinen, so ist das Objekt der Negation erkannt.

Die Grundlage der Zuschreibung von *Vase* ist ihre Definition: »*Ein bauchiger Wasserbehälter mit flachem Boden*«. Aber wenn wir in all ihren Teilen nach der Vase suchen, können wir sie nicht finden. Könnten wir die Vase innerhalb ihrer Grundlage der Zuschreibung finden, würde sie von ihrer eigenen Seite her existieren. Nun könnten wir fragen: »Wenn eine Person versteht, dass eine Vase nicht auffindbar ist, nachdem sie sie in ihrer Grundlage der Zuschreibung gesucht hat, erkennt diese Person dann auf jeden Fall die Leerheit der Vase?« Die Antwort ist: Diese Erkenntnis führt nicht notwendigerweise zur Erkenntnis der Leerheit der Vase. Betrachten wir den Syllogismus: »Eine Vase existiert nicht inhärent, weil sie nicht auffindbar ist, wenn man innerhalb ihrer Grundlage der Zuschreibung nach ihr sucht.« Die Person hat erkannt, dass das logische Anzeichen »nicht auffindbar trotz Suche« am Subjekt »Vase« existiert, aber sie hat noch nicht erkannt, was zu beweisen ist: Dass die Vase nicht-inhärent existiert. Somit hat sie die Leerheit der Vase nicht erkannt.

Wenn wir nun fragen: »Wenn eine Person versteht, dass sich keine inhärent existierende Vase finden lässt, wenn man innerhalb ihrer Grundlage der Zuschreibung nach ihr sucht, erkennt sie damit die Leerheit der Vase?« Die Antwort ist: Ja, sie erkennt notwendigerweise die Leerheit der Vase. Zuerst wird die Tatsache aufgezeigt, dass die Vase nicht auffindbar ist, wenn innerhalb ihrer Grundlage der Zuschreibung nach ihr gesucht wird; dann wird man allmählich zum Verständnis der Leerheit der Vase geführt.

## DER ZWEITE ESSENTIELLE PUNKT: FESTSTELLEN, DASS DURCHDRINGUNG VORLIEGT

Allgemein gilt: Wenn etwas existiert, gibt es eine Durchdringung, dass es entweder ein einzelnes Objekt ist oder aus zwei oder mehreren Objekten zusammengesetzt ist. Ähnlich gilt: Wenn ein wahrhaft-existentes Selbst existieren würde, sollte es wahrhaft-existent eins oder wahrhaft existent viele sein. Genauer gesagt: Wenn das unabhängige Selbst existiert, gibt es eine Durchdringung, dass es entweder eins mit den Aggregaten oder getrennt von ihnen sein sollte; es gibt keine dritte Art, auf die es existieren könnte. Indem wir untersuchen, wie ein wahrhaft-existentes Selbst existieren sollte, können wir uns noch mehr Gewissheit über die Nicht-Existenz des Objekts der Negation verschaffen.

## DER DRITTE ESSENTIELLE PUNKT: FESTSTELLEN, DASS DAS SELBST NICHT EINS MIT DEN AGGREGATEN IST

Wäre ein unabhängiges Selbst eins mit den Aggregaten, so sollte es untrennbar von ihnen sein. Das hätte zur Folge, dass das Selbst bei einer neuen Geburt keine neue Ansammlung von Aggregaten erwerben könnte. Ein weiterer Fehler wäre, dass es fünf Selbste gäbe, weil es schließlich fünf Aggregate gibt. Ebenso gilt: Würde das körperliche Aggregat zerstückelt oder unter der Erde begraben, so gälte das Gleiche für das Selbst: Es würde ebenso in Stücke geschnitten und begraben. Da es nur eine Person gibt, sollten die Aggregate alle eins sein; ginge das Selbst zu einer neuen Wiedergeburt, sollte das gleiche körperliche Aggregat im nächsten Leben erscheinen – d. h. es gäbe keine Wiedergeburt. Schließlich gilt: Das körperliche Aggre-

gat hat Farbe, Größe und Gestalt, also würde die Person dieselben Merkmale haben.

## DER VIERTE ESSENTIELLE PUNKT: FESTSTELLEN, DASS DAS SELBST NICHT GETRENNT VON DEN AGGREGATEN IST

Würde ein unabhängiges Selbst getrennt von den Aggregaten
existieren, sollte es keine abhängige Beziehung zwischen der
Person und den Aggregaten geben. Würden wir die fünf Aggregate eines nach dem anderen entfernen, sollte die Person
zum Vorschein kommen. Ebenso gilt: Wenn die Person von
den Aggregaten getrennt wäre, sollte eine gültige Erkenntnis
fähig sein, die Person unabhängig von ihren Aggregaten wahrzunehmen, aber dies ist nicht der Fall. Wir sagen »Ich habe ihn
gesehen«, nachdem die Aggregate dieser Person unserem Geist
erschienen sind. Es ergäbe sich auch folgender Fehler: Wäre in
unserem Körper eine Krankheit vorhanden, könnten wir nicht
mehr länger sagen: »Ich bin krank«. Wenn wir Kopfschmerzen
haben, sagen wir: »Ich habe Kopfschmerzen«, weil es eine abhängige Beziehung zwischen dem Selbst und den Aggregaten
gibt.

## DIE PERSON KANN NICHT INNERHALB DER SECHS ELEMENTE GEFUNDEN WERDEN

In *Kostbarer Kranz* sagt Nagarjuna:
> *»Würde die Person von ihrer eigenen Seite her existieren,*
> *sollte sie auffindbar sein, wenn man innerhalb*
> *der Aggregate nach ihr sucht.*
> *Doch wenn wir innerhalb der sechs Elemente*
> *nach der Person suchen,*
> *können wir sie nicht finden.*
> *Ist die Person weder Erde, noch Wasser, Feuer,*
> *Wind, Raum oder Bewusstsein*
> *und auch nicht alle zusammen,*
> *welche Person könnte es getrennt von ihnen geben?«*

Die Person ist nicht das Erd-Element – die Eigenschaft des Körpers, hart zu sein und einen Widerstand darzustellen, die sich besonders bei Knochen und Muskeln zeigt. Die Person ist nicht das Wasser-Element – die Eigenschaft des Körpers, nass und befeuchtend zu sein, die sich besonders beim Blut und der Lymphe zeigt. Die Person ist nicht das Feuer-Element – die Eigenschaft des Körpers, heiß und verbrennend zu sein, die sich in der Körperwärme zeigt. Die Person ist nicht das Wind-Element – die Eigenschaft des Körpers, leicht und beweglich zu sein, wie etwa bei den Windenergien, die im Nervensystem kreisen. Die Person ist auch nicht das Raum-Element – die Höhlungen innerhalb des Körpers. Und die Person ist nicht das Bewusstseins-Element, welches das geistige Bewusstsein sowie die fünf Sinnes-Bewusstseinsarten umfasst. Somit ist die konventionell existierende Person keines der sechs Elemente, hat aber doch eine abhängige Beziehung mit der Ansammlung aller sechs. Tatsächlich ist die Person eine bloße Zuschreibung auf der Basis der Ansammlung aller sechs Elemente.

Die Meditation über Leerheit beinhaltet, dass man alle Arten, in denen eine unabhängige Person möglicherweise existieren könnte, untersucht. Haben wir über einen längeren Zeitraum hinweg nach einer inhärent existierenden Person gesucht, wird die Überzeugung in uns entstehen, dass solch eine Person überhaupt nicht existiert. Das ist die Erkenntnis der Leerheit, der Nichtexistenz des Objekts der Negation. Solch eine Erkenntnis gleicht der Erfahrung von jemandem, der einen Diamanten verloren hat und sicher ist, dass er an einem bestimmten Platz liegt. Die Person sucht dort äußerst gründlich nach dem Edelstein, muss aber erkennen, dass der Platz leer von seinem verloren gegangenen Diamanten ist.

SOGAR DAS KONVENTIONELL EXISTIERENDE SELBST IST NICHT
AUFFINDBAR

Wenn wir fragen: »Wenn wir das unabhängige Selbst verneinen, das unserer nach einem Selbst greifenden Vorstellung erscheint, verschwindet damit auch die konventionell existierende Person – das Bezugsobjekt dieser Vorstellung – oder nicht?«
Das ist eine wichtige Frage. Diese relative Person, welche in
Wirklichkeit existiert, ist ebenfalls nicht auffindbar, wenn wir
innerhalb der Aggregate nach ihr suchen. Die relative Person
ist diejenige, die isst, geht und Dinge versteht, wenn sie ange-
sprochen wird. Suchen wir nach unserem konventionell existierenden Selbst, werden wir es nicht innerhalb seiner Grundlage der Benennung – der Ansammlung der Aggregate – finden. Wenn wir aufhören, nach dem relativen Selbst zu suchen,
bleibt trotzdem etwas bestehen, das isst, schreibt und so weiter, nur bei genauem Hinsehen sind wir nicht in der Lage, dieses Selbst zu identifizieren.

Körper und Geist existieren als Grundlage, welcher genutzt
oder geschadet werden kann. Nahrung zu sich zu nehmen,
nutzt dem Körper, Gift zu verzehren, schadet ihm; aber wenn
wir versuchen, den Körper oder den Geist zu finden, dem genutzt oder geschadet wird, sind wir außer Stande. Solange wir
nicht nachprüfen, scheinen wir zu existieren, aber wenn wir
genau hinsehen, scheinen wir nicht mehr zu existieren. Im
Prasangika-System wird alles als bloße Zuschreibung bezeichnet, aber es gibt doch eine Grundlage für die Zuschreibung.
Existenz durch bloße Benennung ist das Gegenteil von inhärenter Existenz. Es bedeutet, dass wir Dinge durch eine endgültige Analyse nicht finden können; dennoch können die Dinge
durch ihre Grundlage der Zuschreibung wirksam werden. Zu
sagen, dass die Person auf der relativen Ebene existiert, bedeutet einfach, dass die Person existiert, während wir sie nicht
endgültig analysieren. Suchen wir sie aber, können wir sie nicht
finden. Nach der endgültigen Analyse bleibt lediglich ein bloßer Name.

# 5. Kapitel

## Ausführlicher Lobpreis der Lehre vom Abhängigen Entstehen, Teil II

### DIE DREI TORE DER BEFREIUNG

Im *Sutra erbeten von Dritarashtra* lehrte Buddha nicht-inhärente Existenz in Bezug auf die »Drei Tore der Befreiung«: 1) Das Wesen aller Phänomene ist leer von inhärenter Existenz; 2) Ursachen sind frei von dem Anzeichen von inhärenter Existenz; 3) Resultate werden nicht innerhalb der Sphäre von inhärenter Existenz erzeugt.

Die Drei Tore beziehen sich nur auf zusammengesetzte Phänomene. Diese entstehen aus Ursachen, die nicht inhärent existieren, und auch die Phänomene, die in Zukunft als Wirkungen hervorkommen, entstehen nicht als inhärent existierende Wirkungen.

Nicht-zusammengesetzte Phänomene sind von ihrem Wesen her leer von inhärenter Existenz, aber sie besitzen nicht die beiden Tore bezogen auf Ursache und Wirkungen. Wenn wir erkennen, dass Raum (ein nicht-zusammengesetztes Phänomen) nicht aus Ursachen geschaffen wird, wird »geschaffener Raum« verneint. Wenn dies verneint wird, wird damit auch »inhärent geschaffener Raum« verneint. Wenn wir erkennen, dass Raum kein Resultat hervorruft, wird »Resultat des Raums« verneint; automatisch wird damit ein inhärent existierendes Resultat des Raums verneint.

Bei Nicht-Existentem, wie etwa dem Hasenhorn, können wir über die Drei Tore nachdenken und uns drei Arten der Leerheit vorstellen, aber diese sind nicht die momentan diskutierte Leerheit. Schon das erste Tor ist für das Hasenhorn nicht angemessen, und die anderen beiden passen erst recht nicht.

In dem oben erwähnten Sutra sagte Buddha: »*Dadurch, dass sie die Drei Tore der Befreiung nicht klar verstehen, wandern fühlende Wesen unaufhörlich innerhalb der Bereiche des Daseinskreislaufs umher.*« Buddha lehrte viele Pfade, damit die Menschen zu einem Verständnis der Drei Tore gelangen, etwa grobe Unbeständigkeit, subtile Unbeständigkeit und die verschiedenen Ebenen von Selbstlosigkeit. Wer die Lehren in dieser Reihenfolge verwirklicht, kann zu einem klaren Verständnis der Drei Tore gelangen.

Buddha lehrte nicht-inhärente Existenz sowohl von zusammengesetzten als auch nicht-zusammengesetzten Phänomenen in Bezug auf Handelnden, Handlung und Objekt – alle drei sind leer von inhärenter Existenz. Zum Beispiel sind Befreiung und Allwissenheit Objekte, nach denen die Wesen streben, die Handlung ist das Erlangen jener Zustände, der Handelnde ist die Person, die sie erlangt: Alle drei sind leer von inhärenter Existenz.

Bei der Erkenntnis der Leerheit ist der Geist der Handelnde, die Erkenntnis ist die Handlung, und das Objekt ist Leerheit. In Bezug darauf, dass alle Phänomene bloß zugeschrieben sind, ist der Handelnde die zuschreibende Vorstellung, die Handlung ist die Zuschreibung, und das Objekt sind alle Phänomene. Die Vorstellung hier ist solcherart, dass sie – ohne irgendwelche Untersuchung oder Analyse – auf das Objekt eingeht, nachdem es dem Geist erschienen ist. Die Vorstellung ist gültig, wenn das Objekt eine gültige Grundlage der Zuschreibung ist. Wenn die Grundlage der Zuschreibung ungültig ist, ist die zuschreibende Vorstellung ungültig, etwa wenn man einen Hund »*Löwe*« nennt. Eine gültige Grundlage für die Zuschreibung »*Löwe*« muss etwas sein, das wie ein Löwe handeln kann und sich nicht wie ein Hund benimmt.

## OHNE ANALYSE AUF DAS OBJEKT EINGEHEN

Die Art, wie die Prasangika-Anhänger Handelnden, Handlung und Objekt bestimmen, ähnelt der Art und Weise, in der gewöhnliche Wesen die Existenz der Dinge sehen. Wenn gewöhnliche Wesen ein Objekt sehen, akzeptieren sie einfach, dass es so existiert, wie es ihnen erscheint, sie stellen keine Analysen an, um exakt herauszufinden, was es ist oder wie es existiert; auf diese Art betrachten sie Objekte als gültige Bezugsgrundlage. Auch im Prasangika-System werden Phänomene als gültige Bezugsgrundlage betrachtet, und doch werden die Dinge nicht so gesehen, wie es gewöhnliche Wesen tun. Letztere denken, der heutige Tisch habe schon gestern existiert und sei derselbe, der schon vor langer Zeit existierte. Die Prasangika-Anhänger gehen dagegen davon aus, dass der Tisch sich fortwährend verändert – in jedem Moment wird er zu einem neuen Tisch. Wenn wir eine gültige Benennungsgrundlage, wie etwa einen Tisch, näher betrachten, wird unser analysierender Geist ihn nicht finden können. Eine flache Oberfläche, getragen von vier Beinen, ist ausreichend, um die Bedeutung »Tisch« zu verstehen. Gehen wir jedoch darüber hinaus und versuchen, den eigentlichen Tisch »festzunageln«, so gelingt uns das nicht. Nur die Prasangika-Anhänger sprechen davon, dass man ohne Analyse auf ein Objekt eingeht, und bezeichnen dies als die endgültige Art, auf die wir ein relatives Phänomen bestimmen können.

## NACH EINEM SELBST DER PERSON UND DER PHÄNOMENE GREIFEN

Die Drei Tore der Befreiung umfassen die Selbstlosigkeit der Person und der Phänomene. Im Prasangika-System sind diese beiden Arten der Selbstlosigkeit insofern gleich, als bei beiden Selbstexistenz verneint wird. Sie unterscheiden sich aber durch das Objekt, das die Grundlage der Selbstlosigkeit ist. Der Geist, der eine Person betrachtet und ihre Erscheinung als wahrhaft existent begreift, wird das »Greifen nach einem Selbst der Person« genannt. »Selbstexistenz der Person« entspräche einer wahrhaft existenten Person, und »Selbstlosigkeit der Person« ist die Leerheit der Person von wahrer Existenz.

Der Geist, der die Aggregate betrachtet und sie als wahrhaft existent begreift, heißt »Greifen nach einem Selbst der Phänomene«, weil dieser Geist keine Person betrachtet. »Selbstexistenz der Phänomene« entspräche der wahren Existenz der Phänomene, wobei Personen ausgenommen sind. »Selbstlosigkeit der Phänomene« ist die Leerheit von wahrer Existenz der Phänomene, die etwas anderes als Personen sind. Die beiden nach einem Selbst greifenden Einstellungen unterscheiden sich nicht, insofern beide nach der Erscheinung von wahrer Existenz des Objekts greifen. Auch was die Subtilität betrifft, gibt es keinen Unterschied zwischen der Erkenntnis der subtilen Selbstlosigkeit der Phänomene und der subtilen Selbstlosigkeit der Person.

Verstehen wir die nicht-inhärente Existenz eines einzelnen Objekts gut, so können wir auch die nicht-inhärente Existenz anderer Phänomene verstehen, doch lässt dies nicht den Schluss zu, dass wir notwendigerweise die nicht-inhärente Existenz aller Phänomene erkennen. Manche behaupten, das eine folge notwendigerweise auf das andere, doch das ist nicht korrekt. Wenn wir den Syllogismus aufstellen: »Die Person ist nicht-inhärent existent, weil sie etwas Abhängig Entstehendes ist«, so tun wir das zum Wohle derjenigen, die die nicht-inhärente Existenz bereits verstehen, sie aber noch nicht auf die Person beziehen können. Wenn man versteht, dass das logische Anzeichen »Abhängiges Entstehen« auf das Prädikat »nicht-inhärent existent« hinweist, folgert man, dass das Subjekt »Person« nicht-inhärent existent ist, weil es etwas Abhängig Entstehendes ist. Deshalb lässt sich nicht der Schluss ziehen, dass wir die nicht-inhärente Existenz aller Phänomene erkennen, sobald die nicht-inhärente Existenz eines einzelnen Phänomens erkannt wurde.

Bei der Erkenntnis der Leerheit gibt es folgende Schritte: Zuerst meditiert der Yogi über die Selbstlosigkeit der Person, und nachdem er diese Erkenntnis erlangt hat, meditiert er über die Selbstlosigkeit der Phänomene, die nicht Personen sind.

Durch gründliches Nachdenken über die Ursprünge von Krankheit, Alter, Tod und so fort bringt er die Erkenntnis der Selbstlosigkeit der Person hervor. Er erkennt, dass diese Leiden Auswirkungen der nach einem Selbst greifenden Einstellung und der Befleckungen sind, und er sieht, dass er seit anfangsloser Zeit unter der Herrschaft dieser Einstellungen in den Sechs Bereichen des Daseinskreislaufs gefangen ist. Durch sorgfältiges Nachdenken über die Gültigkeit einer nach einem Selbst der Person greifenden Einstellung erkennt er, dass das erfasste Objekt nicht in der Weise existiert, wie es zu existieren scheint, und weist so die Selbstlosigkeit der Person nach. Diese Erkenntnis entsteht vor der Erkenntnis der Selbstlosigkeit der Phänomene, weil der Yogi sein eigenes Leid leichter erkennen kann. Schließlich begreift er auf dieser Basis auch das Leid der anderen Wesen. Wenn wir Entsagung und Mitgefühl entwickeln, gehen wir ähnlich vor. Zuerst denken wir eingehend über unser persönliches Leiden nach und entwickeln den Wunsch, frei vom Daseinskreislauf zu sein; dann denken wir genau darüber nach, dass diese unerträgliche Situation für alle gleich ist, und entwickeln Mitgefühl, den Wunsch, alle Wesen wie uns selbst aus dem Daseinskreislauf zu befreien.

## Die »Ansicht der vergänglichen Ansammlung«

Die »Ansicht, welche die vergängliche Ansammlung als ein wahres Selbst betrachtet« ist von zweierlei Art: Zum einen bezieht sie sich auf das *Ich* und zum anderen auf das *Mein*. Beide gleichen sich darin, dass sie das Selbst als von seiner eigenen Seite her existierend erfassen. Die »Ansicht der vergänglichen Ansammlung«, welche sich auf das *Ich* bezieht, betrachtet das bloße *Ich*, das der Ansammlung der Aggregate zugeschrieben wird. In Bezug auf die beiden Kategorien – Personen und Phänomene – bezieht sie sich nur auf die Person. Die Ansicht der vergänglichen Ansammlung, welche das *Mein* betrachtet, bezieht sich nur auf den allgemeinen Begriff *Mein*. Dinge wie *meine Augen, meine Ohren, meine Beine* usw. sind nicht Objekte der Ansicht der vergänglichen Ansammlung, die *Mein* betrachtet, weil diese Ansicht ein Greifen nach einem Selbst der Person ist – sie betrachtet nur eine Person und somit kann ihr Objekt nur eine Person sein. Der Begriff *Mein* schließt das *Ich* nicht aus, weil immer noch ein Eindruck von *Ich* in *Mein* enthalten ist. Deshalb: Wenn diese Ansicht das *Mein* betrachtet, beinhaltet das ebenso eine Vorstellung von *Ich*.

## DIE WURZEL DES DASEINSKREISLAUFS

Im Prasangika-System werden die beiden Arten der »Ansicht der vergänglichen Ansammlung« sowie die nach einem Selbst greifenden Einstellungen – bzgl. Person und Phänomenen – als Wurzeln des Daseinskreislaufs bezeichnet. Wenn eine geistige Einstellung eine »Ansicht der vergänglichen Ansammlung« ist, betrachtet sie notwendigerweise *Ich* oder *Mein* und ist notwendigerweise eine nach einem Selbst der Person greifende Einstellung. Das Umgekehrte trifft jedoch nicht zu: Wenn eine geistige Einstellung ein Greifen nach einem Selbst der Person ist, betrachtet sie nicht unbedingt *Ich* oder *Mein*, denn wenn wir das *Ich* einer anderen Person betrachten, erfassen wir es ebenfalls als selbstexistent.

Auch das ist Greifen nach einem Selbst der Person, weil das Objekt eine Person ist. Wir haben die nach einem Selbst der Person greifende Einstellung als ein Bewusstsein definiert, dessen Objekt eine Person ist und das diese Person als von ihren eigenen Merkmalen her existierend ansieht. Das Bezugsobjekt der nach einem Selbst der Person greifenden Einstellung kann also entweder das eigene *Ich* oder das *Ich* eines anderen sein.

Die Aggregate zu betrachten und sie als inhärent existent zu erfassen, ist weder eine Ansicht der vergänglichen Ansammlung noch eine nach einem Selbst der Person greifende Einstellung. Es ist das Greifen nach einem Selbst der Phänomene - genauso als würde man eine Vase betrachten und sie als selbstexistent erfassen. Wir interessieren uns hauptsächlich für die nach einem Selbst greifenden Einstellung, welche die Aggregate betrachtet, weil wir normalerweise am meisten nach den

Aggregaten greifen und sie die Objekte sind, aufgrund derer wir Befleckungen entwickeln.

Die Einstellung, die nach einem Selbst der Phänomene greift, wird »Wurzel des Daseinskreislaufs« genannt, weil sie die Einstellung, die nach einem Selbst der Person greift, unterstützt. Wenn wir eine Person sehen, nehmen wir zuerst die Aggregate wahr, und es stellt sich ihnen gegenüber das Greifen nach einem Selbst der Phänomene ein. Dann entwickeln wir das Greifen nach einem Selbst der Person bezüglich derjenigen Person, die wir jenen Aggregaten zuschreiben. Daher: Wenn wir an die Reihenfolge des Hervorbringens der beiden nach einem Selbst greifenden Einstellungen denken, geht das Greifen nach einem Selbst der Phänomene dem Greifen nach einem Selbst der Person voraus. Bei der Erkenntnis der Selbstlosigkeit verhält es sich aber umgekehrt – zuerst erkennen wir die Selbstlosigkeit der Person und dann die Selbstlosigkeit der Phänomene. Das Bezugsobjekt (*mig.yul*) der Ansicht der vergänglichen Ansammlung existiert: Es ist das konventionell existierende Selbst. Dieses konventionelle Selbst ist es, was Karma schafft und die verschiedenen Auswirkungen des Karma erfährt. Das erfasste Objekt (*dzin.tang.yul*) der Ansicht der vergänglichen Ansammlung ist ein Selbst, das von seinen eigenen Merkmalen her existiert – solch ein Selbst existiert in Wirklichkeit nicht.

## Wie man die Selbstlosigkeit nachweist

»Leerheit« wird eingeteilt in die Selbstlosigkeit der Person und die Selbstlosigkeit der Phänomene. Es gibt sechzehn, achtzehn oder zwanzig Einteilungen der Selbstlosigkeit, wobei alle entweder Selbstlosigkeit der Person oder Selbstlosigkeit der Phänomene sind. In *Wurzel der Weisheit* erklärte Nagarjuna die Selbstlosigkeit der Phänomene mithilfe des logischen Anzeichens, dass das Selbst nicht aus den vier Extremen erwächst. Beim Nachweis der Selbstlosigkeit der Person gebrauchte er fünf Methoden der Analyse. Chandrakirti fügte zwei weitere hinzu – die Analyse über Gestalt und die Analyse über Ansammlung.

Unter den verschiedenen, von Buddha erklärten Veranschaulichungen der Selbstlosigkeit betonen die Prasangika-Anhänger jene des gestreiften Seils, die Svatantrikas verwenden die Veranschaulichung eines magischen Pferds. Jeder Lehrer wählt diejenige Veranschaulichung, die seinem Geist besser entspricht. Man kann auch irgendein anderes Phänomen verwenden, von dem allgemein akzeptiert wird, dass es nicht so existiert, wie es erscheint: etwa ein Abbild in einem Spiegel, eine Vogelscheuche und so weiter.

# 6. *Kapitel*

## *Ausführlicher Lobpreis der Lehre vom Abhängigen Entstehen, Teil III*

### Die acht Arten des Abhängigen Entstehens

In Nagarjunas Huldigung an Buddha zu Beginn von *Wurzel der Weisheit* werden acht Phänomene erwähnt, die nicht endgültig oder inhärent existieren:
• Erzeugung und Vergehen
• Auslöschung und Beständigkeit
• Kommen und Gehen
• Verschiedenheit und Gleichheit.

Auf der relativen Ebene bedeutet »Erzeugung«, dass etwas aus Ursachen entsteht, und »Vergehen« bedeutet Veränderung, wie etwa das kontinuierliche Vergehen der Zeit und die subtile Unbeständigkeit. »Auslöschung« ereignet sich während der Zeit des Äons der Zerstörung, wenn die Kontinuität von Dingen bis hinauf zur Ersten Ebene der Konzentration durch Feuer zerstört wird. »Beständigkeit« bedeutet die Kontinuität jener Phänomene auf der relativen Ebene, die sich nicht von Moment zu Moment ändern. »Kommen« bedeutet das Herannahen von Dingen aus der Ferne; »Gehen« bedeutet die Bewegung von Dingen von nah nach fern. »Verschiedenheit« bedeutet, dass Phänomene untereinander verschieden sind; »Gleichheit« bedeutet ein einzelnes Phänomen.

Jedes dieser acht abhängig entstehenden Phänomene existiert konventionell, aber keines existiert inhärent. Würde man sie als inhärent existent betrachten, so ist das eine geistige Erdichtung. Der Zustand, der frei von den acht geistigen Erdichtungen ist, heißt »friedliches Nirvana«. Nagarjuna sagt: »*Buddha legte die vollständige Befriedung der acht Arten von geistigen Erdichtungen dar.*«

Wenn ein Objekt dem Sinnesbewusstsein eines gewöhnlichen Wesens erscheint, erscheint es ihm als inhärent existent, aber es wird von diesem Sinnesbewusstsein nicht als inhärent existent erfasst. Formen erscheinen dem Augenbewusstsein als inhärent existent, aber dieses Bewusstsein erfasst sie nicht als inhärent existent. Es erfasst Formen lediglich als Formen: Deshalb bezeichnen wir es als eine gültige direkte Wahrnehmung. Was jedoch die Erscheinung der Formen als etwas inhärent Existierendes betrifft, so müssen wir dieses Augenbewusstsein als ein falsches Bewusstsein bezeichnen, weil das, was ihm erscheint, nicht in der Weise existiert, wie es erscheint.

Wenn Formen (dem Sinnesbewusstsein) als inhärent existent erscheinen, so geschieht das aufgrund begrifflicher Zuschreibung; doch wenn man anfangs Formen wahrnimmt, gibt es keine Vorstellung, die sie als inhärent existent erfasst. Die Vorstellung folgt auf die Sinneswahrnehmung. Ähnlich ist der Vorgang bei Merkmalen von Formen, etwa deren Unbeständigkeit, die dem Augenbewusstsein, welches Körperliches erfasst, erscheint, aber erst hinterher begrifflich erfasst wird. Im Gegensatz zu der Vorstellung, die inhärente Existenz erfasst, befindet sich letztere Vorstellung allerdings in Übereinstimmung mit der Realität. Es gibt drei Synonyme für ein Bewusstsein, das fehlerhaft ist, weil ihm inhärente Existenz erscheint:

- ein durch Unwissenheit oder durch die Eindrücke von Unwissenheit verunreinigtes Bewusstsein;
- ein beflecktes Bewusstsein;
- falsches oder fehlerhaftes Bewusstsein.

Das einzige Bewusstsein, dem keine inhärente Existenz erscheint, ist das Bewusstsein eines Aryas in der meditativen Versenkung über Leerheit. Bei gewöhnlichen Wesen haben alle Bewusstseinsarten die Erscheinung inhärenter Existenz.

Eine Person, deren Bewusstsein durch Unwissenheit oder den Eindruck von Unwissenheit verunreinigt ist, muss nicht unbedingt Unwissenheit besitzen; ein Beispiel hierfür wäre eine Person auf der letzten Ebene des Kontinuums eines fühlenden Wesens, d. h. einer Person, die unmittelbar vor der Buddhaschaft steht. Diese Ebene ist ein ununterbrochener Pfad und zeichnet sich durch konventionelles Bodhicitta aus – sie ist noch ein beflecktes Bewusstsein, verunreinigt durch den Eindruck von Unwissenheit. Trotz dieser Verunreinigung besitzt die Person nicht unbedingt Unwissenheit oder den Eindruck von Unwissenheit, denn sie hat ja bereits den Pfad hervorgebracht, welcher das Gegenmittel zu dem Objekt ist, das es aufzugeben gilt. Andererseits hat sie noch nicht den befreiten Pfad erlangt, der frei von diesem Hindernis ist. Sie hat das letzte, direkte Gegenstück zum Hindernis vor der Allwissenheit hervorgebracht und muss nur noch einen Schritt weitergehen, um die Erleuchtung zu erlangen.

## Die letztendliche Bestehensweise

Die letztendliche Bestehensweise eines Objekts, wie etwa einer Vase, ist dessen Leersein von inhärenter Existenz. Wenn wir erkennen, wie eine Vase leer von inhärenter Existenz ist, erkennen wir auch ihre Leerheit von ursprünglicher Existenz (*gnas lugs su grub pa*) und ihre Leerheit von natürlicher Existenz (*gshis lugs su grub pa*). Das ist die Erkenntnis der endgültigen Wahrheit oder endgültigen Wirklichkeit der Vase. Wer sie erkennt, hat die Erscheinungsart des Objekts der Negation innerhalb der Vase verstanden und hat diese Erscheinung verneint. Wir müssen überall nach dem zu widerlegenden Objekt suchen und versuchen herauszufinden, wie es wäre, falls es doch existieren würde. Schließlich verstehen wir allmählich, dass es nirgendwo existiert, und erkennen, dass die Vase leer von ursprünglicher Existenz ist. In diesem Moment erscheint unserem Geist nur noch die Leerheit der Vase. Für den Geist, der die Wirklichkeit (*cho.nyi*) erkennt hören, alle konventionellen Erscheinungen auf.

Wir mögen fragen: »Erkennt dieses kontemplative Bewusstsein die Vase als nicht-existent?« Wäre die Antwort »ja«, so würde das bedeuten, dass diese Kontemplation die konventionelle Existenz der Vase widerlegt. Doch nach der Meditation gibt es immer noch eine Vase, die von einer Gültigen Erkenntnis erkannt werden kann. Während der Meditativen Versenkung ist der Geist auf die Leerheit der Vase gerichtet; die Gültige Erkenntnis, welche die Vase erfasst, ist dabei nicht in Funktion, und die konventionelle Erscheinung der Vase ist nicht vorhanden.

Viele Gelehrte diskutieren diesen Punkt und fragen: »Wie kann die konventionelle Erscheinung aufhören?«, »In welcher Art erscheint sie nicht?«, »Warum endet sie?« Die Antwort auf alle ihre Fragen ist: Die konventionelle Vase erscheint dem Geist, bevor der Yogi seine endgültige Analyse beginnt, aber wenn er mit einsgerichteter Konzentration über die Leerheit der Vase meditiert, endet die konventionelle Erscheinung der Vase. Sein Geist erkennt das konventionelle Objekt nicht, weil er völlig auf das Objekt »Leerheit« gerichtet ist; das konventionelle Objekt kann dann nicht erscheinen. Ähnliches geschieht, wenn ein gewöhnliches Wesen das Klare Licht des Todes erfährt – in seinem Bewusstsein gibt es dann keine Erscheinung von grobstofflichen Objekten mehr. Das bedeutet aber nicht, dass das Klare-Licht-Bewusstsein die Nicht-Existenz von grobstofflichen Objekten erkennt. Auch wenn das Augenbewusstsein Formen wahrnimmt, so erscheint ihm kein Klang, aber das ist nicht gleichbedeutend mit der Erkenntnis der Nicht-Existenz von Klang. Der Weisheit, die die letztendliche Bestehensweise, die Leerheit, erkennt, fehlt die konventionelle Erscheinung, aber das bedeutet nicht, dass diese Weisheit die Nicht-Existenz konventioneller Phänomene erkennt.

## ENDGÜLTIGE UND KONVENTIONELLE EXISTENZ DIFFERENZIEREN

Wenn der Weisheit, die die endgültige Bestehensweise direkt erkennt, Konventionelles erscheinen würde, müsste das Objekt entweder endgültig oder konventionell existieren. Würde es endgültig existieren, wäre es wahrhaft existent; würde es konventionell existieren, so müsste es auf der Ebene gewöhnlicher Wesen ein gleichzeitiges Verständnis der endgültigen und konventionellen Wahrheiten geben. Solch ein Gewahrsein ist jedoch nur für den allwissenden Geist möglich.

Die logische Weisheit, die die endgültige Wahrheit analysiert, erkennt Leerheit durch den Geist, der die konventionelle Wahrheit analysiert, aber sie greift nicht nach dem konventionellen Objekt, als sei es Leerheit. In ähnlicher Weise denkt das Augenbewusstsein, welches Formen wahrnimmt, nicht, »das ist Gestalt« oder »das ist Farbe«. Solche Gedanken entstehen nur mit dem geistigen Bewusstsein, welches der anfänglichen visuellen Wahrnehmung folgt. Wenn die logische Weisheit, die die endgültige Wahrheit analysiert, nach der Vase sucht, findet sie sie nicht, aber das bedeutet nicht, dass sie die Nicht-Existenz der Vase findet. Bevor wir die endgültige Wahrheit analysieren, sollten wir zwischen der konventionellen Existenz der Vase und ihrer Erscheinung von inhärenter Existenz unterscheiden. Inhärente Existenz ist zu widerlegen, die konventionelle Existenz jedoch nicht. Nichtsdestoweniger treten für die Weisheit, welche die endgültige Wahrheit erkennt, weder die inhärente noch die konventionelle Existenz der Vase auf, für diesen Geist gibt es da keinen Unterschied.

## Konventionelle Existenz erkennen

Die konventionell existierende Vase bezeichnen wir als ein bloß benanntes Objekt. Sie ist in der Lage, konventionell zu wirken; diese bloß zugeschriebene Vase ist kein zu widerlegendes Objekt. Es ist das bloß benannte Objekt, welches nach der Verneinung inhärenter Existenz der Vase übrigbleibt. Diese Vase existiert auch für den Meditierenden, wenn er nicht in endgültiger Analyse vertieft ist: Es ist die Vase, die wir als »meine Vase«, »deine Vase« usw. bezeichnen.

Wenn gefragt wird: »Ist diese bloß benannte Vase das erfasste Objekt (*dzin.tang.yul*) des Augenbewusstseins eines gewöhnlichen Wesens?«, so können wir das nicht verneinen. Wenn wir uns auf eine bloß benannte Vase beziehen, liegt die

Betonung auf der Vase selbst, und wir diskutieren die Art, in der wir die Vase erfassen.

Man könnte auch fragen:»Es gibt die bloß benannte Vase und die Vase, die unserem visuellen Bewusstsein erscheint (*nang.yul*); erscheinen diese beiden Vasen als eins oder als verschiedene?« Die Antwort ist, dass sie als eins erscheinen. Das visuelle Bewusstsein, das Vase erfasst, erfasst nur die bloß benannte Vase. Aber wie erscheint die Vase dem visuellen Bewusstsein eines gewöhnlichen Wesens? Sie erscheint wie das Objekt der Negation, denn schließlich erscheint sie als selbstexistente Vase. Hier muss man genau analysieren. Es ist nicht schwierig, über eine unbeständige Vase zu sprechen, über eine nicht-inhärent existente Vase oder über eine durch Ursachen und Umständen erzeugte Vase – wir alle verstehen, was in diesen Fällen mit *Vase* gemeint ist. Aber wenn wir über die Vase sprechen, die dem visuellen Bewusstsein erscheint, und über die Vase, auf die man sich normalerweise bezieht, brauchen wir eine Erklärung. Die Vase, die wir jetzt sehen, ist nicht verschieden von der Vase, die als inhärent existent erscheint.

Wir gewöhnlichen Wesen, die die Leerheit nicht erkannt haben, gehen mit den Objekten um, als ob sie inhärent existieren würden. Wir verstehen nicht, dass die Phänomene bloß benannt sind. Da wir die Leerheit noch nicht erkannt haben, sprechen wir zwar davon, dass Phänomene nicht-inhärent existent sind, doch tief in unserem Geist betrachten wir die Phänomene immer noch auf der Basis ihrer scheinbaren inhärenten Existenz. Manche Menschen halten die Sicht der Prasangika-Schule, die wir hier erklären, für Nihilismus; doch die Prasangika-Anhänger widersprechen dem. Die Phänomene werden nicht negiert, denn sie existieren als bloße Namen und Zuschreibungen. Es gibt Phänomene, auf die wir die drei Begriffe – Subjekt, Handlung und Objekt – anwenden können. Doch diese bloßen zugeschriebenen Phänomene sind wie ein Regenbogen; sie sind vorhanden, aber wenn wir versuchen, sie zu identifizieren, können wir sie letztlich nicht finden.

*10) Wie könnten jene, die den Weg*
*von tiefgründigem Abhängigen Entstehen*
*als widersprüchlich oder unbewiesen ansehen,*
*jemals Dein System verstehen?*

Der Syllogismus: »Alle inneren und äußeren Phänomene sind nicht natürlich existent, weil sie abhängig verbunden sind«, wird nur von den Prasangika-Philosophen akzeptiert. Die Vertreter der anderen buddhistischen Lehrmeinungen – des Svatantrika oder niederer – akzeptieren das logische Anzeichen *abhängig verbunden* nicht als geeignete Begründung dafür, dass etwas nicht natürlich existent sei. Sie sagen: Wenn etwas abhängig verbunden ist, ist es auf jeden Fall natürlich existent. Ihnen zufolge ist *nicht natürlich existent* und *abhängig verbunden* widersprüchlich. Diese Schulen sagen: Wenn etwas abhängig verbunden ist, ist es notwendigerweise natürlich existent, weil abhängig verbundene Phänomene auf den Grundlagen, auf die ihre Namen verweisen, auffindbar sein sollten. Sie sagen: Wenn etwas existiert, sollte es auffindbar sein, wenn danach gesucht wird, und wenn etwas nicht auffindbar ist, nachdem danach gesucht wurde, dann ist es nicht-existent. Der Syllogismus ist auch für den Geist solcher Wesen wie Brahma, Shiva oder Vishnu nicht akzeptabel, weil das logische Anzeichen *abhängig verbunden* für sie nicht erwiesen ist.

Unter den nicht-buddhistischen Philosophen akzeptieren einige Ursache und Wirkung, sagen aber, alle Resultate würden durch eine einzige Ursache erzeugt. Zum Beispiel heißt es, der Geist von Mahadeva sei die alleinige Ursache für die Umgebung und die fühlenden Wesen, die in ihr leben. Auch die Samkhyas gehen davon aus, dass alle Dinge aus einer einzigen Hauptursache kommen. Andere Nicht-Buddhisten sagen, dass Resultate ohne eine Ursache entstünden; solche Menschen akzeptieren die Bedeutung von *abhängig verbunden*, wie es von der Prasangika-Schule dargelegt wird, offensichtlich nicht. Somit gibt es Systeme, in denen die Begründung innerhalb des Syllogismus der Prasangika-Anhänger als inkorrekt betrachtet wird, und andere, für die dieser nicht erwiesen ist. Diese anderen Philosophen können Guru Shakyamuni Buddhas Methode, die Leerheit von inhärenter Existenz zu erklären, nicht begreifen; dieses System der Logik ist ihnen völlig unverständlich.

*11) Wenn man wahrnimmt, dass »leer«*
*gleichbedeutend ist mit »Abhängigem Entstehen«,*
*dann widerspricht »leer von inhärenter Existenz« nicht*
*der Wirksamkeit von Handelndem und Handlung.*

Wenn jemand erkennt, dass »leer von inhärenter Existenz« »Abhängiges Entstehen« bedeutet, ist es kein Widerspruch für ihn, Handelnde und Handlungen gutzuheißen, die selbst leer sind von inhärenter Existenz. Die Vertreter von Lehrmeinungen unterhalb des Prasangika sagen: Wenn Phänomene nicht von ihrer eigenen Seite her existierten, könnten Handelnde und Handlungen nicht wirken. Sie glauben: Wenn Phänomene nicht von ihrer eigenen Seite her existierten, könnte man auch nicht von der Existenz der Drei Juwelen, der Vier Edlen Wahrheiten, der Zwölf Glieder usw. sprechen. Die Prasangika-Anhänger dagegen vertreten, dass alle Handelnden und Handlungen wirksam sind und bewiesen werden können, obgleich sie leer von inhärenter Existenz sind, weil alles in der Sphäre der Leerheit existiert. Wenn irgendetwas natürlich oder inhärent existierte, würde es dagegen existieren, ohne von irgendetwas abzuhängen, was ein Ding der Unmöglichkeit ist.

Der Prasangika-Schule zufolge können die Dinge gerade deshalb wirksam sein, weil sie leer von inhärenter Existenz sind. Genau das ist die Bedeutung des Ausdrucks: »Leer zu sein von inhärenter Existenz, bedeutet, ein Abhängig Entstehendes zu sein.« Die Prasangika-Philosophen unterscheiden sich in diesem feinen Punkt von den Anhängern des Svatantrika.

*12) Nimmt man hingegen das Gegenteil wahr,*
*könnte es weder in Leerheit Handlung geben*
*noch Leerheit in dem, was Handlung aufweist,*
*und man würde in einen entsetzlichen Abgrund fallen.*

Das Gegenteil der Ansicht der Prasangika-Anhänger wäre:»Ist etwas leer von inhärenter Existenz, so kann es nicht wirksam sein; sind Dinge wirksam, dann können sie nicht leer sein von inhärenter Existenz.« Hat jemand diese Vorstellung, so ist er in den entsetzlichen Abgrund der extremen Ansichten gefallen. Die extreme Ansicht des Nihilismus wäre die Vorstellung: Wenn etwas nicht inhärent existiert, existiert es überhaupt nicht, weil es nicht wirksam sein kann; es kann nicht nachgewiesen werden. Die extreme Ansicht des Eternalismus ist: Wenn Dinge wirksam sind, sollten sie inhärent existieren, von ihrer eigenen Seite her. Wenn jemand einer dieser Ansichten ist, so zeigt das, dass er nicht in der Lage ist zu verstehen, dass»Abhängiges Entstehen« und»leer von inhärenter Existenz« Eigenschaften sind, die miteinander einhergehen und an einem Objekt koexistieren. Er nimmt sie wahr, als würden sie sich gegenseitig ausschließen – wie heiß und kalt.

Das Verständnis der Leerheit beseitigt die extreme Ansicht des Eternalismus, und das Verständnis des Abhängigen Entstehens beseitigt die extreme Ansicht des Nihilismus. Wer begreift, wie die beiden Merkmale an einem Objekt gemeinsam existieren, beseitigt damit gleichzeitig beide extremen Ansichten.

Es gibt drei Aspekte des Abhängigen Entstehens:
- *Entstehen durch Zusammentreffen,* was sich auf die grobe Ebene des Abhängigen Entstehens bezieht, also die Erzeugung von Dingen in Abhängigkeit von Ursachen und Umständen;
- *Existieren durch Stützung,* was subtiler ist und sich auf Abhängiges Entstehen von Produkten und Nicht-Produkten bezieht, die sich auf ihre Teile stützen;
- *Abhängige Existenz,* die subtilste Ebene, bezieht sich auf die Existenz in Abhängigkeit von einer bloßen Zuschreibung durch den begrifflichen Geist.

Die Vatsiputriyas, eine Gruppe von Vaibashika-Philosophen, behaupten, Resultate existierten zwar in Abhängigkeit von Ursachen, doch die Ursachen seien ihrerseits nicht abhängig von

Resultaten. Der Prasangika-Anschauung zufolge hängen auch Ursachen von Resultaten ab. Das wird folgendermaßen veranschaulicht: Ein Sammler existiert aufgrund der Sammlung; ein Stein heißt nicht »Same«, weil er nicht das Potenzial besitzt, einen Sprössling hervorzubringen, wohingegen Reiskörner Samen sind, weil sie Reissetzlinge bilden können. Menschen werden in Abhängigkeit von ihren Kindern »Eltern« genannt; eine Gültige Erkenntnis und ihr Objekt hängen voneinander ab; eine logische Schlussfolgerung – wie etwa die Unbeständigkeit des Klanges – und deren Begründung »Klang ist ein Produkt« hängen voneinander ab; »heiß« gründet auf »kalt«. Auch Maßeinheiten, wie lang und kurz, stützen sich darauf, dass sie miteinander verglichen werden: Eine lange Gestalt ist nur »lang« im Vergleich zu einer kurzen Gestalt, im Vergleich mit einer noch längeren Gestalt kann sie kurz sein.

Obwohl sich alle diese Dinge gegenseitig stützen, haben sie nicht immer ein Ursache-Wirkung-Verhältnis zueinander. Auch der Wahre Pfad und die Objekte, die durch den Wahren Pfad aufzugeben sind, stützen sich gegenseitig, haben aber keine Beziehung von Ursache und Wirkung.

Um Leerheit zu erkennen, wenn wir über Abhängiges Entstehen nachdenken, und Abhängiges Entstehen zu erkennen, wenn wir über Leerheit nachdenken, benötigen wir starke karmische Prägungen aus früheren Leben, und wir müssen viel Verdienst angesammelt haben. Nur die Anhänger des Prasangika-Systems können dieses Verständnis erlangen, weil nur sie sich auf die philosophische Darlegung der Leerheit von inhärenter Existenz stützen. Philosophen, die Personen und Phänomene nicht als Abhängig Entstehende akzeptieren und sie als inhärent existent betrachten, sind extremen Ansichten verfallen. Sogar jene buddhistischen Philosophen, die zwar Personen und Phänomene als Abhängig Entstehende akzeptieren, sie aber immer noch als von ihrer eigenen Seite her existierend sehen, sind Anhänger extremer Ansichten. Wollen wir frei von den beiden Extremen sein, sollten wir einsehen, dass Personen und Phänomene nicht so existieren, wie sie erscheinen – genauso wie wir begreifen, dass der Mond, der sich im Wasser widerspiegelt nicht so existiert, wie er erscheint (nämlich als

ob er sich im Wasser befände). Wir wissen, dass die Widerspiegelung von Umständen abhängig ist, etwa vom Licht und
einer reflektierenden Oberfläche; ebenso sollten wir wissen,
dass alle Phänomene, einschließlich der Person, nicht so existieren, wie sie uns erscheinen, aber doch existieren – in Abhängigkeit von Ursachen, Umständen und Zuschreibung
durch die Vorstellung.

Beständige Phänomene existieren in Abhängigkeit von einer zuschreibenden Vorstellung, sind aber nicht von Ursachen
und Umständen abhängig. Das Verständnis, dass alle Phänomene nicht in der Weise existieren, wie sie erscheinen, aber
dennoch in Abhängigkeit von Ursachen, Umständen und einer zuschreibenden Vorstellung bestehen, ist der Pfad, der alle
Siegreichen erfreut. In *Abhandlung zum Erleuchtungsgeist* sagt
Nagarjuna:»Das Bewusstsein, das versteht, wie Ursache und
Wirkung innerhalb der Leerheit von inhärenter Existenz wirken, ist etwas wahrlich Fabelhaftes. Dieses Verständnis ist ein
Pfad, der von allen heiligen Wesen bewundert und von den
Gelehrten geschätzt wird.« Diesem Verständnis wird oftmals
auch innerhalb der Sutren selbst Bewunderung bezeugt, etwa
in den neun Lobpreisungen, den neun Bezeugungen von Wertschätzung und den neun Ehrungen. Der dreizehnte Vers erklärt diese Ansicht, die so gepriesen wird:

*13) Deshalb: Abhängiges Entstehen zu verstehen,*
*so wie Du es gelehrt hast, wird wohl gepriesen.*
*(Dinge) sind nicht völlig nicht-existent,*
*noch sind sie inhärent existent.*

Der erste Teil *nicht völlig nicht-existent* bezieht sich auf Dinge
als Abhängig Entstehende, und der zweite Teil *nicht-inhärent*
*existent* bezieht sich auf Leerheit. Dies ist Buddhas letztendliche Ansicht.

# 7. Kapitel

## Buddhas letztendliche Ansicht mithilfe vollkommener Logik darlegen

*14) Das Unabhängige ist wie eine Himmelsblume;*
*deshalb ist nichts nicht abhängig.*
*Existenz durch eigene Natur schließt aus,*
*dass etwas durch Ursachen und Umstände besteht.*

Kein wirksames Ding kann existieren, ohne von seinen Teilen und Umständen oder Ursachen abzuhängen. Gäbe es unabhängige Existenz, könnte ein Blumengarten im Himmel existieren, und Wirkungen könnten ohne Ursachen entstehen. »Innere und äußere Phänomene sind nicht inhärent existent, weil sie Abhängig Entstehende sind« zeigt auf, dass die Subjekte – innere und äußere Phänomene – abhängig sind und macht deutlich: Wenn etwas abhängig ist, kann es nicht inhärent existieren. Denn wäre Abhängig Entstehendes inhärent existent, ergäben sich viele absurde Konsequenzen: Z. B. würden alle inneren und äußeren Phänomene niemals von Ursachen und Umständen abhängen, weil sie inhärent existieren. Durch das explizite Darlegen der Gegendurchdringung »Wenn etwas inhärent existent ist, kann es kein Abhängig Entstehendes sein«, implizieren wir die Vorwärtsdurchdringung – dass alles Abhängig Entstehende notwendigerweise nicht-inhärent existent ist. Der korrekte Schluss aus diesem Syllogismus wird im nächsten Vers gezeigt:

*15) Daher wird gelehrt:*
*Weil nichts anderes als Abhängig Entstehendes existiert,*
*gibt es kein existierendes Ding,*
*welches nicht leer ist von inhärenter Existenz.*

Alle Phänomene, ob rein oder befleckt, sind leer von inhärenter Existenz, weil sie Abhängig Entstehende sind. Es gibt nichts, was nicht leer von inhärenter Existenz wäre, weil nichts existieren kann, ohne von Ursachen und Umständen, seinen Teilen oder einer zuschreibenden Vorstellung abhängig zu sein. In *Wurzel der Weisheit* sagt Nagarjuna: *»Es gibt kein Phänomen, das kein Abhängig Entstehendes ist, deshalb gibt es kein Phänomen, das nicht leer von inhärenter Existenz ist.«* Wenn wir diesen Punkt gänzlich verstehen, werden wir sehen, wie *Abhängiges Entstehen* und *leer von inhärenter Existenz* sich gegenseitig unterstützen; das Nachdenken über eines führt automatisch zum Verständnis des anderen. Es gibt zahlreiche Begründungen, die beweisen, dass alle Phänomene leer von inhärenter Existenz sind. Doch diese Begründung heißt *König der Begründungen*, weil sie die beiden extremen Ansichten gleichzeitig beseitigt.

Nagarjuna ist die Quelle dieser Erklärung über Leerheit von inhärenter Existenz. Buddha sagte voraus, eine Person namens Nagarjuna werde Kommentare zur expliziten Bedeutung der Sutren über die *Vollendung der Weisheit* schreiben, und diese würden den fühlenden Wesen sehr nutzen. Nagarjuna erfüllte diese Prophezeiung und schrieb sechs Abhandlungen über den Mittleren Weg, zum Beispiel *Wurzel der Weisheit,* wo er, ohne sich dabei auf Kommentare anderer zu stützen, Leerheit von inhärenter Existenz als die explizite Bedeutung der Sutren über die *Vollendung der Weisheit* bezeichnete.

Wir brauchen unbedingt die tatsächliche Erkenntnis der Leerheit – oder zumindest ein korrektes, intellektuelles Verständnis davon. Wenn wir die Leerheit nicht direkt erkennen können, können wir das erfasste Objekt der Vorstellung, die nach einem Selbst greift, nicht zerstören und die Wurzel des Daseinskreislaufs nicht durchtrennen. Ohne die Weisheit, welche die nicht-inhärente Existenz erkennt, können Liebe und Mitgefühl allein nicht das Objekt des eigensüchtigen Geistes zerstören. Die nach einem Selbst greifende Vorstellung und die Weisheit, welche nicht-inhärente Existenz versteht, richten sich auf dasselbe Bezugsobjekt – das relative Selbst –, aber sie erfassen es in entgegengesetzter Weise.

Es ist die Erkenntnis der Leerheit, die direkt die verschiedenen Schichten von Verschleierungen durchdringt. Auf dem Pfad der Vorbereitung schwächen wir die manifesten Hindernisse durch das Meditieren über Leerheit; auf dem Pfad des Sehens tilgt unser direktes Verständnis der Leerheit die intellektuellen Vorstellungen von inhärenter Existenz tatsächlich; und auf dem Pfad der Meditation geht unsere Meditation gegen die angeborenen Vorstellungen von inhärenter Existenz vor und gibt sie auf. So ermöglicht uns die Erkenntnis der Leerheit, die Vorstellung von inhärenter Existenz zu entwurzeln und uns von den Befleckungen zu befreien. Sogar ein oberflächliches Verständnis von Leerheit oder nur der zweiflerische Gedanke:»Vielleicht ist Leerheit wahr«, schadet der Vorstellung von inhärenter Existenz bereits ernsthaft.

Wir sollten uns immer erinnern, dass die Diskussion über Abhängiges Entstehen alle Phänomene einschließt; sie ist nicht beschränkt auf Phänomene, die von Ursachen und Umständen erzeugt sind. Nicht-zusammengesetzter Raum wird durch nichts erzeugt, aber er ist trotzdem ein Abhängig Entstehendes. In *Großer Band zur Wurzel der Weisheit* sagt Lama Tsongkhapa:»Zusammenkommen, Aufeinander-Gründen und Abhängigkeit sind bloße Synonyme.« Das zeigt, dass alle Phänomene – in der einen oder anderen Art – von etwas anderem abhängig sind. In Abhängigkeit von Ursachen und Umständen existieren nur jene Phänomene, die Produkte sind; aber alle Wissensobjekte entstehen, indem sie auf etwas anderem gründen. Lang und kurz existieren, indem sie aufeinander gründen, aber sie haben keine Ursache-Wirkung-Beziehung; Handelnde gründen auf Handlungen, sind aber nicht von Handlungen verursacht. In *Kostbarer Kranz* sagt Nagarjuna:»Da dies existiert, existiert jenes; weil lang existiert, existiert kurz.«

FALSCHE ANSICHTEN ÜBER INHÄRENTE EXISTENZ, DIE DER
DURCH DIESE LOGIK NACHGEWIESENEN ANSICHT ENTGE-
GENSTEHEN

Die Schulen der buddhistischen Lehrmeinungen vom Svatantrika-Madhyamika abwärts widersprechen dieser Logik,
indem sie sagen:»Wenn Dinge existieren, dann müssen sie inhärent existieren, denn wenn Phänomene nicht inhärent existieren, kann nichts innerhalb des Daseinskreislaufs oder des
Nirvana existieren.« Die Prasangika-Anhänger erwidern, es sei
verständlich, dass unwissende Wesen denken, Ursache und
Wirkung könnten nicht funktionieren, wenn nichts inhärent
existiert. Doch diese Vorstellung ist falsch, und jene Menschen
können ihre Unwissenheit erst beseitigen, wenn sie die Fehlerhaftigkeit ihrer eigenen Ansicht erkennen. Für die Prasangika-
Schule wäre die Vorstellung von inhärenter Existenz gültig,
wenn es nur ein einziges winziges Atom inhärenter Existenz
gäbe; es könnte allerdings in diesem Fall keinerlei Fortschritt
auf dem spirituellen Pfad geben, wie im nächsten Vers gezeigt
wird:

*16) Da inhärente Natur kein Ende hat,*
*sagtest Du, dass Nirvana unmöglich wäre,*
*wenn Phänomene irgendeine inhärente Natur hätten,*
*da Erdichtungen kein Einhalt geboten werden könnte.*

Wenn es inhärente Existenz gäbe, gäbe es keine Möglichkeit,
Nirvana zu erlangen, denn es gäbe keinen Weg, um die Vorstellung zu beseitigen, dass Phänomene inhärent existieren.
Solange diese Vorstellung bleibt, kann es kein Nirvana geben.
In den Sutren heißt es:»Wenn es nur die geringste Dosis inhärenter Existenz gäbe, nur so viel wie man auf einem einzigen
Haar tragen kann, so hätte keiner der großen Bodhisattvas
Gelegenheit gehabt, Nirvana oder die Erleuchtung zu erlangen.« Wenn es inhärente Existenz gäbe, wäre die Vorstellung,
die nach inhärenter Existenz greift, nicht fehlerhaft, und es gäbe
keinen Grund, sie aufzugeben. Wir müssten akzeptieren, dass
die Wurzel der Befleckungen fehlerfrei wäre. Das würde im-

plizieren, dass die Befleckungen selbst fehlerfrei wären und nicht aufgegeben werden müssten. Wenn inhärente Existenz auffindbar wäre, hätten die früheren Buddhas und Bodhisattvas sie finden müssen, aber das ist nicht der Fall. In *Wurzel der Weisheit* sagt Nagarjuna: »Wenn alle Phänomene nicht leer von inhärenter Existenz wären, sollte es inhärente Existenz geben – aber innerhalb der Sphäre von inhärenter Existenz kann es kein Entstehen oder Vergehen von Ursachen und Wirkungen geben.«

Wären Phänomene nicht leer von inhärenter Existenz, müssten wir sagen, dass es kein Resultat von Handlungen gäbe, die unter dem Einfluss der auf der Vorstellung von inhärenter Existenz basierenden Befleckungen stehen. Somit hätte sich der gesamte Daseinskreislauf nicht entfalten können, und die Mittel, um Nirvana zu erlangen, könnten nicht existieren. In diesem Fall könnte man die Vier Edlen Wahrheiten nicht vertreten, weil Wahre Ursprünge keine Wahren Leiden erzeugen würden und Wahre Pfade nicht zum Entstehen von Wahren Beendigungen führen würden.

*17) Wer kann Ihn daher anzweifeln,*
*der in Versammlungen der Weisen*
*mit dem mächtigen Ruf eines Löwen*
*die Freiheit von inhärenter Natur klar verkündete?*

Buddha lehrte immer und immer wieder, dass »leer sein« bedeutet, ein Abhängig Entstehendes zu sein, und dass ein Abhängig Entstehendes zu sein bedeutet, leer zu sein. Er lehrte dies in großen Versammlungen von Weisen, wobei seine Stimme die Kraft eines Löwengebrülls hatte. Niemand konnte ihn anzweifeln, weil er viele klare Begründungen gab, um zu beweisen, dass alle Phänomene leer sind von inhärenter Existenz.

*18) Da das Fehlen von inhärenter Natur und die Fähigkeit,*
*wirksam zu sein, sich nicht widersprechen,*
*steht dem nichts entgegen,*
*dass Abhängiges Entstehen und Leerheit zusammen bestehen.*

Alle Phänomene, ob rein oder befleckt, sind nicht-inhärent existent, ihre Funktionen – wie etwa Ursachen zu sein, die Resultate erzeugen, – können sie dennoch erfüllen. Nicht-inhärente Existenz und die Funktionsfähigkeit von Handelnden und Handlungen können an einem Objekt existieren, ohne sich zu widersprechen – daher muss man nicht einmal erwähnen, dass die beiden Merkmale – Leerheit und Abhängiges Entstehen – an einer Grundlage existieren können. Durch seine Erkenntnis, dass Phänomene Abhängig Entstehende sind, erkennt der Yogi, dass sie nicht-inhärent existieren. Nach dem Verlassen der meditativen Versenkung in die nicht-inhärente Existenz nimmt er Phänomene als Abhängig Entstehende wahr, und das bestätigt sein Verständnis ihrer nicht-inhärenten Existenz. Während jener meditativen Versenkung hat er nicht einmal die Vorstellung, dass er über Leerheit meditiert; es gibt keine konventionelle Erscheinung für seinen Geist; er konzentriert sich ausschließlich auf die Verneinung inhärenter Existenz. Die Wahrnehmung der Leerheit, die aus dem Verständnis von Abhängigem Entstehen kommt, und die Wahrnehmung des Abhängiges Entstehens, welche aus dem Verständnis von Leerheit kommt, treten nur im nach-meditativen Zustand eines Arya-Wesens auf und nur für einen Anhänger des Prasangika-Systems.

*19)»Folgt man der Schlussfolgerung des*
   *Abhängigen Entstehens,*
*so gibt es keine Grundlagen für extreme Ansichten.«*
*Wegen dieser meisterhaften Lehre,*
*oh Beschützer, ist Deine Rede unübertrefflich.*

Durch die Begründung der nicht-inhärenten Existenz können wir unser Verständnis festigen, dass Dinge Ursachen und Resultate sein können. Würde etwas inhärent existieren, wäre es unabhängig und könnte weder Ursache noch Resultat sein. Wir können nun wertschätzen, dass gute Ursachen gute Resultate hervorbringen können und schlechte Ursachen schlechte Resultate. Buddhas Lehre, dass man aufgrund der Begründung des Abhängigen Entstehens nicht in den extremen Ansichten des Nihilismus oder Eternalismus befangen bleibt, ist die hervorragendste seiner Lehren.

BUDDHA PREISEN, INDEM MAN DIE TATSACHE RÜHMT, DASS ALLE DINGE INNERHALB DER EINEN KATEGORIE VON LEERHEIT GÜLTIG SIND

*20) »Alles ist leer von Selbst-Natur«*
*und »aus dieser Ursache entsteht jene Wirkung«*
*– diese beiden Tatsachen stützen einander*
*und verweilen in Harmonie.*

*21) Was ist wundervoller als dies?*
*Was ist herrlicher als dies?*
*Wenn Du für diesen Grundsatz gepriesen wirst,*
*ist das der wahre Lobpreis und kein anderer.*

Wenn wir allmählich verstehen, wie das Fehlen von inhärenter Existenz durch die Begründung des Abhängigen Entstehens nachgewiesen wird, wird uns diese wunderbare Doktrin zum Staunen bringen. Bewunderung für jene Person wird entstehen, die dieses hervorragende Wissen lehrte. *Alles ist leer von Selbst-Natur* bezieht sich darauf, dass alle inneren und äußeren Phänomene leer sind von inhärenter Existenz; sie existieren auf der relativen Ebene, können unter endgültiger Analyse aber nicht gefunden werden. Erst auf der Grundlage dieser Existenzweise der Dinge können Ursache und Wirkung funktionieren. Immer wenn ein Resultat entsteht, muss es eine entsprechende Ursache geben. Es heißt, karmische Handlungen seien insofern gewiss, als heilsames Karma nur gute Auswirkungen hervorbringt und unheilsames Karma zu schlechten Resultaten führt. Wird eine Ursache geschaffen, folgt das Resultat auf jeden Fall, es sei denn, die Ursache wird zerstört. Heilsame Ursachen werden durch Wut zerstört, und unheilsame Ursachen können durch Anwendung der Vier Gegenkräfte bereinigt werden. Ein innerer karmischer Samen bringt dabei wesentlich breitere Auswirkungen hervor als ein gewöhnlicher Sa-

men. Ein gewöhnlicher Same, etwa eine Eichel, kann einen großen Baum hervorbringen, unter den sich viele Menschen stellen können; aber eine ruchlose Handlung dem Dharma gegenüber kann den Samen für viele Äonen Höllendasein legen.
Ein klares Verständnis des Abhängigen Entstehens führt zu
einem klaren Verständnis des Prozesses von Ursache und Wirkung, und dies unterstützt das Verständnis von Leerheit. Auf
der anderen Seite unterstützt ein klares Verständnis der Leerheit das Verständnis des Abhängigen Entstehens. Das Verständnis des einen unterstützt das Verständnis des anderen – es ist
als würde man einem Feuer stets weiteren Brennstoff zufüh-
ren. Unser Verständnis des Abhängigen Entstehens und der
Wirksamkeit von Karma vertieft sich, bis wir alle Dinge realisieren, die zum ausgedehnten Pfad gehören, etwa Liebe und
Mitgefühl, bis hin zum Erlangen des Formkörpers eines Buddha. Das Verständnis von Leerheit beendet das Extrem des
Daseinskreislaufs und führt schließlich zum Erlangen des
Weisheits-Wahrheitskörpers.

Es ist wunderbar, dass solch eine tiefgründige Lehre mit so
wenigen Worten dargelegt wurde; Buddha wegen dieser Lehre zu preisen ist der beste Lobpreis, den wir ihm darbringen
können. Es ist besser, als ihn für das Erlangen aller 32 Haupt-
und 80 Nebenmerkmale zu preisen, und es ist besser, als seine
Rede mit ihren 60 vortrefflichen Eigenschaften zu loben. Solch
geringere Lobpreise sind wie das Bewundern einer Juwelen-
schatulle, wohingegen das Preisen von Buddhas Erklärung –
wie alle Phänomene sowohl Abhängig Entstehende als auch
leer von inhärenter Existenz sind – dem Bewundern der darin
aufbewahrten Juwelen gleicht. Nagarjuna rühmte Buddha auf
vielfältige Art für diese wunderbare Lehre. Wir sollten sie dahingehend auffassen, dass wir alle Phänomene wie eine magi-
sche Illusion sehen. Wenn uns ein Magier einen illusionären
Karren vorgaukelt, glauben wir, dass er wirklich existiert, doch
er existiert in Abhängigkeit von bestimmten Umständen; er
existiert nicht von seiner eigenen Seite her, und er kann nicht
gefunden werden, auch wenn man ihn noch so sorgfältig sucht.

# 8. Kapitel

PREISEN, INDEM ERKLÄRT WIRD, WIE UNWISSENDE DIE
BEGRÜNDUNG »PHÄNOMENE SIND NICHT-INHÄRENT EXIS-
TENT, WEIL SIE AUF URSACHEN UND UMSTÄNDEN GRÜN-
DEN« ALS BEKRÄFTIGUNG IHRER EXTREMEN ANSICHT VER-
WENDEN, WÄHREND SIE FÜR WISSENDE EIN TOR IST, DURCH
DAS SIE IHRE GEISTIGEN FABRIKATIONEN AUFGEBEN

*22) Sklaven der Geistesplagen*
*schätzen Dich gering;*
*wen wundert es, dass sie den Klang von*
*»nicht-inhärenter Existenz« unerträglich finden.*

Kindlich nennt man jene, die dazu neigen, die Ansichten von
Nihilismus und Eternalismus zu vertreten. In vergangenen
Leben sind sie diesen Ansichten wiederholt gefolgt und bringen daher entsprechend starke Eindrücke in ihrem Geisteskontinuum mit. Auch in diesem Leben haben sie sich an falsche Vorstellungen gewöhnt, indem sie falschen Lehrern folgten, die kein korrektes Verständnis vermitteln. Wenn jemand
stark an falschen Ansichten hängt, kann er es nicht ertragen,
den korrekten Erklärungen über Abhängiges Entstehen zuzuhören. Er steht unter dem Einfluss von zwei Arten der Unwissenheit:
- Er erkennt das Gesetz von Ursache und Wirkung nicht.
- Er versteht die Leerheit nicht.

Menschen, die ganz von ihren Geistesplagen beherrscht werden, haben eine Abneigung gegen Buddhas Lehre vom Abhängigen Entstehen, sie verachten sogar den Lehrer selbst. Deshalb sagt Lama Tsongkhapa, es sei nicht überraschend, dass

jene, die sich an falsche Ansichten gewöhnt haben und falschen Lehrern folgen, Buddha und seine Lehren nicht akzeptieren können.

*23) Aber »Abhängiges Entstehen« akzeptieren,*
*den kostbaren Schatz Deiner Rede,*
*und dann den mächtigen Ruf von Leerheit missachten;*
*das finde ich wahrlich unbegreiflich.*

Abhängiges Entstehen und Leerheit sind wie ein kostbarer Schatz, sie sind die Essenz von Buddhas Lehren; und dennoch gibt es Anhänger des Buddha, die falschen Ansichten folgen und unfähig sind zu verstehen, dass alles Abhängig Entstehende nicht inhärent existiert. Solche Menschen sind Anhänger buddhistischer Lehrmeinungen unterhalb der Ebene des Prasangika. Obwohl sie die Drei Körbe des Dharma ernsthaft studiert und praktiziert haben und darin erklärt wird, inwiefern nichts inhärent existiert und alles abhängig entsteht, betrachten sie weiterhin Dinge als inhärent existent. Lama Tsongkhapa zufolge ist es nicht verwunderlich, wenn Nicht-Buddhisten, die die Bedeutung des Abhängigen Entstehens nicht verstehen und den Traditionen ihrer irregeleiteten Lehrer folgen, in den Abgrund extremer Ansichten fallen. Überaus eigenartig ist es dagegen, dass sogar jene Buddhisten, die Abhängiges Entstehen akzeptiert haben – das Mittel schlechthin, um die nicht-inhärente Existenz zu beweisen –, den Gedanken nicht ertragen können, dass nichts inhärent existiert.

Die Anhänger der Cittamatra-Lehrmeinung sagen, dass von anderem gestützte Phänomene (unbeständige Dinge) und vollständig Erwiesenes (Leerheiten) aufgrund ihrer eigenen Merkmale existieren, vorgestellte Phänomene dagegen nicht. Die Anhänger der Svatantrika-Madhyamika-Lehrmeinung vertreten, dass alle Phänomene nicht wahrhaft existieren, aber sehr wohl aufgrund ihrer eigenen Merkmale bestehen. Die Anhänger der Vaibashika- und Sautrantika-Lehrmeinungen gehen davon aus, dass alle Phänomene wahrhaft existieren – sie betrachten »inhärente Existenz« und »wahrhafte Existenz« als Synonyme. Somit zeigt sich, dass, abgesehen von den Prasangika-Anhängern, alle Schulen inhärente Existenz vertreten. Nicht-Buddhisten und die Anhänger buddhistischer Lehrmeinungen unterhalb der Prasangika-Anhänger sind unfähig, die Aussage zu akzeptieren, dass alles Abhängig Entstehende nicht-inhärent existent ist. Ihnen erscheint es so, als könne etwas überhaupt nicht existieren, wenn es nicht inhärent existiert. Für sie ist Existenz und inhärente Existenz dasselbe. Ohne die letztendliche Ansicht der Prasangika-Anhänger zu verstehen, ist es sehr schwierig, Abhängiges Entstehen und nicht-inhärente Existenz an einem Objekt nachzuweisen.

24) *Wenn manche gerade aufgrund der Benennung*
   *des Höchsten,*
*des »Abhängigen Entstehens«*
*– des Tors, welches zu nicht-inhärenter Existenz führt –*
*nach inhärenter Existenz greifen, durch welche Mittel*

25) *können dann diese Menschen*
*auf den guten Pfad geführt werden, der Dich erfreut,*
*und diese unvergleichliche Eingangspforte durchschreiten,*
*durch die die erhabenen Aryas gehen?*

Die Lehre vom Abhängigen Entstehen ist das beste Mittel, um zu einem Verständnis von nicht-inhärenter Existenz zu gelangen, aber wenn sie nicht so verstanden wird, wie sie die Prasangika-Anhänger verstehen, mag Abhängiges Entstehen als Begründung für das genaue Gegenteil verwendet werden, nämlich dass Phänomene inhärent existieren. In solch einem Fall gibt es keinen Weg, dem guten Pfad zu folgen, der von den Buddhas aller drei Zeiten befolgt wurde.

Die niederen Schulen akzeptieren zwar Abhängiges Entstehen, haben aber ein im Vergleich zum Prasangika oberflächliches Verständnis seiner Bedeutung. Diese Schulen sehen die Phänomene als inhärent existent, daher können sie nicht verstehen, wie alles Abhängig Entstehende leer ist von inhärenter Existenz. Abhängiges Entstehen ist für sie kein logisches Anzeichen, mit dem sich nicht-inhärente Existenz beweisen lässt. Deshalb fragt Lama Tsongkhapa: »Wie kann man sie auf den

Pfad führen, wenn das beste Mittel – Abhängiges Entstehen – sich nicht für sie eignet? Welchen anderen Weg gibt es für diese Menschen, um in den tiefgründigen Pfad einzutreten, dem alle Aryas der Vergangenheit auf ihrem Weg zur Erleuchtung gefolgt sind?«

Wenn ein Haus in Flammen steht und das Wasser, welches wir zum Löschen benutzen, sich auch in Feuer verwandelt, wie können wir das Feuer löschen? Wenn Abhängiges Entstehen – die vollkommene Begründung, um nicht-inhärente Existenz nachzuweisen – als Beweis für inhärente Existenz verwendet wird, welche Begründungen können dann noch gebraucht werden, um nicht-inhärente Existenz nachzuweisen? Die nächsten beiden Verse erklären, wie Weise die Begründung »Phänomene sind nicht-inhärent existent, weil sie auf Ursachen und Umständen gründen« verwenden, um die beiden extremen Ansichten zu beseitigen.

*26) Inhärente Existenz: ungeschaffen und nicht-abhängig;*
*Abhängig verbunden: geschaffen und abhängig.*
*Wie sind diese beiden Zustände*
*an einer Grundlage vereinbar, ohne Widerspruch?*

In der Prasangika-Schule gilt: Wenn ein Phänomen inhärent existent ist, ist es notwendigerweise nicht durch Ursachen und Umstände erzeugt. Darüber hinaus sollte solch ein Phänomen nicht von seiner Grundlage der Zuschreibung abhängig sein. Auf der anderen Seite kann Abhängig Entstehendes auf mehrere Arten abhängig sein:

- Lang und Kurz oder Handelnder und Handlung bestehen durch ihre Beziehung zueinander;
- Dinge existieren aufgrund ihrer Teile;.
- Dinge existieren in Abhängigkeit von Ursachen und Umständen
- Und in Abhängigkeit von einer begrifflichen Zuschreibung.

Wenn etwas auf eine dieser Arten existiert, ist es definitiv nicht inhärent existent – es ist etwas Abhängig Entstehendes. Solange wir diese Arten von Abhängigem Entstehen nicht vollständig verstehen, können wir nicht begreifen, was mit »leer von inhärenter Existenz« gemeint ist. Verstehen wir es aber einmal, so wird auch deutlich, dass sich »ohne Bezug zu etwas sein« und »sich auf etwas beziehen« genauso gegenseitig ausschließt wie »abhängig entstehen« und »nicht von etwas abhängen« und dass »in Abhängigkeit von Ursachen und Umständen existieren« und »nicht in Abhängigkeit von Ursachen und Umständen existieren« ebenfalls unvereinbar sind. Nun stellt sich Gewissheit ein: Wenn inhärente Existenz verneint wird, wird automatisch nicht-inhärente Existenz bestätigt, weil sich diese beiden gegenseitig ausschließen. Wenn etwas inhärent existiert, sollte es nicht abhängig von Ursachen und Umständen sein. Im Gegensatz dazu besteht Abhängig Entstehendes immer in Bezug zu irgendetwas – entweder zu seinen Teilen, seinen Ursachen und Umständen oder zu einer zuschreibenden Vorstellung. Ebenso: Wenn etwas inhärent existiert, sollte es auffindbar sein, wenn danach gesucht wird, entweder in seiner Grundlage der Zuschreibung oder in seinen Teilen. Wenn es gefunden werden könnte, dann könnten nicht-inhärente Existenz und Abhängiges Entstehen nicht gemeinsam an einem Objekt nachgewiesen werden.

*27) Deshalb: Was auch immer abhängig entsteht,*
*ist zwar stets frei von inhärenter Existenz,*
*scheint aber von seiner eigenen Seite her zu existieren;*
*daher sagtest Du, dies sei wie eine Illusion.*

Buddha lehrte, dass alle Phänomene Abhängig Entstehende sowie leer von inhärenter Existenz sind und einer magischen Illusion gleichen. Obwohl nichts jemals inhärent existierte, erscheinen der Wahrnehmung gewöhnlicher Wesen alle Phänomene so, als ob sie inhärent existierten – diese Erscheinung gleicht einer magischen Illusion. Ein Magier erschafft eine Illusion durch das Rezitieren spezieller Mantras; dann kann ein gewöhnliches Objekt, etwa ein Stock, eine trügerische Erscheinung annehmen, er kann wie ein Pferd aussehen. Eine Person, deren Geist von dem Mantra beeinflusst wurde, sieht dieses vorgetäuschte Pferd und greift geistig danach wie nach einem realen Pferd. In Wirklichkeit existiert dort kein reales Pferd, aber die Erscheinung ist wirklichkeitsnah und aufgrund der Kraft des Mantras schwer zu stoppen. In ähnlicher Weise erscheinen durch die Kraft der Unwissenheit allen gewöhnlichen Wesen Objekte so, als ob sie inhärent existierten. Diese Erscheinung wirkt sehr stark, und so erfassen sie die Phänomene als inhärent existent.

Auch der Magier sieht die Erscheinung eines Pferds, aber er greift nicht danach, ein reales Pferd vor sich zu haben, weil er ja weiß, dass es lediglich eine Täuschung ist. Ähnlich ist die Situation einer Person, die ein intellektuelles Verständnis von nicht-inhärenter Existenz besitzt (also die Leerheit mit Hilfe eines geistigen Abbildes versteht). Wenn sie nicht gerade über Leerheit meditiert, erscheinen die Dinge als inhärent existent, aber – gleich dem Magier – weiß sie, dass dies lediglich eine Täuschung ist und greift nicht nach den Phänomenen als seien sie inhärent existent. Wenn nun eine dritte Person vorbeikommt, nachdem der Zaubertrick begonnen hat, werden ihre Augen nicht durch das Mantra beeinflusst, sie sieht keinerlei Erscheinung eines Pferdes, und es entsteht nicht die Vorstellung, dass dort ein Pferd sei. Sie gleicht einem Arya, der sich in meditativer Sammlung über die Leerheit befindet (dabei die Leerheit unmittelbar wahrnimmt, ohne Zuhilfenahme eines geistiges Abbildes), für dessen Geist es keine Erscheinung von inhärenter Existenz gibt und für den es keine Vorstellung gibt, die nach inhärenter Existenz greift.

Bis zum Ende der letzten Bodhisattva-Ebene erscheint dem Geist aller Arya-Wesen außerhalb der Meditation immer noch inhärente Existenz. Aufgrund der Hartnäckigkeit der angeborenen, nach einem selbstexistenten Ich greifenden Unwissenheit gibt es im Geist eines Aryas außerhalb der Meditation bis zur siebten Bodhisattva-Ebene auch noch die Vorstellung von inhärenter Existenz. Diese Vorstellung ist jedoch wie Gift, nachdem das Gegenmittel bereits verabreicht wurde: Sie hat keine Kraft, und die Erscheinung wird nicht für real gehalten.

Objekte scheinen inhärent zu existieren, aber in Wirklichkeit existieren sie nicht auf diese Weise – genauso wie ein vorgetäuschtes Pferd ein reales Pferd zu sein scheint, aber leer davon ist, ein reales Pferd zu sein. Es ist schwierig für uns, die Abwesenheit von inhärenter Existenz an Objekten nachzuweisen, welche uns immer als inhärent existent erscheinen. Aufgrund ihres Erscheinungsbildes können wir nicht verstehen, wie sie leer von inhärenter Existenz sind, und wenn wir versuchen, ihre Leerheit von inhärenter Existenz zu begreifen, können wir nicht verstehen, wie sie überhaupt erscheinen können. Dies passiert, weil wir im ersten Fall eine Vorstellung von der konventionellen Erscheinung haben, die nicht zu unserer Vorstellung von Leerheit passt, und im zweiten Fall passt unsere Vorstellung von »leer von inhärenter Existenz« nicht zur relativen Erscheinung. Die einzige Methode, durch die wir vollständig verstehen können, dass die Erscheinung von inhärenter Existenz und die Leerheit von inhärenter Existenz an einem Objekt auftreten, ist die Entwicklung einer direkten nichtbegrifflichen Erkenntnis der Leerheit – indem wir den korrekten Darlegungen der Prasangika-Schule folgen.

Alle vier philosophischen Schulen des Buddhismus benutzen eine von einem Zauberer hervorgebrachte Täuschung als Beispiel für eine Sache, die nicht so existiert, wie sie zu existieren scheint. In der Vaibhasika- und Sautrantika-Schule veranschaulicht das Beispiel, wie eine Person zwar so erscheint, als existiere sie auf eigenständige Weise, aber in Wirklichkeit nicht so existiert. Für diese beiden Schulen bedeutet die Selbstlosigkeit der Person, dass sie nicht auf eigenständige Weise existiert. In der Cittamatra-Schule wird das Beispiel der magischen Täuschung dazu verwendet, die Nicht-Existenz äußerer Phänomene nachzuweisen; die Svatantrikas benutzen es dazu zu zeigen, wie ein Phänomen nicht wahrhaft existiert, obwohl es so erscheint. In der Prasangika-Schule wird dagegen damit gezeigt, wie einem Phänomen jede inhärente Existenz fehlt, obwohl es so erscheint als besäße es sie. Jede Schule weist darauf hin, dass jedermann leicht verstehen kann, dass ein vorgetäuschtes Pferd nicht das wirkliche Pferd ist, als das es erscheint, und dass dies deshalb eine gute Veranschaulichung für etwas darstellt, dessen Erscheinungsbild nicht seiner Bestehensweise entspricht. Die Prasangika-Anhänger weisen darauf hin, dass das vorgetäuschte Pferd nicht nur dem Sehbewusstsein als wirkliches Pferd erscheint, sondern dazu noch inhärent zu existieren scheint. Daher gibt es zwei Arten zu erkennen, dass das Pferd nicht so besteht wie es erscheint. Bei der ersten Art erkennen wir, dass es sich nicht um ein wirkliches Pferd handelt, und bei der zweiten Art begreifen wir, dass es nicht von seiner eigenen Seite her existiert.

Das Sehbewusstsein irrt sich in Bezug auf das Objekt, das ihm erscheint, das vorgetäuschte Pferd, weil es ihm als reales Pferd erscheint und weil es von seiner eigenen Seite her zu existieren scheint. Die Erkenntnis, dass das vorgetäuschte Pferd zwar als reales Pferd erscheint, aber nicht als solches existiert, geht aber nicht unbedingt mit der Erkenntnis einher, dass das vorgetäuschte Pferd zwar von seiner eigenen Seite her zu existieren scheint, aber tatsächlich nicht auf diese Weise existiert. Egal welches Objekt zur Veranschaulichung für etwas verwendet wird, das nicht in der Weise existiert, wie es erscheint – eine Reflexion im Spiegel, eine Luftspiegelung und so weiter – es gibt keinen Unterschied was die Feinheit des Beispiels betrifft.

Bei den Dingen, bei denen wir normalerweise nicht erkennen, dass sie nicht in der Weise existieren, wie sie erscheinen, handelt es sich um gewöhnliche Objekte wie z. B. eine Vase. Wir sehen eine Vase als real an und nicht so, als sei sie von illusionärer Natur. Wir sehen die Vase nicht als falsches Phänomen, weil wir nicht erkennen, dass sie nicht in der Weise existiert, wie sie erscheint. Das Beispiel des vorgetäuschten Pferds soll uns eine Vorstellung davon vermitteln, auf welche Weise eine Vase nicht inhärent existiert, obwohl sie so erscheint. Kurz: Wenn man erkennt, dass ein konventionell falsches Phänomen, wie etwa ein vorgetäuschtes Pferd, nicht in der Weise existiert, wie es zu existieren scheint, erkennt man nicht notwendigerweise die nicht-inhärente Existenz dieses Phänomens. Aber wenn man erkennt, dass ein Phänomen, das gewöhnlich nicht als falsch eingestuft wird, z. B. eine Vase, nicht in der Weise existiert, wie es zu existieren scheint, dann erkennt man notwendigerweise die Leerheit dieses Phänomens.

In unserer Diskussion darüber, dass »Abhängiges Entstehen« gleichbedeutend ist mit »leer von inhärenter Existenz«

und »leer von inhärenter Existenz« mit »Abhängiges Entstehen«, taucht die Frage auf: »Bezieht sich hier ›Bedeutung‹ auf die Definition oder auf das, was definiert wird?« Tatsächlich bezieht es sich auf keines der beiden. Ebenso wenig ist hier die direkte Bedeutung oder die implizierte Bedeutung gemeint und auch nicht die Bedeutung, die im Zusammenhang von Name und Bedeutung vorkommt. Was wird also unter »Bedeutung« im gegenwärtigen Kontext verstanden? Der Prasangika-Schule zufolge geht es hier um die Tatsache, dass Gewissheit über Abhängiges Entstehen das Verständnis von »leer von inhärenter Existenz« herbeiführt und Gewissheit über »leer von inhärenter Existenz« das Verständnis des Abhängigen Entstehens bewirkt. Mit anderen Worten: Durch die Kraft des Verstehens des einen wird auch die Bedeutung des anderen verstanden. Solch ein Verständnis kann allerdings nur im Geist eines Anhängers der Prasangika-Madhyamika-Lehrmeinung entstehen und nur im Geist von jemandem, der die Leerheit von inhärenter Existenz direkt, auf unbegriffliche Art, erkennt.

Wenn etwas ein Abhängig Entstehendes ist, ist es notwendigerweise leer von inhärenter Existenz, aber wenn etwas leer von inhärenter Existenz ist, ist es nicht notwendigerweise etwas Abhängig Entstehendes. Ein Beispiel dafür wäre etwas Nicht-Existentes wie das Horn eines Hasen, welches leer von inhärenter Existenz, aber kein Abhängig Entstehendes. Ein Abhängig Entstehendes muss notwendigerweise ein existentes Phänomen sein. Es ist leicht zu erkennen, dass das Horn eines Hasen nicht wahrhaft existiert; wir verstehen das, sobald wir erkennen, dass ein Hasenhorn überhaupt nicht existiert; aber diese Erkenntnis der nicht-wahren Existenz eines Hasenhorns ist nicht die Erkenntnis der Leerheit. Außerdem sollten wir die beiden Ausdrücke »leer von inhärenter Existenz« und »Leerheit« nicht durcheinander bringen. Es ist korrekt zu sagen, dass alle Phänomen leer sind von inhärenter Existenz, aber wir können nicht sagen, dass alle Phänomene Leerheit sind. Ein Tisch ist leer, weil er leer von inhärenter Existenz ist, aber er ist nicht Leerheit, weil Leerheit beständig und ein nicht-bestätigendes negatives Phänomen ist – die bloße Negation des Objekts der Negation.

# 9. Kapitel

DIE BEDEUTSAMKEIT DER SCHRIFTEN UND DER DARLEGUNG
DER VIER ARTEN VON FURCHTLOSIGKEIT WERTSCHÄTZEN –
INDEM MAN DIE BEDEUTUNG DES GEPRIESENEN VERSTEHT

*28) Aufgrund dieser Tatsache können wir gut verstehen,*
*dass es heißt, jene,*
*die Dich mit Hilfe von Logik herausfordern,*
*könnten keinerlei Fehler in deinen Lehren finden.*

*29) Warum? Weil Deine Erklärung*
*kaum Gelegenheit gibt*
*manifeste oder nicht-manifeste Dinge*
*übertrieben wahrzunehmen oder zu leugnen.*

Wenn wir klar verstehen, wie Kindliche in den Daseinskreislauf verstrickt sind, indem sie an der Vorstellung festhalten, alles Abhängig Entstehende sei inhärent existent, und
wenn wir verstehen, welchen Nutzen Weise daraus ziehen,
dass sie beweisen, dass alles Abhängig Entstehende nicht
inhärent existiert, werden wir auch andere wichtige Punkte
der Lehren begreifen: etwa die Gültigkeit von Buddhas Vier
Furchtlosen Aussagen und seine Darlegung äußerst verborgener Phänomene.

Ohne Angst vor Einwänden machte Buddha vier Aussagen
vor Versammlungen einer Vielzahl menschlicher Gelehrter und
Götter, wie etwa Brahma. Er sagte:
* Ich besitze ein vollkommenes Verständnis aller Phänomene und bin fähig, alle Dinge in einem Moment so klar
  zu sehen wie eine Olive in meiner Handfläche;

- ich habe alle Fehler aufgegeben, die aufzugeben waren;
- die Befleckungen, wie etwa die Vorstellung von wahrer Existenz, sind die Hindernisse vor der Befreiung;
- die Weisheit, die die Selbstlosigkeit erkennt, vernichtet die Ursache des Daseinskreislaufs und befreit die Wesen von ihren Fesseln.

Buddha zögerte nicht, diese vier Punkte als Wahrheit zu bezeichnen. Auch wir werden erkennen, dass sie wahr sind, wenn wir verstehen, warum die Weisen Abhängiges Entstehen als Begründung verwenden, um nachzuweisen, dass Phänomene leer von inhärenter Existenz sind, und warum die Kindlichen ihre falschen Ansichten bestärken, indem sie denken: Wenn etwas ein Abhängig Entstehendes ist, muss es inhärent existent sein.

Als Buddha in Indien lehrte, wurde er oft gebeten, an den Höfen von Königen zu erscheinen, um seine Philosophie zu erklären. Eine Gruppe von Königen prüfte ihn einmal, indem sie ihm einen Sack vorlegte, der viele kleinere, mit Reis gefüllte Säcke enthielt. Die Könige fragten ihn, wie viele Körner in jedem einzelnen Sack waren, wann der Reis der einzelnen Säcke geerntet worden war, welche Familie den Reis angebaut hatte und auf welchem Feld er gewachsen war. Buddha sah das als leichte Aufgabe, denn er war fähig, alle Atome der Erde zu zählen und beantwortete ihre Fragen korrekt.

## MANIFESTE UND NICHT-MANIFESTE PHÄNOMENE

In Vers 29 wird eigentlich folgende Frage gestellt: »Wie ist es möglich, Vertrauen zu den Vier Furchtlosen Darlegungen zu gewinnen, indem man Abhängiges Entstehen und Leerheit versteht?« Die Antwort lautet: Versteht man diese beiden, hat man keine Möglichkeit mehr, manifeste Phänomene übertrieben wahrzunehmen oder nicht-manifeste Phänomene zu leugnen.

Manifeste Phänomene sind Objekte, die der Sinneswahrnehmung (den fünf Arten von Sinnesbewusstsein) direkt erscheinen. Diese Objekte haben vier Merkmale:

- Leidhaftigkeit,
- Unreinheit,
- Unbeständigkeit,
- Selbstlosigkeit.

Gewöhnliche Menschen projizieren die gegenteiligen Eigenschaften auf manifeste Phänomene, indem sie sie als Glück, Reinheit, beständig und von ihrer eigenen Seite her existierend sehen. Das ist mit »Übertreibung« gemeint. Nicht-manifeste Objekte umfassen leicht verborgene Objekte und äußerst verborgene Objekte. Leicht verborgene Objekte sind solche Phänomene wie Unbeständigkeit, Befreiung, grobe und subtile Selbstlosigkeit und der Zustand der Allwissenheit. Äußerst verborgene Objekte sind beispielsweise vergangene und zukünftige Wiedergeburten und die Funktionsweise des Gesetzes von Ursache und Wirkung.

Am Anfang ist es schwer zu begreifen, dass es vergangene und zukünftige Leben gibt sowie dass heilsame Handlungen zu guten Resultaten führen und unheilsame Handlungen zu schlechten – vielleicht leugnen wir diese Tatsachen erst einmal. Trotzdem können wir Buddhas Lehre verstehen, die besagt, dass alle Phänomene abhängig entstehen und leer von inhärenter Existenz sind. Durch dieses Verständnis schwinden unsere Tendenzen, falsche Eigenschaften auf manifeste Phänomene zu projizieren und äußerst verborgene Phänomene zu leugnen.

## Nachweis leicht verborgener Phänomene

Wir sind imstande zu erkennen, dass Dinge aus Ursachen und Umständen entstehen können – dass ein Sprössling aus einem Samen entsteht und eine Vase von einem Töpfer gemacht wird –, und wir können sehen, dass solche Objekte ein Ende haben. Damit haben wir ein Verständnis der groben Unbeständigkeit, welches uns zum Verständnis der subtilen Unbeständigkeit – der Tatsache, dass sich die Dinge jeden Moment verändern – hinführen kann. Dadurch begreifen wir auch, dass die Person leer davon ist, beständig, teilelos und unabhängig zu sein, und wenn dieses Verständnis fest in unserem Geist verankert ist, werden wir allmählich ebenso verstehen, dass die Person nicht eigenständig als etwas substanziell Existierendes besteht.

Mit dem Verständnis, dass etwas in Abhängigkeit von etwas anderem existiert, geht ganz natürlich das Verständnis einher, dass es nicht existiert, ohne von etwas anderem abzuhängen; wenn wir also verstehen, dass die Person in Abhängigkeit von etwas anderem existiert, so ist uns auch klar, dass die Person nicht von ihrer eigenen Seite her existiert oder aus sich selbst heraus. Gäbe es Selbstexistenz, so könnte ein Selbst auf der Grundlage seiner Zuschreibung gefunden werden. Da dies nicht möglich ist, können wir folgern, dass eine selbstexistente Person überhaupt nicht existiert. Auf diese Weise verstehen wir auch, dass Phänomene nur etikettiert sind – zugeschrieben durch Name (Vorstellung) und Ton (sprachliche Benennung). Wenn wir verstehen, dass nichts auf irgendeine andere Art existiert als durch Zuschreibung mittels Vorstellung und Sprache, erkennen wir die nicht-wahre Existenz der Phänomene. Wenn wir ihre nicht-wahre Existenz verstehen, können die falschen Vorstellungen über die vier Merkmale der Sinnesobjekte nicht entstehen.

Durch logische Schlussfolgerungen kann man ein Verständnis leicht verborgener Phänomene gewinnen. Zunächst beweist man mittels einer Begründung, dass ein Phänomen nicht-inhärent existent ist, dann meditiert man über diese Begründung und verbessert sein Verständnis, bis schließlich die Erkenntnis entsteht, dass das Objekt tatsächlich nicht-inhärent existent ist. Dadurch, dass wir dieselbe Begründung auf alle Phänomene anwenden, verstehen wir allmählich, dass überhaupt kein Phänomen inhärent existiert. Solange diese Erkenntnis in unserem Geist manifest ist, kann die Vorstellung von inhärenter Existenz nicht entstehen.

Für die Erkenntnis, dass Phänomene nicht inhärent existieren, brauchen wir förderliche Umstände. Mangel an Verdienst und negatives Karma sind Hindernisse für die Erkenntnis, deshalb müssen wir Verdienst ansammeln und unser negatives Karma bereinigen. Die Hauptursache für diese Erkenntnis ist eine Meditation über ein Objekt, in der man darüber nachdenkt, dass es nicht inhärent existiert. Während unser Verständnis von nicht-inhärenter Existenz stärker wird, wird die Vorstellung von inhärenter Existenz schwächer, bis sie schließlich ganz und gar verschwindet. Es ist so, als würde man Wasser zum Kochen aufsetzen; während es sich erwärmt, schwindet die Kälte nach und nach, bis das Wasser schließlich vollends heiß ist. Während unsere Weisheit anwächst, welche die Selbstlosigkeit der Person und der Phänomene erkennt, verringern sich unsere nach einem Selbst der Person und der Phänomene greifenden Vorstellungen. Wenn sie vollständig verschwunden sind, wird diese Beendigung »Befreiung« genannt. Meditieren wir immer und immer wieder über Leerheit, vertiefen wir damit die Weisheit, welche die Unbeständigkeit und die Selbstlosigkeit erkennt, und erlangen schließlich den allwissenden Geist. Auf der Ebene des Pfads der Vorbereitung erkennen wir die Selbstlosigkeit mittels einer begrifflichen Weisheit, die die Selbstlosigkeit mit Hilfe eines geistigen Abbildes wahrnimmt. Auf dem Pfad des Sehens dagegen erkennt der Geist die Selbstlosigkeit direkt, ohne sich auf ein geistiges Abbild zu stützen. Auf dem Pfad der Meditation entwickelt sich das Geisteskontinuum weiter, wobei neun Ebenen durchschritten werden und es schließlich auf dem Pfad des Nicht-mehr-Lernens zum allwissenden Geist wird.

Verdienst anzusammeln, um förderliche Umstände zu erwerben, bedeutet, über Liebe, Mitgefühl zu meditieren und über die Absicht, die Erleuchtung zum Wohle aller Wesen zu erlangen. Diese Meditationen sind für die Entwicklung der Erkenntnis der Leerheit genauso notwendig wie Wasser und Wärme notwendig sind, damit ein Samen zum Sprössling wird. Negatives zu bereinigen bedeutet, die jeweiligen Hindernisse auf den verschiedenen Ebenen der Pfade des Sehens und der Meditation zu überwinden. Hindernisse werden auf den Ebenen der so genannten »ununterbrochenen Pfade« aufgegeben; sie zu bereinigen ist, als ob man Steine aus einem Feld entfernt, das man bestellen will.

Wenn wir die logische Abfolge der Schritte auf dem Weg zur Erleuchtung verstehen, wird uns klar, wie Allwissenheit erlangt werden kann. Durch die Kenntnis und das tatsächliche Beschreiten dieses stufenweisen Pfades wird uns begreiflich, wie Buddha ohne Furcht vor Widerrede die zuvor erwähnten Vier Aussagen machen konnte. Schließlich wird durch dieses Verständnis vermieden, dass wir äußerst verborgene Phänomene leugnen. Buddha wurde oft von Neidern kritisiert, aber ihre Kritik basierte nicht auf logischen Begründungen. Wollen wir verstehen, welche Verwirklichungen sich auf den verschiedenen Ebenen der Pfade einstellen, müssen wir die tiefgründigen Schriften gut studieren; wir müssen lernen, wie der gesamte Pfad zusammenpasst.

## NACHWEIS ÄUSSERST VERBORGENER PHÄNOMENE

*30) Deine Rede gilt als einzigartig,*
*weil sie den Pfad Abhängigen Entstehens darlegt,*
*und diese bringt auch die Gewissheit,*
*dass (Deine) anderen Lehren ebenso gültig sind.*

Leicht verborgene Phänomene können mithilfe logischer Begründungen erkannt werden; ihre Existenz ist nicht nur durch die Worte des Buddha erwiesen. Äußerst verborgene Phänomene können von den fühlenden Wesen jedoch nur in Abhängigkeit von schriftlichen Zitaten erfasst werden, die durch die Drei Analysen als fehlerlos erwiesen wurden. Bei diesen Analysen vergewissert man sich, dass:

- durch gültige direkte Wahrnehmung kein Fehler entdeckt werden kann,
- durch gültige Schlussfolgerung kein Fehler offengelegt wird;
- es keinen Widerspruch zwischen dieser Lehre und anderen Lehren des Buddha gibt.

Buddha lehrte, dass Phänomene nicht-inhärent existent sind, weil dies seiner eigenen direkten Erfahrung der Wirklichkeit entsprach. Folglich können wir seine Rede als untrügerisch betrachten. Von unserer eigenen Seite her können wir erkennen, dass Buddhas Erklärung der Vier Edlen Wahrheiten untrügerisch ist. Seine Beschreibung der Wahren Leiden, der Ersten Wahrheit, ist allgemein verständlich, es ist leicht zu sehen, das sie zutreffend ist. Das nehmen wir dann als Hinweis dafür, dass Buddhas Darlegungen, welche die äußerst verborgenen Phänomene betreffen, ebenso untrügerisch sind.

Als äußerst verborgene Fakten gelten Buddhas Lehren, die besagen, dass man durch ethisches Verhalten eine Wiedergeburt als Mensch oder als Gott erlangt und durch Großzügigkeit in zukünftigen Leben Reichtum erhält. Solche Aussagen gelten als untrügerisch, weil weder durch gültige direkte Wahrnehmung noch durch gültige Schlussfolgerung ein Fehler in ihnen entdeckt werden kann und sie anderen Lehren des Buddha nicht widersprechen, welche wir – wie etwa die Vier Edlen Wahrheiten – bereits als untrügerisch akzeptiert haben. Genauso können wir Buddhas Darlegungen anderer Themen, etwa der vollkommenen menschlichen Wiedergeburt, als untrügerisch betrachten.

Das Zentrale in Buddhas Lehren sind die Befreiung und die Erleuchtung; es ist logisch nachvollziehbar, dass diese erreichbar sind. Können wir den essentiellen Aspekt von Buddhas Lehren als untrügerisch akzeptieren, können wir auch seine Lehre akzeptieren, dass ethisches Verhalten zur Wiedergeburt als Mensch oder Gott und Wohltätigkeit zu Reichtum in künftigen Leben führt.

In *Kostbarer Kranz* sagt Nagarjuna: »*Versteht man, dass die zentrale Aussage des Buddha [Befreiung und Allwissenheit} untrügerisch ist, so kann man indirekt die anderen Aussagen seiner Lehre [Wohltätigkeit führt zu Reichtum etc.} als untrügerisch akzeptieren.*« Aryadeva macht die gleiche Aussage in *Vierhundert Verse*, ebenso Dharmakirti in seinem *Kommentar zu Dignagas Kompendium zur Gültigen Erkenntnis*.

Äußerst verborgene Phänomene sind am schwersten zu verstehen, was aber nicht bedeutet, dass es sich bei ihnen um die wichtigsten Punkte der Buddhalehre handelt. Wichtig sind Befreiung und Erleuchtung, und um diese zu erlangen, müssen wir eine Wiedergeburt von höherem Status erreichen, in der wir weiter auf dem Pfad zur Buddhaschaft fortschreiten können. Die Wiedergeburt in einem höheren Daseinsbereich ist notwendig, aber wenn wir sie mit dem Erlangen der Erleuchtung vergleichen, ist sie weniger bedeutungsvoll als diese. Die Reihenfolge der Schritte ist: Zuerst erlangen wir eine Wiedergeburt von höherem Status und dann die Erleuchtung. Betrachten wir aber die Reihenfolge der Erkenntnisse, dann steht die Gültige Erkenntnis der Möglichkeit, die Erleuchtung zu erlangen an erster Stelle und das Verständnis von Ursache und Wirkung, die zu einer Wiedergeburt von höherem Status führen, folgt später. Wenn unser Geist etwas nicht direkt wahrnehmen oder durch logische Begründungen verstehen kann, müssen wir uns auf die Schriften verlassen, wir hängen also von Buddhas Wort ab. Sofern wir uns nicht auf das Wort unserer Eltern oder anderer Zeugen stützen, können wir auch den Zeitpunkt und Tag unserer Geburt nicht kennen; es gibt keine logische Begründung, mithilfe derer wir den genauen Zeitpunkt bestimmen können. Der Tag und Zeitpunkt unserer Geburt sind also für uns auch ein äußerst verborgenes Phänomen.

Buddhas Lehren lassen sich in die Doktrin der Erkenntnis und die Verbale Doktrin unterteilen. Die Verbale Doktrin ist Buddhas Rede, die Themen wie etwa die Unbeständigkeit der Aggregate und Produkte darlegt. Unter »Doktrin der Erkenntnis« versteht man (z. B.) das Verständnis, dass die Aggregate und Produkte unbeständig sind. Erkennen wir, dass Buddhas Erklärungen bezüglich der aufzugebenden und der zu übenden Objekte zutreffend sind, so können wir schließen, dass auch seine Aussagen über den Pfad, der von der gewöhnlichen menschlichen Existenz zur Befreiung und Erleuchtung führt, der Realität entsprechen. So gewinnen wir immer mehr Vertrauen zu Buddha – der Person – und zu seinen Lehren.

Buddha hat zwei Arten von Anhängern: Anhänger aufgrund von Vertrauen und Anhänger aufgrund von Schlussfolgerungen. Anhänger aufgrund von Vertrauen sind Personen von geringerer Intelligenz, die anfangs einfach daran glauben, dass Buddha selbst unfehlbar ist. Dieses Vertrauen entsteht durch Betrachtung Buddhas physischer Manifestation und seiner wunderbaren Handlungen. In diesem Fall entwickelt sich das Vertrauen in die Gültigkeit der beiden Arten von Doktrin später. Anhänger aufgrund von Schlussfolgerungen sind Personen von scharfem Verstand, die durch sorgfältige Untersuchung Vertrauen zu den beiden Arten von Doktrin entwickeln. Vertrauen zu Buddha selbst entwickeln sie erst später. Um die nach einem Selbst greifenden Einstellungen zu überwinden, müssen beide Arten von Anhängern über längere Zeiträume hinweg eingehend über die Begründungen nachdenken, mit denen belegt wird, dass alle Phänomene selbstlos sind. Ihr Verständnis wird dadurch zunehmend vertieft. Zuerst gewinnen sie ein Verständnis der Selbstlosigkeit mithilfe eines geistigen Abbildes, dann erlangen sie die direkte Erkenntnis, die ihnen ermöglicht, die intellektuellen Hindernisse aufzugeben. Durch fortwährendes Studium und Meditation gelingt es ihnen später, auch die angeborenen Hindernisse zu überwinden. Sind die Hindernisse einmal durchtrennt, können sie nie wiederkehren – sie sind für immer verbannt, so wie die Dunkelheit der Nacht von der aufgehenden Sonne verbannt wird.

# 10. *Kapitel*

*31) Du sahst die Wirklichkeit und lehrtest sie wohl;*
*jene, die in Deine Fußstapfen treten*
*werden alle Schwierigkeiten überwinden,*
*da sie die Wurzel des Unheilsamen zerstören.*

Buddha erkannte fehlerfrei, wie sich alle Prozesse von Ursache und Wirkung in Bezug auf reine und befleckte Phänomene gestalten und lehrte dieses Wissen. Für die Person, die diesen Lehren des unfehlbaren Lehrers folgt, rücken alle Probleme des Daseinskreislaufs – etwa Wiedergeburt, Krankheit, Alter und Tod – in weite Ferne, weil die nach einem Selbst der Person und der Phänomene greifende Einstellung – die Wurzel aller Fehler – durch die Weisheit beseitigt wird, die die Leerheit von inhärenter Existenz aller Phänomene erkennt.

*32) Jene, die sich von Deiner Lehre abwenden,*
*mögen sich zwar abmühen, lang und hart,*
*ziehen jedoch nur ein Problem nach dem anderen an,*
*durch ihre feste Vorstellung von einem Selbst.*

Wer den Lehren anderer Führer, etwa Shiva, folgt, mag sich vielen Kasteiungen unterziehen und womöglich den Sammlungszustand »Gipfel des Daseinskreislaufs« erlangen, in dem man viele Äonen lang stabile Sammlung aufrechterhält. Doch trotz dieser Mühen und Errungenschaften werden diese Menschen erneut in den Begierdebereich hinabfallen, wenn die Kraft ihrer Konzentration endet. Wie zuvor werden sie dort die Leiden von Geburt, Krankheit, Alter und Tod erleben. Das passiert, weil die grundlegende Ursache dieser Leiden – die beiden nach einem Selbst greifenden Einstellungen – immer noch fest in ihrem Geisteskontinuum verankert ist. Die wichtigste Praxis ist daher die Meditation, mit der man die Weisheit entwickelt, die den beiden nach einem Selbst greifenden Einstellungen entgegenwirkt und sie vollständig aus dem Geist beseitigt. In Indien lebte einmal ein Yogi namens Devadharma, ein Tirthika, der für lange Zeit in meditativer Sammlung verweilen konnte. Während einer Meditation wurde sein Haar so lang, dass es den ganzen Boden um ihn herum bedeckte und Mäuse darin ihre Nester bauten. Als er die Meditation verließ, sah er die Mäuse, wurde wütend und fegte sie grob hinweg. Das zeigt, welche Fehler sich ergeben, wenn die beiden nach einem Selbst greifenden Einstellungen nicht überwunden werden.

*33) Wunderbar! Wenn die Weisen den Unterschied*
*zwischen diesen beiden (Schulungen) begreifen,*
*wie können sie versäumen,*
*Dich aus tiefstem Herzen wertzuschätzen?*

Wenn Intelligente, die eine feste Grundlage an Verdienst haben, meditieren und Buddhas Lehren mit den Lehren anderer vergleichen, muss ihnen Buddhas Lehre wie ein nektargefülltes Gefäß, die Lehren der anderen dagegen wie ein leeres Gefäß erscheinen. Aufgrund dieses Unterschieds entwickeln sie großes Vertrauen zu Buddha: Tränen treten ihnen in die Augen, die Haare stehen ihnen zu Berge, und ganz unwillkürlich beginnen sie, Lobpreise zu sprechen. Voller Ehrfurcht falten sie die Hände über ihrer Stirn und sagen Dinge wie: »wunderbarer Lehrer«, »gut gesprochen«, »unser Beschützer«, »unsere Zuflucht«.

*34) Selbst wenn man den gesamten Schatz*
*Deiner Lehren außer Acht lässt*
*Und nur ein allgemeines Verständnis eines Teils davon erlangt,*
*so bringt das bereits höchste Glückseligkeit hervor.*

Wenn jemand alle Lehren Buddhas versteht, wird er sicherlich große Glückseligkeit erfahren. Aber bereits die Erkenntnis der allgemeinen Bedeutung eines kleinen Teils der Lehre – etwa der Unbeständigkeit – ruft eine Glückseligkeit hervor, die von der befleckten Glückseligkeit gewöhnlicher samsarischer Freuden nicht übertroffen werden kann. Versteht man, dass Leiden und die Leidenschaften, denen man seit anfangsloser Zeit ausgeliefert war, bald beendet sein werden, so steigt ein großes Glücksgefühl in einem auf.

*35) Ach! Mein eigner Geist wurde von Verwirrung geleitet,*
*als ich vor langer Zeit Zuflucht suchte;*
*blind gegenüber den ausgedehnten Qualitäten Deiner Lehren,*
*ganz zu schweigen von ihren feinen Details.*

Dieser Vers besagt, dass Lama Tsongkhapas Zuflucht zu Buddha nur auf glaubendem Vertrauen gründete, als er vor langer Zeit die Laiengelübde (*dge.bsnyen*) ablegte. Er wusste noch nicht, dass Buddha, der Lehrer, und seine Lehren untrügerisch waren. Er sagt: »Ich verstand diese Dinge nicht, weil mein Geist unter dem Einfluss der Täuschung des Greifens nach einem Selbst der Phänomene stand, was mich daran hinderte, die Weisheit zu erzeugen, die die Selbstlosigkeit erkennt. Das »*Ach!*« zeigt seine Traurigkeit, denn es mag wohl erträglich sein, wenn jemand anfangs das subtile Wissen der Buddhalehre nicht besitzt, doch wenn man nicht einmal die allgemeine Bedeutung der Lehren erkennt, so ist das äußerst bedauerlich.

*36) Doch ist der Strom meines Lebens noch nicht*
*in den Schlund des Herrn des Todes gesunken.*
*und ich besitze ein wenig Vertrauen zu Dir.*
*Schon allein deswegen kann ich mich glücklich schätzen.*

Buddhas Anwesenheit in dieser Welt ist eine Seltenheit. Ein vollkommenes menschliches Dasein ist schwer zu erlangen. Das Leben ändert sich von Moment zu Moment und ist bald vorbei: Es wäre höchst segensreich, bevor der Tod kommt und solange noch etwas Lebenskraft vorhanden ist, Vertrauen zum einzigartigen Buddha zu entwickeln. Es gibt Menschen, die den Übungen der Söhne Buddhas für eine lange Zeit folgten und sich in den fünf Künsten bestens auskennen, aber bestimmte tiefe und ausgedehnte Punkte noch nicht verstanden haben. Lama Tsongkhapa sagt:»Ich habe mich eingehend mit den tiefen und ausgedehnten Details vertraut gemacht; ich habe die Drei Höheren Schulungen vollständig praktiziert und große Glückseligkeit erzeugt; ich erinnere mich der Güte der beiden Wegbereiter – Nagarjuna und Asanga – die die direkte und indirekte Bedeutung der drei Mutter-gleichen Prajnaparamita-Sutren erklärten, und ich empfinde große Hochachtung vor dem Wissen aller heilsamen spirituellen Führer. Ich verspüre so viel Mitgefühl für alle im Elend gefangenen fühlenden Wesen, dass ich für den ewigen Fortbestand der Buddhalehre bete, die so nützlich ist zum Beseitigen von Leid und Erreichen von Glück. Diese Gedanken purzeln durch meinen Geist, als ob sie miteinander wetteiferten. Durch Manjushris Güte habe ich die Bedeutung jener Dinge begriffen, die schwer zu verstehen sind, und wenn ich alleine bin, bringt dieses Wissen großes Glück in mir hervor; spontane Worte des Lobpreises und der Mitfreude kommen mir über die Lippen.«

Lama Tsongkhapas spontaner Lobpreis ist vergleichbar mit unserem Freudenschrei, wenn wir alle für einen Urlaub notwendigen Dinge zusammengepackt haben – Essen, Geld und Kleidung – und »Hurra« rufen.

# 11. Kapitel

## Wie man die Lehre freudvoll bewahrt, nachdem man sich von ihr überzeugt hat

### 1. FREUDVOLL DEN ALLERHÖCHSTEN PFAD VON ABHÄNGIGEM ENTSTEHEN UND »LEER VON INHÄRENTER EXISTENZ« BEWAHREN, WELCHER SCHWER ZU VERWIRKLICHEN IST

> *37) Unter Lehrern – der Lehrer des Abhängigen Entstehens;*
> *unter der Weisheit – die Weisheit vom Abhängigen Entstehen:*
> *gleich Königen über alle Herrscher der Welt*
> *beweisen diese Deine allerhöchste Weisheit.*

Buddha überragt Götter wie Brahma und dergleichen, die sich ebenfalls um Wissen bemühen, weil unter den unterschiedlichen Pfaden, die von verschiedenen Führern gezeigt werden, nur der Pfad von Abhängigem Entstehen und »leer von inhärenter Existenz« frei von den beiden Extremen des Nihilismus und Eternalismus ist. Unter den Fertigkeiten der fünf Künste ist die innere Kunst – das Verständnis der Bedeutung von Abhängigem Entstehen und »leer von inhärenter Existenz« – die überragendeste. Buddha ist ein vollkommener Führer, weil er diese Bedeutung erkannte, ohne sich auf einen anderen Lehrer stützen zu müssen, und sie aus großer Liebe und Mitgefühl heraus lehrte.

Nur Buddha und seine Schüler besitzen die Weisheit vom Abhängigen Entstehen und »leer von inhärenter Existenz«, niemand anderes hat sie entwickelt, nicht einmal jene, die die Sammlung »Gipfel des Daseinskreislaufs« erlangt haben. Lama Tsongkhapa betont, wie schwierig es ist, diese Lehre zu verstehen, dass andere sie nicht besitzen oder verstehen, er selbst aber ein vollkommenes Verständnis erworben hat und sich freut, es bewahren zu können. Er sagt:»Ich vertraue zutiefst auf diese Lehre, und ich werde sie bewahren, selbst auf Kosten meines Körpers oder Lebens; wer würde diese wundervolle Lehre nicht hochschätzen und wünschen, sie zu bewahren?«

## 2. FREUDVOLL DES LEHRERS ALLERHÖCHSTE AKTIVITÄT, SEINE REDE, BEWAHREN

*38) Alles, was Du gelehrt hast,*
*hat einen Bezug zum Abhängigen Entstehen,*
*und da dies zum Nirvana führt,*
*bringen alle Deine Taten Frieden.*

Unter Buddhas vielen Handlungen von Körper, Rede und Geist waren die Handlungen, die er durch seine Rede ausführte, die vortrefflichsten; und unter all seinen Lehren war die vom Abhängigen Entstehen und »leer von inhärenter Existenz« die beste. Lama Tsongkhapa freut sich, diese Lehre zu bewahren. Buddhas Rede wird als seine vorzüglichste Aktivität gepriesen, weil er durch sie viele fühlende Wesen zum Pfad hinführen, ihren Geist zur Reife bringen und vom Leid befreien konnte. Er lehrte 84.000 Abschnitte, die in zwölf Schriftabteilungen zusammengefasst werden können; diese sind allesamt in den Drei Körben des Dharma enthalten, in welchen die Lehren der beiden Fahrzeuge, des Hinayana und des Mahayana, zusammengefasst sind.

Alle diese Lehren sollen seinen Anhängern ermöglichen, zwei Punkte direkt oder indirekt zu verstehen: Abhängiges Entstehen und »leer von inhärenter Existenz«. Das Ziel dieser Lehren war es, fühlende Wesen zu einer der drei Arten des Nirvana zu führen: zum Nirvana eines Hörers, dem eines Alleinverwirklichers oder zur Erleuchtung eines Bodhisattva. Jede einzige Handlung von Buddhas Körper, Rede und Geist sollte dazu dienen, die Probleme, Fehler und Befleckungen zu beseitigen, welche die fühlenden Wesen plagen. Sogar sein

Atem war ein Mittel, durch das er das geistige Kontinuum der fühlenden Wesen zur Reife bringen und sie von ihrem Unglück befreien wollte. Er wurde nur in dieser Welt wiedergeboren, um die Unwissenheit zu beseitigen und Glück zu bringen. Da sogar Buddhas Atem für andere hilfreich war, ist es selbstverständlich, dass seine anderen Handlungen von Körper und Rede anderen nutzten. Wir können selbst die Erfahrung machen, das Buddhas Atem hilfreich für andere ist, wenn wir die »*tong len*«-Meditation üben, bei der man den Rhythmus der Ein- und Ausatmung benutzt, um anderen zu dienen.

### 3. FREUDVOLL DEN GEIST FÜHLENDER WESEN ZÄHMEN, DER SCHWER ZU ZÄHMEN IST

*39) Wundervoll ist Deine Lehre!*
*Wer immer zuhört, wird Frieden erlangen,*
*wem könnte da nicht*
*daran gelegen sein, solche Lehren zu bewahren?*

Intelligente werden sich begeistert dem Bewahren dieser Lehre über Abhängiges Entstehen und »leer von inhärenter Existenz« widmen. Solch eine wunderbare Lehre ist wie Nektar, selbst für jene, die wie Ghandarva Rajapramudita voller Wut und Hass sind, wie Chungawa unter Anhaftung leiden, unwissend und verwirrt sind wie Lam Chung-pa, stolz wie König Raga oder die – wie Svagata – nur sehr wenig Verdienst besitzen. Als diese Menschen Buddhas wundervollen Lehren zuhörten, erschienen sie ihnen wie ein offener Fahrweg, dem sie einfach folgen und dadurch Nirvana erlangen konnten. Wenn diesen Menschen, die so stark durch Wut, Anhaftung, Verwirrung, Stolz und Mangel an Verdienst befleckt waren, die Lehre wie Musik in den Ohren klang und sie mit ihrer Hilfe den Pfad zum Nirvana beschreiten konnten, dann werden sich Intelligente ganz gewiss um die Bewahrung dieser wundervollen Lehre bemühen.

Ghandarva Rajapramudita begegnete einem irregeleiteten Lehrer, der ihm erklärte, er könne die Befreiung erlangen, wenn er eintausend Menschen umbringen und einen Kranz aus ihren Fingern flechten würde. Er hatte bereits 999 Menschen getötet und musste nur noch einen weiteren umbringen, um sein Ziel zu erlangen. Da er niemand anderen fand, war er drauf und dran, seine eigene Mutter zu töten; da erschien Buddha vor ihm, zähmte seinen Geist und unterwies ihn, sodass er den Zustand eines Arhats erlangte.

Chungawa war ein Mönch der nicht in der Lage war zu üben, weil ihn die Anhaftung an eine Frau völlig überwältigt hatte. Buddha beauftragte einen seiner Schüler, der Wunderkräfte besaß, Chungawa an einen Ort zu bringen, an dem er die Göttinnen des Deva-Bereiches sehen konnte. Diese Göttinnen waren so schön, dass Chungawas Anhaftung verblasste – von da an interessierte er sich nur mehr für die Göttinnen. Buddhas Schüler wies ihn darauf hin, dass er in Zukunft in diesem Deva-Bereich wiedergeboren werden könne, falls er im menschlichen Bereich reines ethisches Verhalten übe. Das spornte Chungawa an, dem Pfad zu folgen, und er erlangte den Zustand eines Arhats. Lam Chungpa war ein Mönch, der so dumm war, dass er nicht ein Wort auswendig lernen konnte, ohne das vorangegangene Wort zu vergessen. Trotzdem vermochte Buddha ihn geschickt zu führen, sodass sogar er ein großer Lehrer und ein Führer für viele andere wurde.

König Raga, ein König der Ghandarvas, war äußerst stolz auf sein musikalisches Talent. Um dessen Stolz zu mäßigen, erschien Buddha als Musikant und spielte auf einer einzigen Saite so herrliche Musik, dass des Königs Stolz verpuffte. Buddha erklärte ihm, dass die Musik nicht von den Häuten auf dem Instrument, nicht aus den Saiten oder aus seinen Fingern komme, sondern aus der Kombination aller drei. Als er diese tiefgründige Belehrung verstand, wurde König Raga zum Arya. Svagata war eine Person von solch hässlicher Erscheinung, dass sich andere angeekelt von ihm abwendeten, sobald er ihnen nahe kam. Sein Mangel an Verdienst war so groß, dass nicht einmal seine Bettelkumpanen mit ihm loszogen, um Essen zu erbetteln; sie wussten, dass andernfalls keiner etwas zu essen bekommen würde. Trotz dieser Unzulänglichkeit vermochte er dem Buddha zu begegnen und Nirvana zu erlangen.

Die Lehren zu bewahren heißt, mittels Zuhören, Nachdenken und Meditieren die Drei Höheren Schulungen zu praktizieren. Auf unserer Ebene gilt: Üben wir die drei Höheren Schulungen, so bewahren wir die Doktrin der Erkenntnis. Wenn wir die Bedeutung der Drei Körbe des Dharma erläutern, Belehrungen zuhören und deren Bedeutung mit anderen diskutieren, bewahren wir damit die Verbale Doktrin. Zuhören, diskutieren und über die Bedeutung von Abhängigem Entstehen und »leer von inhärenter Existenz« zu meditieren, heißt Buddhas Doktrin zu bewahren, weil diese Lehre die Essenz aller seiner Lehren ist. Die Meditation über Leerheit wird den Befleckungen ein Ende bereiten, die so reichlich in unserem Geist vorhanden sind.

## 4. Freudvoll die Verbale Doktrin bewahren, die drei Attribute hat

*40) Da diese Doktrin alle Gegner überwindet,*
*frei von innerem Widerspruch ist*
*und beide Ziele der Wesen erfüllt,*
*vermehrt sich meine Freude an ihr stetig.*

Die Buddhalehre, die Lama Tsongkhapa mit viel Freude bewahrt, hat folgende drei Merkmale:
1. Es wird darin erklärt, wie die drei Daseinsbereiche bloß aus dem Geist der fühlenden Wesen erschaffen werden, die jene Bereiche bewohnen. Diese Lehre übertrifft die Lehren, die besagen, Shiva, Vishnu oder Brahma seien die Schöpfer der drei Bereiche. Das erste Merkmal umfasst auch die Tatsache, dass Buddhas Lehre der Selbstlosigkeit der Person und der Phänomene die Zweifel und Übertreibungen all jener – Buddhisten und anderer – beseitigt, die sagen: »Wenn etwas leer ist von inhärenter Existenz, kann es kein Abhängig Entstehendes sein, und wenn etwas ein Abhängig Entstehendes ist, kann es nicht leer sein von inhärenter Existenz«.
2. Es gibt keine Widersprüchlichkeiten innerhalb der ver-

schiedenen Lehren des Buddha.

3. Buddhas Doktrin nutzt den fühlenden Wesen auf zwei Arten: Sie können den zeitweiligen Nutzen einer höheren Wiedergeburt erreichen, und sie können die endgültigen Nutzen der Befreiung und Erleuchtung erlangen.

Shiva-Anhänger postulieren eine beständige Ursache des Daseinskreislaufs – den beständigen Mahashiva – und gehen davon aus, dass Befreiung aus dem Daseinskreislauf möglich ist. Eine Resultat lässt sich jedoch nur beenden, wenn dessen Ursache beendet wird; wenn die Ursache beständig ist, kann sie nicht verändert oder beendet werden. Ebenso gilt: Wenn die Ursache des Daseinskreislaufs beständig ist, kann Befreiung nicht erlangt werden, weil die Ursache nicht aufgegeben werden kann. Deshalb ist es widersprüchlich, einerseits zu behaupten, die Ursache des Daseinskreislaufs sei beständig, und andererseits die Möglichkeit der Befreiung zu postulieren. Lama Tsongkhapa zufolge gibt es keinen derartigen Widerspruch in den Lehren des Buddha. Im Allgemeinen vertreten nicht-buddhistische Philosophen, dass das Selbst beständig, teilelos und unabhängig existiert. Wäre das Selbst in dieser Weise beständig, so wäre die nach einem Selbst greifende Einstellung gültig, und doch ist es genau diese Einstellung, welche unsere Anhaftung am *Ich* und *Mein* hervorbringt, und diese Anhaftung führt wiederum zu vielen negativen Handlungen. Solange wir aus Anhaftung an *Ich* und *Mein* handeln, ist es uns unmöglich, den Daseinskreislauf zu einem Ende zu bringen. Deshalb ist es widersprüchlich, zuerst zu behaupten, dass es Eigen-Existenz der Person gäbe, und dann zu vertreten, dass die Möglichkeit existiere, Befreiung und Erleuchtung zu erlangen. In Wirklichkeit gibt es kein beständiges Selbst, und daher ist die nach einem Selbst greifende Einstellung ungültig; sie ist eine falsche Vorstellung. Da es aber ein Gegenmittel zu dieser Vorstellung gibt, ist es nicht widersprüchlich, wenn man sagt, dass man der Ursache des Daseinskreislaufs entgegenwirken und Befreiung erlangen kann. Buddhas Lehren sind also nicht-widersprüchlich: Die expliziten und die impliziten Bedeutungen und seine früheren und späteren Lehren stehen allesamt miteinander in Einklang.

# 12. Kapitel

## Lobpreisen, indem man sich an Buddhas Güte erinnert

### 1. Sich an Buddhas Güte erinnern

*41) Um der Lehre willen gabst Du*
*immer wieder über zahllose Äonen hinweg:*
*zuweilen Deinen Körper, zuweilen Dein Leben,*
*Deine teure Familie und Schätze an Gütern.*

Zum Wohle fühlender Wesen lebte Buddha viele Leben lang in Einklang mit seiner Lehre, die die drei Merkmale besitzt. Um anderen diese Lehre zu zeigen und ihnen zu helfen, sie klar zu verstehen, gab er bei zahllosen Gelegenheiten seinen Körper, seine Eltern, seine Frau, seine Kinder, seine teuersten Freunde und sogar sein eigenes Leben auf. Er gab all dies für das Glück anderer hin, ohne eine Spur von Selbstsucht. Lama Tsongkhapa sagt, er könne diese Güte nicht erwidern, selbst wenn er genügend Juwelen hätte, um ein dreitausend-fältiges Weltensystem zu füllen. Ihm zufolge kann man solche Güte nur vergelten, indem man exakt so übt, wie Buddha es lehrte, – dasjenige kultiviert, von dem er sagte, dass es zu kultivieren sei, und dasjenige aufgibt, was man aufgeben sollte.

## 2. Trauer darüber, dass man Buddhas Belehrungen nicht direkt gehört hat

> *42) Wenn ich eingehender über die Vortrefflichkeit Deines*
> *Dharma nachdenke,*
> *erscheinst Du meinem Geist,*
> *wie ein Fisch, den man ein an einem Haken herbeizieht.*
> *Wie traurig mein Schicksal, es nicht von Dir selbst gehört zu*
> *haben!*

> *43) Die Intensität dieser Traurigkeit*
> *lässt meinen Geist nicht los,*
> *so wie der Geist einer Mutter,*
> *der von den Gedanken an ihr geliebtes, verlorenes Kind nicht*
> *loskommt.*

Wenn ein Fisch am Köder anbeißt, wird er – ohne es zu wollen – am Haken aus dem Wasser gezogen. Lama Tsongkhapa sagt: Wann immer er über die Lehre von Abhängigem Entstehen und »leer von inhärenter Existenz« nachdenkt, erscheinen seinem Geist augenblicklich Buddhas heiliger Körper und Geist, als ob er sie geangelt hätte. Er drückt tiefes Bedauern darüber aus, diese Lehren nicht direkt von Buddha gehört zu haben, indem er sagt: »Mein Kummer darüber, nicht anwesend gewesen zu sein, als Du Abhängiges Entstehen und Leerheit lehrtest, hört nicht mehr auf, so wie die Gedanken einer Mutter an ihr geliebtes totes Kind sie stets verfolgen, egal ob sie isst, geht oder schläft.«

## 3. Freude daran, sich vorzustellen, wie Buddha die Prajnaparamita lehrt

> *44) Aber wenn ich mir Dich lehrend vorstelle,*
> *strahlend mit dem Glanz heiliger Merkmale und Zeichen,*
> *umgeben von Lichtstrahlen,*
> *oh Lehrer, Deine wohlklingende Brahma-Stimme*

*45) ist so ausdrucksvoll in all ihrer Glorie.*
*Wenn dieses Bild von Shakyamuni in meinem Geist entsteht,*
*wird mein Kummer sofort geheilt*
*so wie ein Fieber von Mondstrahlen gesenkt wird.*

Als er sich bildlich vorstellte, wie Buddha die *Prajnaparamita* auf dem Geiergipfel lehrte, hatte Lama Tsongkhapa eine Vision von Buddha, in der er von Arya-Bodhisattvas umgeben war, Licht ausstrahlte, mit der Brahma-Stimme sprach und die Merkmale und Zeichen eines Tathagatas zeigte. Diese Vision erscheint ihm noch immer so klar wie eine Reflexion in einem Spiegel und vertreibt seine Traurigkeit darüber, die Lehren nicht direkt von Buddha gehört zu haben, gerade so wie Mondlicht das Leiden der Hitze lindert.

Als Buddha auf dem Geiergipfel die *Prajnaparamita* lehrte, konnte das Licht, das von seiner Aura ausstrahlte, in zahllosen Buddha-Bereichen gesehen werden, und die Erde bebte. Arya-Bodhisattvas in jenen Bereichen fragten sich, was wohl die Quelle dieses Lichtes sein könnte, und die Buddhas (ihre Lehrer) erklärten, dass Shakyamuni Buddha im Kontinent Dzambu Ling auf dem Geiergipfel die *Prajnaparamita* lehrte. Die Arya-Bodhisattvas baten dann um die Erlaubnis, dem beiwohnen zu dürfen, um Guru Shakyamuni Ehre zu erweisen und ihm Gaben darzubringen.

Die große Mutter-gleiche *Prajnaparamita* ist die Vitalessenz aller Sutren, weil aus ihr die vier Arya-Söhne hervorgehen: Hörer-Arya; Alleinverwirklicher-Arya, Arya-Bodhisattva und Arya-Buddha.

Heutzutage existieren die Bände der Sutren und ihrer Kommentare immer noch. Egal, in welcher Sprache sie geschrieben sind, wir sollten diese Schriften mit großem Respekt betrachten, weil sie die essentiellen Übungen enthalten, die wir benötigen, um alle Ebenen der Verwirklichung auf dem Pfad zu erzielen. Durch das Befolgen dieser Übungen können wir Bodhicitta entwickeln und schließlich Buddhaschaft erlangen; deshalb ist Buddhas Rede – die in den Schriften bewahrt wird – die wichtigste aller seiner Handlungen von Körper, Rede und Geist. Wir sollten Statuen des Buddha achten, die seinen Körper repräsentieren sowie Stupas, die seinen Geist repräsentieren; aber die Repräsentation seiner Rede verlangt weit größeren Respekt, weil sie uns exakt zeigt, was wir aufzugeben und was wir anzunehmen haben, um Buddhaschaft zu erlangen.

Als Buddha die *Prajnaparamita* auf dem Geiergipfel lehrte, errichtete er selbst einen Thron, um seiner Hochachtung für die Wichtigkeit der *Prajnaparamita* hinzuweisen und andere zu lehren, Respekt für diese Thematik zu haben.

# 13. *Kapitel*

## Wie Lama Tsongkhapa Vertrauen und Respekt gegenüber Buddha erzeugte

### 1. DIE GRUNDLAGE FÜR VERTRAUEN

*46) Obwohl dieses gute System so wunderbar ist,*
*werden Ungeschickte völlig verwirrt,*
*ihre Ideen sind völlig verknotet,*
*gerade wie das Balbaja Gras.*

Die Wurzel allen Leidens wird durch den Pfad von Abhängigem Entstehen und »leer von inhärenter Existenz« getilgt – dem tiefgründigen Dharma, das frei ist von den beiden Extremen, und dem die Bewunderung der Gelehrten und Weisen gilt. Diese Lehre wird »vortrefflicher Weg« genannt, sie ist die definitive Bedeutung der *Prajnaparamita-Schriften.* Wer der wahren Bedeutung der Schriften nicht zu folgen vermag, kann nicht verstehen, was zu verneinen ist – er verneint entweder zu viel oder zu wenig. Einige, die wahre Existenz durch endgültige Analyse verneinen, gehen zu weit und verneinen die Existenz der Dinge auf der konventionellen Ebene. Sie verfallen damit der extremen Haltung des Nihilismus und denken dabei, sie hätten den Mittleren Weg gefunden. Andere verneinen zu wenig; sie akzeptieren Objekte, die verneint werden sollten, und verfallen damit der extremen Haltung des Eternalismus – in der Überzeugung, den Mittleren Weg gefunden zu haben.

Wenn Menschen den beiden extremen Ansichten anhängen, betonen oder verneinen sie die Existenz der Phänomene in übertriebenem Maße. Unfähig, die Bedeutung der Schriften zu verstehen, die die absolute Natur der Dinge darlegen, verknotet sich ihr Geist wie das Balbaja Gras – ein hoch oben in den Bergen wachsendes Gras, dessen Wurzeln, Triebe und Blätter miteinander verknotet und schwer voneinander zu trennen sind. Wer behauptet, weise zu sein und die höchste Ansicht zu besitzen, aber Phänomene in übertriebenem Maße verleugnet, kann nicht zwischen bloßer Existenz und inhärenter Existenz unterscheiden: Beides wird verneint. Bloße Existenz ist die Existenz der Dinge in Abhängigkeit von Namen (geistige Zuschreibung) und Klang (verbale Benennung). Wer die Existenz der Phänomene in übertriebenem Maße bejaht, verneint nur manche Dinge; er verneint nicht alles, was dem vortrefflichen. Weg gemäß verneint werden sollte. So behaupten beispielsweise manche, inhärente Existenz sei gleichbedeutend mit einer teilelosen, beständigen und unabhängigen Bestehensweise; aber dies zu verneinen, ist nicht genug.

## 2. Wie Lama Tsongkhapas sich bemühte, Vertrauen zu erzeugen

*47) Nachdem ich dieses Problem verstanden hatte,*
*schulte ich mich (in den Werken) qualifizierter Weiser,*
*und hörte voller Energie hier und dort zu,*
*wobei ich stets deine Intention zu verstehen suchte.*

*48) Ich studierte viele Abhandlungen*
*von buddhistischen und nicht-buddhistischen Schulen;*
*dennoch quälte sich mein Geist immer wieder schmerzhaft*
*im Netz des Zweifels.*

Lama Tsongkhapa hütete seine tantrischen, Bodhisattva- und Pratimoksha-Gelübde wie seine Augen. Um sein Verständnis der Wirklichkeit zu vertiefen, gab er die Ablenkungen auf, die mit einem Leben in der Gesellschaft einhergehen, und widmete sich an einsamen Orten dem Studium der Schriften. Dabei verglich er die Leerheits-Lehren, die er von seinem eigenen Lehrer und anderen erhalten hatte, mit den Erklärungen über

Leerheit in den bedeutenden Schriften. Er führte außerdem Reinigungsübungen durch, sammelte Verdienst an und betete fortwährend zu Manjushri, den er als untrennbar von seinem Guru sah. Er strebte nach einer fehlerfreien Erkenntnis des vortrefflichen Wegs, analysierte Texte von Philosophen, die die Anschauung der Svatantrika-Madhyamika und der unteren buddhistischen Schulen lehrten, und studierte die Lehren von Nicht-Buddhisten, wie den Tirthikas. Während er diese Texte studierte, stieß er immer wieder auf feine Punkte, in denen die rechte Ansicht zum Ausdruck zu kommen schien, und verfing sich in einem Netz des Zweifels, was ihm regelrechte Qualen verursachte. Trotz solcher Schwierigkeiten gab er niemals seine Bemühungen auf, den vortrefflichen Weg korrekt zu verstehen.

3. Die Schriften, die ihm halfen, Vertrauen hervorzubringen

> 49) *So ging ich zum Nachtlilien-Garten der Abhandlungen*
> *von Nagarjuna, der bereits angekündigt worden war,*
> *als jemand, der die Hauptpunkte Deines letztendlichen*
>     *Fahrzeugs klar erläutern wird,*
> *frei von Extremen der Existenz und Nicht-Existenz.*

> 50) *Erhellende Kränze weißen Lichts,*
> *wahre Sprachgewandtheit des glorreichen Mondes*
>     *(Chandrakirti),*
> *dessen strahlendes Auge unbefleckter Weisheit*
> *frei am Himmel der Schriften wandert,*

> 51) *die Dunkelheit extremistischer Herzen vertreibend*
> *und die Sternbilder falscher Rede überstrahlend.*
> *Ich entdeckte dies aufgrund der Güte meines Guru,*
> *und mein Geist fand endlich Erleichterung.*

Im *Sutra über das Hinabsteigen nach Lanka* sagte Buddha das Erscheinen einer Person namens Nagarjuna voraus, der die Bedeutung der *Prajnaparamita* fehlerfrei darstellen würde. Man findet dieselbe Voraussage auch in anderen Sutren, wie etwa dem *Große Trommel Sutra*, wo es heißt, nach Buddhas Verscheiden würden Gegner der Mahayana-Lehren und des Mahayana-Sangha die Degeneration des Verständnisses der *Prajnaparamita* bewirken. Weiter wird vorhergesagt, nach einem Zeitraum von 400 Jahren werde in Südindien ein Mönch erscheinen; dieser werde unter dem Namen »Nagarjuna« bekannt werden und das Verständnis der Bedeutung der *Prajnaparamita* wiederherstellen. All das geschah, so wie Buddha es vorausgesagt hatte.

Nagarjuna erklärte genau, wie Phänomene zwar nicht inhärent existieren, aber doch auf konventioneller Ebene bestehen, und auf seine Erklärungen stützte sich Lama Tsongkhapa, um die Ansicht des vortrefflichen Weges zu festigen. Zu Nagarjunas Schriften über die Bedeutung der *Prajnaparamita* gehört auch die Sammlung von Bänden mit dem Titel *Sechs Abhandlungen über den Mittleren Weg*. Diese vergleicht Lama Tsongkhapa mit einem Garten voller Lilien, die nur im Mondlicht erblühen. Er vergleicht dann Chandrakirtis klare Darlegung der *Sechs Abhandlungen* mit dem Licht des Mondes. Chandrakirti wird der »glorreiche Mond« genannt, weil seine Erklärungen vier Qualitäten besitzen:

1. Sie zeigen ein vollständiges Verständnis und gleichen so dem Vollmond;
2. sie bewegen sich durch Nagarjunas Texte, so wie der Mond über den Himmel zieht;
3. sie vertreiben die Dunkelheit extremer Ansichten aus den Herzen der fühlenden Wesen, wie der Mond die Dunkelheit der Nacht vertreibt;
4. sie überstrahlen die schlechten Erklärungen anderer Philosophen, wie der Mond die Sterne überstrahlt.

Lama Tsongkhapa erhielt Belehrungen und Segnungen von seinem Guru Manjushri und strebte danach, die Bedeutung der Leerheit zu verstehen, indem er diese Belehrungen mit den Schriften von Nagarjuna, Aryadeva, Chandrakirti und Buddhapalita verglich. Nachdem er sich viele Jahre lang intensiv bemüht hatte, las er einen von Buddhapalita verfassten Kommentar mit dem Titel *Buddhapalita* und hob diesen – bewegt von Hochachtung für die klare Darlegung der Materie – an seine Stirn. In diesem Augenblick sah er Glück verheißende Zeichen und wurde gesegnet, so dass er die Bedeutung der Leerheit erkennen konnte. Endlich gelang ihm das, was er für so lange Zeit versucht hatte und sein Geist konnte zur Ruhe kommen.

Als Buddha die *Prajnaparamita* lehrte, waren seine Zuhörer Wesen von scharfem Verstand, die deren Bedeutung direkt verstanden, aber nach Buddhas Paranirvana schadeten Antagonisten der Mahayana-Lehre und ihren Anhängern. Mönche wurden getötet, und Schriften, die die Bedeutung der *Prajnaparamita* darlegten, wurden zerstört. Als Nagarjuna schließlich erschien, holte er das *Sutra über die Vollkommenheit der Weisheit in einhunderttausend Versen* aus dem Bereich der Nagas und vermochte die tiefgründige Ansicht der Mahayana-Lehre wieder verständlich zu machen. Es war notwendig gworden, die Bedeutung der Sutren zu klären, weil das allgemeine Intelligenzniveau der Wesen seit Buddhas Zeit gesunken war; die Mehrheit der Menschen konnte durch das Studium der Sutren allein die Bedeutung nicht mehr verstehen. Nagarjuna verfasste deshalb die *Sechs Abhandlungen* und andere Kommentare, in denen die explizite Bedeutung der »Drei Mütter« (das ausführliche, das mittlere und das kurzgefasste *Prajnaparamita-Sutra)* erklärt wird.

Nach der Zeit, in der Nagarjuna die Bedeutung der *Prajnaparamita* wiederbelebt hatte, sank das allgemeine Intelligenzniveau der Wesen weiter; neuerliche Erläuterungen zu den *Sechs Abhandlungen* wurden notwendig. Chandrakirti und andere verfassten nun Kommentare zu Nagarjunas Schriften. Lama Tsongkhapa verstand die richtige Ansicht, indem er die Schriften von »Vater und Sohn« – Nagarjuna und Aryadeva – studierte. Da die Intelligenz der Wesen in der Welt sich weiter verringerte, sah Lama Tsongkhapa die Notwendigkeit, neue Kommentare zu schreiben, um die Ansicht der großen Meister klarzustellen – zum Wohle der anderen, für die Lama Tsongkhapa großes Mitgefühl empfand. Seine Kommentare waren für seine eigenen Schüler klar, doch da mit der Zeit die menschliche Intelligenz stets geringer wurde, wurden weitere Klarstellungen notwendig. Verfasst wurden diese durch gelehrte Lamas, wie etwa Jetsün Chökyi Gyaltsen, der Kommentare zu allen frühen Schriften schrieb, die die Bedeutung der *Prajnaparamita* enthielten.

In diesen Kommentaren jüngeren Datums werden die einzelnen Punkte erläutert, indem zuerst Buddhas Sutren zitiert werden, dann Nagarjunas Erklärungen zu dessen Bedeutung, dann Chandrakirtis Klarstellungen zu Nagarjunas Schriften und schließlich Lama Tsongkhapas Erklärungen zu Chandrakirtis Kommentar. In dieser Weise kann die wahre Bedeutung bis zu Buddha zurückverfolgt werden, und es kann gezeigt werden, dass die Lamas die die späteren Kommentare schrieben, den Sinn der Lehre nicht verfälscht haben.

Wie die Bedeutung der *Prajnaparamita* schrittweise dargestellt wurde, lässt sich anhand folgender Analogie beschreiben: Buddhas ursprüngliche Belehrung ist wie Rohwolle, Nagarjunas *Sechs Abhandlungen* sind wie das Spinnen der Wolle zu Garn, Chandrakirtis Kommentare sind wie das Weben des Garns zu Stoff, und Lama Tsongkhapas Kommentare sind wie die Verarbeitung dieses Stoffes zu Kleidung. Auf jeder Stufe waren die Klarstellungen nur für Menschen mit schwerfälliger Intelligenz notwendig, Menschen von scharfem Verstand können sogar jetzt die Bedeutung der *Prajnaparamita* direkt verstehen, indem sie Buddhas Sutren lesen. Lama Tsongkhapa riet seinen Schülern: »Wer die rechte Ansicht entwickeln will, sollte so üben, wie ich es tat. Wenn ihr verstehen wollt, wie ›leer von inhärenter Existenz‹ die Bedeutung von Abhängigem Entstehen ist und wie Abhängiges Entstehen die Bedeutung von ›leer von inhärenter Existenz‹ ist, so solltet ihr die *Sechs Abhandlungen* von Nagarjuna lesen.«

# 14. Kapitel

## Die Qualifikationen des Verfassers dieses Lobpreises

*53) Inspiriert durch den Lehrer, entsagte ich der Welt und studierte die Lehre des Siegreichen gut. Ich war fleißig in der Yoga-Praxis; derart ist dieses Bhikshus Hochachtung für den Großen Seher.*

In früheren Leben sprach Lama Tsongkhapa viele Gebete, um fähig zu werden, Buddhas Lehren des Mittleren Weges und des Tantra zu bewahren. Diese Gebete begannen zur Reife zu kommen, als er in der Provinz Amdo in Tibet geboren wurde, wo er im Alter von drei Jahren Laiengelübde ablegte und mit sieben die Gelübde eines Novizen, wobei er den Namen Losang Dragpa erhielt. Später legte er dann sowohl die volle Mönchsordination als auch Bodhicitta- und tantrische Gelübde ab. Er schützte alle diese Gelübde mit derselben Gewissenhaftigkeit, wie er auf seine Augen aufpasste. In jungen Jahren arbeitete er hart, um Geschick in den fünf Künsten zu erwerben, er widmete seinen Körper und Geist vollständig seinen Gurus, die Experten der buddhistischen Lehrmeinungen waren. Doch da ihn die allgemeinen Erklärungen nicht zufrieden stellen konnten, zog er los, um die tiefere Bedeutung zu entdecken, verweilte an einsamen Orten, wo er Tag und Nacht mit starkem Vertrauen studierte und meditierte. Auf diese Weise meisterte er das Yoga des Ruhigen Verweilens und der Besonderen Einsicht.

## Lama Tsongkhapas Widmung

*54) Dank der Güte meines Guru war ich in der*
  *glücklichen Lage,*
*der befreienden Lehre des einzigartigen Führers zu begegnen;*
*deshalb widme ich dieses Heilsame,*
*auf dass alle Wesen von spirituellen Freunden empfangen*
  *werden.*

Durch die Güte seines heilsamen spirituellen Führers konnte Lama Tsongkhapa der Verbalen Lehre und der Lehre der Erkenntnis des höchsten Lehrers, Guru Shakyamuni Buddha, begegnen. Mit großer Freude widmet er das Verdienst, das durch das Verfassen dieser Schrift entstand, allen fühlenden Wesen, so dass auch sie von qualifizierten Lehrern umsorgt sein mögen. Er rät seinen Anhängern:»Ich habe diese Ansammlungen von Heilsamem und Erkenntnissen durch Tatkraft und Anstrengung gewonnen, ihr solltet danach streben, auch in dieser Weise zu handeln. Am Anfang unterzog ich mich den Mühen, den Belehrungen zuzuhören; in der Mitte erschienen meinem Geist die Bedeutung der Schriften ohne jede Widersprüchlichkeit als Weg zur Erleuchtung; dann praktizierte ich Tag und Nacht und erreichte das Ziel. Möge durch meine Verdienste die wundervolle Lehre des Buddha im Geist aller Wesen gedeihen.«

*55) Mögen die Lehren des Wohltätigen nicht von den Winden*
*falscher Ansichten gestört werden, bis Samsara endet;*
*mögen alle Wesen der Welt für immer die Essenz*
*der Lehren verstehen und Vertrauen zum Lehrer haben.*

Buddha ist der einzige, der fühlenden Wesen auf alle Arten nutzen kann, und Lama Tsongkhapa betet, dass seine nutzbringenden Lehren zugänglich bleiben mögen, bis der Daseinskreislauf endet, und dass die Wesen der Welt niemals von falschen Erklärungen verblendeter Gurus fehlgeleitet werden. Die Flamme einer frischen Butterlampe brennt stetig, wenn keine Brise geht; und so sagt er:»Möge die Buddhalehre stetig verweilen, ungestört von den Winden falscher Vorstellungen; mögen alle Wesen die Lehre in rechter Weise verstehen und auf Buddha vertrauen.«

*56) Mögen sie Shakyamunis vortrefflichen Weg bewahren,*
*der das Prinzip des Abhängigen Entstehens offenbart;*
*mögen sie in all ihren Leben niemals wanken,*
*selbst wenn es ihre Körper und ihr Leben kosten sollte.*

*57) Mögen sie Tag und Nacht immerzu darüber nachdenken,*
*wie man am besten den glorreichen Erfolg erzielt,*
*den der Höchste Befreier, in Leben*
*beharrlicher, unermesslicher Tatkraft bewirkte.*

Lama Tsongkhapa betet, dass jene Wesen, die an Buddha und seine Lehre glauben, auch für andere Liebe und Mitgefühl empfinden, so dass sie die Lehren weitergeben und dass sich auf diese Weise alle Wesen gegenseitig zur Erleuchtung führen. Er sagt:»Mögen sie den vortrefflichen Weg – Abhängiges Entstehen und Leerheit – bewahren, den Buddha so eindeutig erklärte; und mögen sie niemals in ihren Bemühungen nachlassen, selbst wenn sie ihren Körper und ihr Leben aufgeben müssen.«

Bevor er Erleuchtung erlangte, schulte sich Buddha, der Höchste Befreier, beharrlich als Bodhisattva und bewältigte in seinen Wiedergeburten als Mensch, Tier und anderes schwierige Aufgaben. Lama Tsongkhapa betet:»Mögen sich die fühlenden Wesen Tag und Nacht bemühen, seine Lehren zu bewahren und immer daran denken, wie man anderen die rechte Ansicht am besten erklären kann; möge diese Lehre für immer erhalten bleiben.«

*58) Wenn Wesen mit reiner Absicht danach streben*
*(diese Lehre zu bewahren),*
*mögen Brahma, Indra und die Beschützer der Welten*
*sowie Wächter wie Mahakala*
*ihnen fortwährend Unterstützung gewähren und sie niemals*
*verlassen.*

Lama Tsongkhapas gesamte Widmung lautet:»Mögen alle Wesen von einem heilsamen spirituellen Führer umsorgt werden;
mögen sie Vertrauen zum Lehrer und seiner Lehre entwickeln;
mögen sie die höchste Absicht entwickeln und die Verantwortung auf sich nehmen zu üben, um anderen zu nutzen. Mögen
sie sich anstrengen, ohne zu ermüden, um die Lehren für immer zu bewahren, und während sie daran arbeiten, die Buddhalehre zu erhalten bis Samsara endet, mögen sich die Beschützer stets um sie kümmern.«

Lama Tsongkhapa erbittet den Schutz der vier großen Könige – Dritarashtra, Virudaka, Virupakcha und Vaishravana –
ebenso wie von Indra, Brahma, Mahakala mit vier Gesichtern,
dem vierarmigen Mahakala, dem sechsarmigen Mahakala und
anderen Gottheiten, die zur weißen Seite gehören und die allesamt versprochen haben, die Lehre zu schützen, sowie die Praktizierenden, die die Lehre bewahren. Er bittet sie, die Handlungen des Zähmens, Vermehrens, Kraftspendens und Zorns
durchzuführen, wann immer Übende ihre Hilfe erbitten, und
selbst dann, wenn sie dies nicht tun.

## KOLOPHON

Durch seine universelle Liebe ist Buddha allen Wesen nah, wo
immer sie sind; dieser Lobpreis mit dem Titel *Essenz der Guten
Erklärung* wurde von Gelong Losang Dragpa verfasst, der in
der Königlichen-Berg-Klausur in Tibet, die auch »Provinz des
vollständigen Sieges« genannt wird, gute Erfahrungen beim
Studium gesammelt hat.

## ANMERKUNG DES AUTORS

Ich verneige mich vor der großen, Mutter-gleichen Weisheit, die ans andere Ufer gelangt ist. Die Überschriften dieser Belehrung orientieren sich an der Schrift des Ehrwürdigen Phur-Bu-Tschog, mit dem Titel *Lobpreis an das Abhängige Entstehen.* Ich habe keine Wort-für-Wort-Erklärung von Lama Tsongkhapas Grundtext gegeben, da ich hoffe, dass dessen im Text eingebundene Übersetzung dem Leser ermöglicht, dem Kommentar zu folgen.

Ich lebe schon seit einiger Zeit in dieser Welt und habe nun vier Jahre in Europa verbracht, um westliche Menschen Dharma zu lehren. Inspiriert durch ihre Bemühungen, das Dharma zu verstehen, habe ich dieses Buch als Gabe für alle Praktizierenden verfasst. Wenn sie diese Gabe empfangen, möge die Dunkelheit ihrer Leidenschaften enden und möge das Licht ihrer Tugend andauernd zunehmen, bis sie das Mandala der heilsamen Handlung vollendet haben und wie Lama Tsongkhapa und Shakyamuni Buddha geworden sind. Die Fehler, die ich durch Unwissenheit begangen habe, bekenne ich vor jenen, die das klare Weisheits-Auge besitzen. Das Heilsame, das aus der Verbreitung des Wissens entsteht, das in diesem Buch enthalten ist, widme ich in derselben Art wie Lama Tsongkhapa sie in *Essenz der Guten Erklärung* widmete.

*Khensur Jampa Tegchok*

# Zweiter Teil:
## Leerheit verständlich gemacht

# Vorbereitende Bemerkungen

## DIE RECHTE MOTIVATION ENTWICKELN

Am Anfang jeder Übung sollten wir über unsere Motivation nachdenken – das ist etwas äußerst Wichtiges. Und zwar nicht nur, wenn wir Unterweisungen zuhören, sondern auch wenn wir Mantras oder Schriften rezitieren, eine Klausur durchführen oder irgendetwas anderes zum Wohle anderer Wesen tun. Die so genannten Khadam Lamas, die früher in Tibet lebten, sagten immer: »Es gibt zwei sehr wichtige Handlungen – eine am Anfang und eine am Ende.« Wie ihr anfangs denkt, ist ausgesprochen wichtig, und auch am Ende einer Tat gibt es gewisse Gedanken, die nicht fehlen dürfen. Haben wir am Anfang keine gute Motivation, so kann es passieren, dass wir uns körperlich, sprachlich oder geistig bei unseren Übungen sehr anstrengen, aber doch keinerlei gute Ergebnisse erzielen. Natürlich ist es, allgemein gesprochen, wichtig, viel Zeit mit der Praxis zu verbringen, sei es in einer Klausur, bei der Mantrarezitation oder anderen Übungen. Am Anfang sollten wir aber unbedingt auf Qualität achten – diese ist ausschlaggebender als die Länge der Zeit, die wir mit spirituellen Übungen verbringen. Hat die Praxis die richtige Qualität, so geht es einem mit der Zeit immer besser, und die Zeit, die man mit spiritueller Praxis verbringt, wird von selbst länger.

Dass man sich durch die Entwicklung einer guten Motivation vorbereiten sollte, ist gleichermaßen wichtig für die Zuhörer wie für den, der die Lehren weitergibt. Ist die Motivation, mit der wir eine Aktivität beginnen, vermischt mit Interessen, die dieses Leben betreffen, zum Beispiel, dass wir uns Glück in diesem Leben wünschen, von einer Krankheit genesen wollen, Hindernisse aller Art vermeiden möchten, alle Arten von guten Bedingungen ersehnen, so handelt es sich nicht um reine Dharma-Praxis. Widmen wir uns beispielsweise einer Langlebenspraxis und haben dabei lediglich die Motivation lang zu leben, so mag diese wohl zu diesem Ziel führen – das ist dann aber auch das einzige gute Resultat der Übung.

Wie lässt sich eine Langlebenspraxis in eine spirituelle Übung verwandeln? Wir sollten folgenden Gedankengängen nachgehen: Nun habe ich diese kostbare menschliche Existenz mit acht Freiheiten und zehn Ausstattungen[4], die so schwer zu erlangen ist. Nun habe ich eine solch gute Gelegenheit – ich sollte sie unbedingt nutzen, um zum Wohle aller Wesen die Erleuchtung zu erlangen. Habe ich jedoch kein langes Leben, so gestaltet sich das schwierig. Dann kann ich nicht effizient für andere handeln. Daher brauche ich ein langes Leben, und um dieses zu erlangen, führe ich die Langlebensübung aus. So wird die Übung zur Dharma-Praxis.

Das gleiche Prinzip kann auf viele andere Fälle angewendet werden. Sind wir beispielsweise krank und möchten ein Mantra rezitieren, um von dieser Krankheit zu genesen, können wir ähnlich vorgehen. Wir sollten uns vor Augen führen, dass wir nun die Gelegenheit haben, anderen zu nutzen, indem wir zu ihrem Wohl die Erleuchtung erlangen, und dass wir diese nicht ungenutzt verstreichen lassen dürfen. Wir sollten uns sagen, dass wir mehr Gelegenheit haben, dieses Ziel zu erreichen, je länger wir leben und wir deshalb möglichst alle Krankheiten überwinden müssen. Wenn wir aus solchen Überlegungen heraus das Mantra rezitieren, so wird das zur Dharma-Praxis und die Anstrengungen, die wir unternehmen, lohnen sich wirklich.

## Die Kostbarkeit unserer menschlichen Existenz

Bei unserem gegenwärtigen menschlichen Leben handelt es sich um eine Existenzform innerhalb des Daseinskreislaufs, die wir aufgrund von Karma und Geistesplagen angenommen haben. Ohne dass wir Kontrolle darüber hätten, sind wir in diese Existenzform geraten, die von Leiden gezeichnet ist. Trotzdem gibt sie uns die Gelegenheit, die Befreiung vom Daseinskreislauf und das letztendliche Ziel, die Erleuchtung, zu erlangen – und aus diesem Grund wird sie auch in den Unterweisungen als etwas so Kostbares bezeichnet.

Hätten wir ein Wunsch erfüllendes Juwel, so wäre das sehr kostbar, denn es würde uns die Dinge schenken, die wir für dieses Leben brauchen. Doch selbst wenn wir Hunderttausende solcher Juwelen besäßen, könnten sie nicht Entsagung, Liebe oder Mitgefühl oder die rechte Sicht der Leerheit in uns hervorbringen.

Dank unseres kostbaren Menschenlebens sind wir dagegen in der Lage, diese Verwirklichungen zu entwickeln. Deshalb betrachtet man ein menschliches Dasein als noch wertvoller als ein Wunsch erfüllendes Juwel. Überall werden die Vorzüge dieser Existenzform hervorgehoben, weil sich so viel mit ihr anfangen lässt; wenn wir sie auf rechte Weise nutzen, werden wir fähig, in einem Leben, in diesem Körper die Erleuchtung zu erlangen. Eventuell brauchen wir sogar noch weniger Zeit dafür, Erleuchtung lässt sich auch in drei Jahren erreichen oder in dreieinhalb Mondzyklen.

Natürlich ist unsere gegenwärtige menschliche Existenzform keineswegs vollkommen. Sie ist mit Fehlern behaftet, sie ist von Problemen gekennzeichnet, und wir müssen die drei und die acht Leidensarten[5] erfahren. Und da sie ein Resultat von Karma und Geistesplagen ist, ist sie letztlich etwas, das überwunden werden muss. Trotzdem lässt sich so viel mit ihr erreichen, wenn wir sie auf rechte Weise nutzen.

## KARMA UND GEISTESPLAGEN: DIE WURZEL DES DASEINS-KREISLAUFS

Wir haben dieses Leben aufgrund von Karma und Geistes-plagen erlangt. Am Anfang stand der nach wahrer Existenz greifende Geist, daraus entstanden die verschiedenen Geistes-plagen wie Anhaftung und dergleichen. Indem wir unter ih-rem Einfluss handeln, wird Karma geschaffen, das zu einer bestimmten Art von Wiedergeburt – beispielsweise als Mensch – führt. Ein menschliches Dasein geht einerseits zwar auf posi-tives Karma zurück, das durch die Praxis der Ethik oder der anderen Paramitas – etwa Großzügigkeit oder Geduld – sowie durch makellose Gebete geschaffen wurde. Diese Ursachen müssen vorhanden sein, aber trotzdem hat man nicht selbst in der Hand, wo man geboren wird. Es handelt sich doch um eine Wiedergeburt, die unter der Kontrolle von Karma und Geistesplagen steht. Seit anfangsloser Zeit im Daseinskreislauf sind wir Sklaven von Karma und Geistesplagen. Wir stehen unter deren Befehlsgewalt, sie zwangen uns in eine Wiederge-burt in den Höllenbereichen, als Hungergeister, Tiere und so weiter. Sie haben uns genötigt, lange Zeit über Leiden zu ertra-gen, und auch heute noch sind wir ihre Sklaven.

Nun haben wir die Gelegenheit, etwas zu tun; wir können wenigstens versuchen, dem Daseinskreislauf zu entfliehen. Wenn wir das jetzt nicht in die Hand nehmen, was können wir später tun, wenn wir wieder in den niederen Bereichen leben? Dort gibt es keine Gelegenheit, sich zu befreien. Und selbst wenn wir in Zukunft wieder als Menschen geboren würden, so leben wir dann vielleicht in einer abgelegenen oder unzivilisierten Gegend, in der es keine Erklärungen über die Natur, die Ursa-che und die Wurzeln des Daseinskreislaufs gibt oder über die Methoden, mit denen man sich daraus befreit. Welche Gele-genheit hätten wir dann noch, etwas an unserer Lage zu än-dern? Die Khadampa-Lamas sagten oft:»Nun, da wir die acht Freiheiten und die zehn Ausstattungen haben, müssen wir wirk-lich vorsichtig sein. Nun sind wir an einem entscheidenden Punkt angekommen, von dem aus es entweder nach unten oder nach oben geht. Bisher war alles von Geistesplagen beherrscht.

Unsere Handlungen von Körper und Rede werden vom Geist kontrolliert, und dieser Geist wurde wiederum von den Geistesplagen kontrolliert. Nun sollten wir uns entschließen, das zu verhindern, indem wir die Gegenmittel einsetzen.«

Unser gegenwärtiges Dasein als Mensch entstand also aufgrund von Karma und Geistesplagen. Und der unwissende Geist, der nach wahrer Existenz greift, ist wiederum die Wurzel aller Geistesplagen. Er gilt als die eigentliche Wurzel des Daseinskreislaufs. Die nach wahrer Existenz greifende Unwissenheit ist eine Geisteshaltung, der ein Objekt so erscheint, als existiere es von seiner eigenen Seite her, und die dieses Objekt auch so auffasst. Auf ihrer Grundlage entstehen dann die Geistesplagen wie Anhaftung, Hass und dergleichen. Unter deren Einfluss geben wir uns dann Aktivitäten hin, die dazu führen, dass wir Karma für eine erneute Wiedergeburt im Daseinkreislauf und weiteres Leiden schaffen.

Wenn wir Unterweisungen über die Leerheit hören, versuchen wir herauszufinden, wie wir diese Wurzel des Daseinskreislaufs, die Unwissenheit die nach wahrer Existenz greift, beschädigen und schließlich ganz ausreißen und zerstören können. Nur die Weisheit, die die Leerheit versteht, kann diese nach wahrer Existenz greifende Geisteshaltung ausrotten.

## Die Vier Edlen Wahrheiten

Als Erstes lehrte der Buddha über die Leiden. Er sprach über die drei, sechs und acht Leidensarten, die man erkennen und verstehen muss. Hat man diese erkannt, so muss man die Ursache des Leidens analysieren. Die Zweite Edle Wahrheit besagt, dass alles Leid von Karma und Geistesplagen verursacht wird. Drittens heißt es, dass wir die wahren Ursachen, Karma und Geistesplagen, aufgeben müssen. Die Vierte Edle Wahrheit handelt vom Pfad, den wir praktizieren: Wir entwickeln die Weisheit, die die Leerheit versteht. Durch den Pfad sind wir in der Lage, die Beendigung von Karma und Geistesplagen zu erreichen.

Dieser Prozess lässt sich vergleichen mit dem Genesungsprozess eines Kranken. Ein Kranker wendet sich zunächst an einen Arzt und erklärt ihm, unter welchen Symptomen er leidet. Hat der Arzt diagnostiziert, von welcher Krankheit die Symptome stammen, hat der Kranke sicherlich großes Interesse daran zu verstehen, welche Gegenmittel es gibt. Beschreibt der Arzt dann die Behandlungsstrategie, so hört der Kranke mit Begeisterung zu, da ihm ein Weg zur Genesung aufgezeigt wird.

Die Parallele zu den Vier Edlen Wahrheiten ist folgendermaßen: Der Buddha erklärt die Symptome, die wir erfahren, die drei Leidensarten[5] usw. Hat man davon gehört, entsteht großes Interesse, herauszufinden, woher all dieses Leiden kommt. Deshalb werden nach den »Wahren Leiden« die »Wahren Ursprünge« des Leidens erklärt. Hat eine Person einmal verstanden, dass Karma und Geistesplagen die Ursache allen Leidens sind, entwickelt sie den Wunsch diese zu beseitigen. Wenn sie die Lehren des Buddha hört, die besagen, dass man mittels der Weisheit, die die Leerheit versteht, die Ursache allen Leidens und damit das Leiden selbst überwinden kann, so entsteht großes Interesse, diese Weisheit zu entwickeln und die »Wahre Beendigung« zu erreichen.

## WARUM WIR ÜBER LEERHEIT MEDITIEREN SOLLTEN

Das Interesse für die Leerheit erwacht, wenn wir begreifen, dass die Wurzel des Daseinskreislaufs tatsächlich durch die Erkenntnis der Leerheit durchtrennt werden kann. Wenn wir uns das immer wieder vor Augen führen, wird unsere Praxis immer besser und kraftvoller. In den Schriften heißt es: Wenn wir praktizieren wollen, dann sollten wir es jetzt tun, denn sonst tun wir es vielleicht niemals. Wir können so viel erreichen, wenn wir vorsichtig sind und uns wirklich anstrengen. Nutzen wir dieses Leben in der rechten Weise, so sind wir vielleicht in der Lage, im nächsten Leben wieder eine kostbare menschliche Existenz zu erlangen, obwohl das normalerweise sehr schwierig ist. Und selbst wenn wir erneut eine menschliche Existenz mit den achtzehn Merkmalen erlangen, so heißt das noch nicht, dass wir diese auch gut nutzen werden. Wir haben so viel Verantwortung für unsere zukünftigen Leben: Wenn wir jetzt nicht richtig handeln, so hat das Auswirkungen auf unser künftiges Leben und auf alle folgenden. Man könnte sagen, dass es viele unserer künftigen Leben ruinieren wird, wenn wir in diesem Leben keine Verantwortung übernehmen. Handeln wir jetzt richtig, so sorgen wir nicht nur für unser eigenes Glück und Wohlbefinden in vielen künftigen Leben, sondern auch dafür, dass wir zum Wohle vieler anderer wirken können. Wenn eine Person nicht versteht, was zu tun ist, so ist die Situation festgefahren, man braucht sich nicht zu wundern, wenn sie nichts unternimmt. Doch in unserem Fall haben wir alle Möglichkeiten – würden wir tatenlos bleiben, wäre das wirklich ein Verlust. Das wäre vergleichbar mit der Reise zu einer Schatzinsel, bei der wir die Erlaubnis hätten, so viel einzupacken, wie wir wollen. Wäre es nicht wirklich dumm, wenn wir mit leeren Händen von dieser Reise zurückkehrten? Alle würden sich dann über uns lustig machen, weil wir versäumt haben, eine einmalige Gelegenheit beim Schopfe zu packen.

Auch wenn wir die sechs Paramitas betrachten, verstehen wir, welchen Zweck die Weisheit, die die Leerheit erkennt, hat. Die ersten fünf Paramitas – Großzügigkeit, Ethik, Geduld, Begeisterung und Sammlung – ohne die Weisheit, die die Leerheit erkennt, gleichen einer Gruppe von Blinden, denen es nicht gelingt, an ihr Ziel zu gelangen. Hätte diese Gruppe aber einen Sehenden als Wegführer, so könnte sie überall hin gehen. Die Weisheit, die die Leerheit versteht, ähnelt einem Auge für die ersten fünf Paramitas, sie kann diese zur Erleuchtung führen, während uns die Fünf – allein auf sich gestellt – nicht führen können.

Buddha kam nur auf diese Welt und lehrte, damit wir alle Fehler des Daseinskreislaufs, alle Leiden überwinden und den Garten der Erleuchtung betreten können. Und Buddha selbst bezeichnete die Sutren von der Vollendung der Weisheit als die wunderbarsten aller Sutren, da sie die Leerheit ganz direkt erklären. Er sagte, man solle die kostbaren Sutren von der Vollendung der Weisheit als untrennbar von ihm selbst betrachten und wo immer die Sutren von der Vollendung der Weisheit vorhanden seien, sei auch der Buddha anwesend. Diese Sutren abzuschreiben, sie zu lesen und ihnen Gaben darzubringen gehört zu den hervorragendsten Übungen – weil sie die Leerheit zum Gegenstand haben. Es heißt, selbst wenn man dabei zweifle, sammle man mehr Verdienst an, wenn man Lehren studiere, deren explizites Thema Leerheit ist, als wenn man die anderen fünf Paramitas hundert Weltzeitalter lang praktiziere. Wenn wir die Lehren von der Leerheit mit den Lehren über Liebe und Mitgefühl vergleichen, so sind die erstgenannten recht geradlinig, während sich die Meditation über die zweiten recht schwierig gestaltet.

Als Buddha zur Erleuchtung erwachte, sagte er als Erstes: »Ich habe diese nektargleiche Unterweisung gefunden, aber ich werde sie nicht lehren, weil es keine Menschen gibt, die sie verstehen könnten. Sie weist auf eine tiefe Seinsweise hin, sie befriedet alle Ausformungen des Greifens nach wahrer Existenz. Sie ist Klares Licht. Sie ist ein nicht-zusammengesetztes Phänomen.« Die hier genannten Merkmale – Tiefe, Frieden, Freiheit von Ausformungen und Klares Licht – beziehen sich allesamt auf die Leerheit selbst.

## DIE ERKENNTNIS DES NICHT-SELBST IM HINAYANA UND MAHAYANA

Es heißt, es gäbe nur ein einziges Tor zum Frieden der Befreiung: die Weisheit, die die Leerheit erkennt. Die Anhänger des Hinayana, die Arhats der Hörer und Alleinverwirklicher mussten sich allesamt auf diese Weisheit stützen, um den Frieden der Befreiung zu erreichen, den Zustand, in dem alle Leiden des Daseinskreislaufs beseitigt sind. Das Wort »Arhat« heißt, wörtlich übersetzt, »Feindzerstörer«. Mit »Feind« sind hier die Geistesplagen – Anhaftung, Hass und dergleichen – gemeint, die auch als »Hindernis der Leidenschaften« bezeichnet werden. Wir unterscheiden zwei Arten von Hindernissen: »Hindernisse der Leidenschaften« und »Hindernisse vor dem Wissen«. Diese Arhats haben die Erstgenannten beseitigt, jedoch nicht die Zweiten. Die Hindernisse der Leidenschaften verhindern vor allem, dass eine Person die Befreiung, Nirvana, erlangt. Sie gleichen den Wolken, die sich gestern zeigten und uns daran hinderten, den blauen Himmel zu sehen. Da sie nun verschwunden sind, können wir ihn wieder erblicken. Die Hindernisse vor dem Wissen hindern uns dagegen am Erlangen der Höchsten Erleuchtung eines Buddha. Die Arhats waren noch nicht in der Lage, diese zu überwinden. Der Unterschied zwischen den beiden Arten von Hindernissen lässt sich anhand folgenden Beispiels verdeutlichen: Wenn wir Knoblauch in einem Beutel aufbewahren, nimmt der Beutel dessen Geruch an. Der Knoblauch gleicht den Hindernissen der Leidenschaften. Die Arhats haben diesen »Knoblauch« entfernt, doch der Geruch hängt noch im Beutel: Er gleicht den Hindernissen vor dem Wissen, die noch nicht überwunden wurden.

Die Arhats konnten also die Hindernisse der Leidenschaften überwinden, den Geist, der nach wahrer Existenz greift, die Geistesplagen, die an der Wurzel des Daseinskreislaufs stehen. Sie waren in der Lage, alle diese Geistesplagen zusammen mit deren Eindrücken zu beseitigen. Doch eine andere Art von Eindrücken bleibt noch zurück, nämlich die Hindernisse vor dem Wissen. Auch wenn die Geistesplagen selbst überwunden sind, bleibt im Geist noch etwas Fehlerhaftes, ein von den Geistesplagen hinterlassener Makel, zurück, den die Arhats der Alleinverwirklicher und Hörer nicht beseitigen können, weil ihnen entsprechende Methoden fehlen.

Allgemein gesprochen unterscheiden wir zwischen dem Hinayana (Kleines Fahrzeug) und dem Mahayana (Großes Fahrzeug). Der Ausdruck »Fahrzeug« weist hier darauf hin, dass etwas getragen oder unterstützt werden kann. Die Anhänger des Hinayana sind nicht in der Lage, in dem Maße Liebe und Mitgefühl zu entwickeln, dass sie die Verantwortung dafür übernehmen, alle Wesen von ihren Leiden zu befreien und sie zum Glück zu führen. Sie können nur den Wunsch nach ihrer eigenen Befreiung aufrechterhalten.

Da Buddha die verschiedenen Veranlagungen, Wertvorstellungen und Interessen der Wesen kannte, wusste er auch, dass es Menschen gibt, die die Vorstellung, Liebe und Mitgefühl zu

entwickeln und dann Verantwortung für alle anderen zu übernehmen, nicht ertragen konnten. Da er wusste, dass diese Einstellung von diesen Menschen nicht nachvollzogen werden
konnte, unternahm er auch nicht den Versuch, sie ihnen aufzu-
drängen, sondern gab ihnen stattdessen Unterweisungen über
die Vier Anwendungen der Achtsamkeit, die Vier Arten des
Rechten Aufgebens, die Vier Beine der Wunderkräfte, die Fünf
Kräfte, die Fünf Spitzen, die Sieben Erleuchtungsglieder, den
Achtfachen Pfad der Heiligen und dergleichen, durch die sie
die Befreiung erlangen können. Die hier genannten Übungen
sind zentral für die Anhänger des Hinayana, d. h. vor allem
der Theravada-Tradition. Die Schriften dieser Buddhisten enthalten keine Erklärungen über die Entwicklung von Bodhicitta.
Möglicherweise gibt es unter den Anhängern des Hinayana
auch einzelne Praktizierende, die Mahayana-Schriften lesen und
studieren oder einem Mahayana-Lehrer begegnen, aber das
macht die Mahayana-Übungen noch nicht zum zentralen Pfad
im Hinayana. Es ist im Gegensatz dazu in großen tibetischen
Klöstern üblich, auch die Theravada-Schriften zu studieren. Die
Mönche müssen sich damit beschäftigen, wie die Praktizierenden der Hörer durch die verschiedenen Pfade der Anhäufung,
der Vorbereitung, des Sehens, der Meditation und des Nicht-
mehr-Lernens gehen und schließlich den Zustand eines Arhat
erreichen, in dem alle Geistesplagen überwunden sind.

Betrachten wir nun den Mahayana-Pfad: Zunächst legen die
Praktizierenden den kleinen, mittleren und großen Pfad der
Anhäufung zurück und danach die Stufen von Hitze, Gipfel,
Geduld und Höchstem Dharma auf dem Pfad der Vorbereitung. Danach müssen sie die zehn Bodhisattva-Stufen durch-
laufen, auf denen sie die letzten Hindernisse der Leidenschaften, d. h. alle Geistesplagen, überwinden. Erst danach bereinigen sie die Hindernisse vor dem Wissen. Auf der siebten Stufe
haben die Bodhisattvas all das abgelegt, was die Arhats der
Hörer und Alleinverwirklicher ablegen. Diese haben lange Zeit
damit verbracht, über die Fehler des Daseinskreislaufs nachzudenken, sie haben die Natur aller Vergnügungen des Daseinskreislaufs durchschaut, sie haben erkannt, dass alles im Daseinskreislauf von der Natur des Leidens ist, und wenn sie sich

schließlich durch die Weisheit, die die Leerheit versteht, davon befreien, entsteht große Freude in ihnen. Mit einsgerichteter Sammlung versenken sie sich in diesen Zustand des Friedens – was einem tiefen Schlaf ähnelt. Schließlich müssen sie von den Buddhas und Bodhisattvas wieder aus diesem Zustand aufgeweckt werden. Diese machen den Arhats klar, dass sie noch nicht alles abgelegt haben, was es abzulegen gibt, und noch nicht alles erreicht haben, was erreicht werden kann, und bewegen sie so dazu, in den Mahayana-Pfad einzutreten. Und obwohl sie schon alles überwunden hatten, was ein Bodhisattva auf dem siebten Pfad überwunden hat, müssen sie im Mahayana ganz von vorne beginnen und die verschiedenen Stufen durchschreiten – nicht weil sie noch etwas überwinden müssten, sondern um Verdienst anzusammeln. Diese Arhats haben zwar die Weisheits-Seite entwickelt und die Leerheit erkannt, ihnen fehlt aber die Methoden-Seite, nämlich die Übung von Liebe, Mitgefühl und Bodhicitta.

Wer die Erleuchtung erlangt, hat zwei Körper: den Wahrheitskörper und den Formkörper[6]. Die Hauptursache für den Wahrheitskörper ist die Weisheit, die die Leerheit versteht. Während die Hörer und Alleinverwirklicher diese besitzen, fehlen ihnen Liebe, Mitgefühl und dergleichen als Ursachen für den Formkörper. Es heißt, dieser entstünde durch die Ansammlung von Verdienst, welche auf Liebe etc. basiert.

Das Sutra von der Vollendung der Weisheit heißt auch »Große Mutter«, da die Weisheit, die die Leerheit versteht, als Mutter gilt, die die Erleuchtung der Hörer, Alleinverwirklicher und Bodhisattvas gebiert. Bei den beiden Erstgenannten bezieht sich der Ausdruck »Erleuchtung« auf den jeweiligen Arhat-Zustand. Im Herzsutra heißt es dazu: »Alle Buddhas der drei Zeiten (Vergangenheit, Gegenwart und Zukunft) erlangen die Erleuchtung, indem sie sich auf die Weisheit stützen, die die Leerheit versteht.« Diese Weisheit ist ausgesprochen wichtig, und da die Sutren von der Vollendung der Weisheit sie zum Inhalt haben, werden auch die Sutren für äußerst bedeutsam gehalten.

## DIE ERKENNTNIS DER LEERHEIT REISST DAS LEID VON DER WURZEL HER AUS

Die tiefste Ursache jedes Problems innerhalb des Daseins-kreislaufs ist die so genannte »Sicht der vergänglichen Ansammlung«[7], welche nur durch die Meditation über die Leerheit überwunden werden kann. Die Wurzel aller Geistesplagen – Anhaftung, Hass, Stolz, Neid und so weiter – ist diese Unwissenheit, und deshalb gleicht die Leerheits-Meditation dem Abschießen eines Giftpfeils, der die Lebenskraft zerstört und damit auch alle anderen körperlichen Fähigkeiten lahmlegt.

Würden wir mithilfe der Weisheit, die die Leerheit versteht, die Nicht-Existenz des Objekts erkennen, das von dem nach wahrer Existenz greifenden Bewusstsein erfasst wird, so würden automatisch alle andere Geistesplagen und die aus ihnen entstehenden Fehler verschwinden, weil wir deren Wurzel zerstört hätten. Durch häufiges Meditieren über Liebe, Mitgefühl und Bodhicitta dagegen mag man sich zwar sehr vertraut mit diesen Qualitäten machen, aber man wird dadurch nicht in die Lage versetzt, jenes falsche Bewusstsein zu überwinden. Solche Qualitäten können die Unwissenheit nicht grundsätzlich schädigen, weil sie nicht das gleiche Objekt haben wie diese und es daher nicht auf direkt gegensätzliche Weise begreifen. Liebe kann beispielsweise als Gegenmittel zum Hass wirken, weil diese beiden Haltungen das gleiche Objekt auf entgegengesetzte Weise betrachten. Und Mitgefühl kann einem gewaltbereiten Geist entgegenwirken, weil beide sich auf das gleiche Objekt beziehen.

## VERSCHIEDENE LEHREN FÜR UNTERSCHIEDLICHE SCHÜLER

Wenn wir über Leerheit sprechen und nachdenken, müssen wir unbedingt die Vorstellung vermeiden, »leer« bedeute, dass gar nichts existiere. Denken wir beispielsweise, Dinge wie Karma und Zuflucht existierten nicht, weil ihnen die wahre Existenz fehlt, so verfallen wir einer vollkommen falschen Anschauung, die uns sogar zu einer Wiedergeburt in den niederen Bereichen führen kann. Jede andere Art von negativem Karma kann bereinigt werden, aber wenn man eine solche falsche, nihilistische Anschauung der Leerheit hat, so ist das nicht möglich. Da Buddha vermeiden wollte, dass seine Schüler in diese Falle geraten, lehrte er die Leerheit auf vielen Ebenen, die der Auffassungsgabe seiner Schüler entsprachen.

So entwickelten sich im Buddhismus vier zentrale philosophische Schulen: Vaibhasika, Sautrantika, Cittamatra, Madhyamaka. Nur im System der Madhyamika wird davon ausgegangen, dass die Dinge nicht wahrhaft existieren. Es wäre nicht möglich, den Anhängern der anderen Schulen die Nicht-Selbstexistenz der Dinge sofort zu erklären, am Ende entwickeln jedoch alle die korrekte Sicht der Leerheit.

In der Philosophie der Cittamatra-Schule geht man davon aus, dass von anderen gestützte Phänomene und die vollkommen erwiesenen Phänomene[8] – also die Leerheit selbst – wahrhaft existieren. Hätte Buddha den Anhängern dieser Schule gesagt, dass diese Dinge nicht wahrhaft existieren, so hätten sie nur daraus folgern können, dass sie gar nicht existieren. Aus diesem Grund sprach der Buddha ihnen gegenüber von wahrer Existenz. Diese Menschen glauben weiterhin, dass die Dinge wahrhaft existieren, aber sie praktizieren die Lehre vom Karma, vermeiden negative Handlungen, nehmen Zuflucht und so weiter. Das durch diese Übungen angesammelte Verdienst macht sie schließlich zu geeigneten Gefäßen für die Leerheits-Lehren.

Buddha trug seinem Schüler, dem überaus gelehrten Ananda, auf, sich jedes einzelne Wort der verschiedenen Sutren von der Vollendung der Weisheit zu merken und nicht zuzulassen, dass auch nur ein Wort verloren ginge oder verfälscht würde. Er fügte hinzu, er würde es als Zeichen mangelnder Achtung und als Verstoß gegen die Anweisungen des Buddha betrachten, wenn er dies nicht täte. Würde er dagegen diese Lehre auswendig lernen und alle anderen Lehren vergessen, die Buddha während seines Lebens gegeben habe, so sei das kein solch gravierender Fehler. Buddha hob die große Verantwortung Anandas dergestalt hervor, weil das Verständnis der Leerheit schließlich das einzige Mittel ist, mit dem die fühlenden Wesen all ihr Leid beseitigen können. Hätte Ananda diese Lehren vergessen und wären sie infolgedessen verloren gegangen, so wäre das für unzählige fühlende Wesen ein großer Verlust gewesen.

Würde man nun die Bedeutung von Leerheit dahingehend falsch interpretieren, dass man nicht-wahrhafte Existenz mit Nicht-Existenz gleichsetzt, und deswegen die Vorstellung von der Leerheit ablehnen, so würde man dadurch eine gewaltige Menge negativen Karmas erschaffen – denn schließlich ist die Leerheit die Tür, durch die alle Wesen den Frieden erlangen können. Buddha hob die Bedeutung der Sutren von der Vollendung der Weisheit so hervor, weil er Ananda dazu bewegen wollte, sich stark um ein Verständnis der Leerheit zu bemühen und sich dann mit Achtsamkeit und Wachsamkeit auf sie zu konzentrieren. Es gibt unzählige Übungen, doch den Samen der Befreiung kann man nur mit dreien säen: den Übungen von Entsagung, Bodhicitta und der rechten Sicht der Leerheit. Im Fall von Entsagung und Bodhicitta genügt ein bloßes Verständnis der Themen noch nicht, um diesen Samen zu legen. Auf der Grundlage des rechten Verständnisses muss man üben, bis der Geist sich tatsächlich wandelt. Anders bei der rechten Sicht der Leerheit: Selbst wenn man nur denkt: »Das ist also die Bedeutung der Leerheit!«, so wird dadurch der Same der Befreiung im eigenen Geistesstrom hinterlassen.

Deshalb gibt es guten Grund sich voller Freude mit der Leerheit zu beschäftigen – wir sollten uns schnellstens bemühen, deren Bedeutung zu verstehen.

## WIE LAMA TSONGKHAPA DIE LEERHEIT ERKANNTE

Lama Tsongkhapa war eigentlich eine Verkörperung Manjushris, er zeigte aber eine gewöhnliche Erscheinungsform, da er mit gewöhnlichen Wesen wie uns zusammenlebte. Er manifestierte sich so, als hätte er große Schwierigkeiten, die Leerheit zu verstehen und als könne er nicht direkt mit Manjushri kommunizieren. Anfangs stützte er sich daher auf Lama Umapa: Er erklärte diesem, welche Fragen er stellen wollte, und der

Lama leitete sie an Manjushri weiter. Später, nachdem er viele Reinigungsübungen durchgeführt und viel Verdienst angesammelt hatte, waren seine Geistesschleier beseitigt, und er konnte Manjushri sehen und von Angesicht zu Angesicht mit ihm sprechen. Als er schließlich erkannt hatte, dass alle Schriften nichts als Praxisanleitungen waren, brachte er Manjushri Gaben dar und bat, dass er in der Lage sein möge, die Leerheit schnell zu verstehen. Eines Tages rezitierte Lama Tsongkhapa zusammen mit einer Gruppe anderer Mönche das Herzsutra. Als sie an der Textstelle ankamen, in der es heißt:»Form ist leer, Leerheit ist Form, Form ist nicht anders als Leerheit, Leerheit ist nicht anders als Form«, verfiel er in einen tiefen Versenkungszustand. Während alle anderen weiterrezitierten und schließlich den Versammlungsraum verließen, blieb er weiter in seinem Versenkungszustand, so dass die Leute später zurückkommen mussten, um ihn zu holen und ihn in sein Zimmer zu bringen. Er hatte in diesem Moment zwar noch nicht die Leerheit erkannt, aber das Beispiel zeigt, welch starke Konzentrationskraft er besaß.

Lama Tsongkhapa empfand die Sicht der früheren tibetischen Meister als etwas, über das man leicht meditieren konnte – also meditierte er zunächst darüber. Als er dann einmal Manjushri fragte, ob seine Sicht dem Prasangika- oder dem Svatantrika-System entspräche, entgegnete ihm dieser:»Deine Sicht entspricht keinem von beiden, sondern der Anschauung der Tibeter aus früheren Zeiten.« Auf Lama Tsongkhapas Frage, was denn nun der nächste Schritt sei, antwortete Manjushri:»Es wurde in vielen Schriften vorhergesagt, dass Nagarjuna kommen werde, um klarzustellen, dass die letztendliche Sicht des Buddha dem Madhyamaka entspricht. Studiere daher Nagarjunas Schriften. Chandrakirti kam vom Reinen Land eines anderen Buddha extra in unsere Welt, um Nagarjuna bei dieser Aufgabe zu helfen, folglich solltest du auch seine Schriften studieren.« Nachdem er diese Ratschläge erhalten hatte, gab sich Lama Tsongkhapa sehr viel Mühe bei seinen Meditationen über die Leerheit. Als es ihm immer noch nicht gelang, die rechte Sicht zu verwirklichen, beschloss er, nach Indien zu reisen, wo damals bedeutende Meister lebten, unter denen er studieren wollte. Lama Tsongkhapa hatte zu dieser Zeit schon Tausende von Schülern – er ließ sie alle weinend zurück und machte sich nach Westtibet auf. Dort gab es einen großen Meister namens Namka Gyaltsen, der den Stufenweg zur Erleuchtung lehrte. Lama Tsongkhapa nahm an dessen Unterweisungen teil und erzählte dem Lehrer von seinen Plänen. Namka Gyaltsen hatte direkten Kontakt zu Vajrapani[9] und fragte diesen:»Dieser Losang Drakpa möchte unbedingt nach Indien reisen, um dort zu studieren, und ich glaube, ich kann ihn durch nichts davon abhalten. Was soll ich tun?« Vajrapani sagte darauf:»Das ist wirklich schlecht. Geht er nach Indien, dann wird zwar dort die Sonne der Lehre scheinen, und er wird Abt des Klosters in Bodhgaya werden, aber es ist unwahrscheinlich, dass er nach Tibet zurückkehrt. Wenn er nicht hier bleibt, wird Tibet zu einem Land der Dunkelheit. Erzähle ihm daher, dass ich gesagt habe, er solle sich keine Sorgen um seine Erkenntnis der rechten Sicht machen. Er kann ruhig in Tibet bleiben, denn auch hier wird er die Sicht bald verwirklichen!«

Aufgrund dieses Ratschlags von Vajrapani entschied Lama Tsongkhapa, doch nicht nach Indien zu reisen. Stattdessen ging er nach Ökar (ein Ort, den man heute noch besuchen kann), um sich dort zu einer Klausur zurückzuziehen. Wieder einmal bat er Manjushri um Rat, ob er allein oder mit einigen anderen in Klausur gehen sollte, und Manjushri schlug ihm vor, acht Schüler mitzunehmen.

Lama Tsongkhapa führte in dieser Klausur täglich vier Sitzungen durch, in denen er durch Niederwerfungen vor den 35 Buddhas Hindernisse reinigte und durch Darbringen der Mandala-Gabe auf einem flachen Stein Verdienst ansammelte. Eines nachts hatte er einen Traum, in dem ihm ein riesiger Mönch mit bläulicher Gesichtfarbe erschien, der behauptete Buddhapalita zu sein. Der Mönch schlug Lama Tsongkhapa mit einem ebenfalls bläulichen Text dreimal auf den Kopf.

Am nächsten Tag kam ein unbekannter Mönch zu Besuch und brachte Lama Tsongkhapa eine Schrift dar: Sie trug den Titel»Buddhapalita« und war ein Kommentar zu Nagarjunas

»Wurzel der Weisheit«. Als er diese Schrift las und zum 18. Kapitel kam, zeigte der das Erscheinungsbild nun die rechte Sicht zu verwirklichen. Seinen eigenen Worten zufolge erzeugte er hier eine Sicht, die tiefgründig, schnell, weit und vollkommen ungehindert war. Nun schien er die Leerheit verstanden zu haben, und er schrieb den »Lobpreis an Buddha Shakyamuni für seine Lehre vom Abhängigen Entstehen«, eine kurze Schrift, die Leerheit und Abhängiges Entstehen zum Thema hat.

Leerheit ist nicht leicht zu erkennen. Wer sich intensiver mit der buddhistischen Philosophie beschäftigt, gewinnt allmählich ein Verständnis auf der Basis von Zuhören und Nachdenken – das ist aber noch keine direkte Erkenntnis. In seinem Werk »Erklärung des Unterschiedes zwischen definitiven und zu interpretierenden Sutren« spricht auch Lama Tsongkhapa davon, wie schwierig es ist, die Leerheit zu erkennen. Gleichzeitig bezeichnet er es als äußerst nützlich. Offenbar ist es schwierig, die Bedeutung der Leerheit zu verstehen, wenn man wenig Verdienst hat; mit der Unterstützung einer großen Verdienstansammlung fällt es dagegen leicht. Wer keinerlei Verdienst besitzt, fragt sich nicht einmal, ob die Dinge wahrhaft existieren oder nicht. Hat man genug Verdienst, beginnt man zumindest an der wahren Existenz der Dinge zu zweifeln, und es heißt, solch ein Zweifel schwäche bereits das Geflecht des Daseinskreislaufs in seiner Gesamtheit und füge dessen Wurzel großen Schaden zu. Mit ausreichendem Verdienst ist es durchaus möglich, die Leerheit direkt zu erkennen – denn schließlich haben wir alle das Potenzial, die Erleuchtung zu erlangen.

# Abhängiges Entstehen

In den Schriften heißt es:»Alles ist abhängig entstanden.« Dabei geht es um die Leerheit: Über Abhängiges Entstehen zu reflektieren, ist eine unentbehrliche Methode zum Verständnis der Leerheit. Es gibt drei verschiedene Ebenen von Erklärungen über das Abhängige Entstehen, die mehr oder minder feinsinnig sind. Die Dinge entstehen in Abhängigkeit von Ursachen und Bedingungen, von ihren Teilen und von einem benennenden Bewusstsein.

Wie Lama Tsongkhapa können auch wir Erleuchtung erlangen: Das bedeutet, dass wir den Dharmakaya (Wahrheitskörper) und den Rupakaya (Formkörper) erwerben können. Die Hauptursache für den Dharmakaya ist die Weisheit, die die Leerheit erkennt, während der Formkörper durch die Meditation über Liebe, Mitgefühl und Bodhicitta erreicht wird. Wenn es möglich ist, die Wirkung hervorzubringen, so muss es selbstverständlich auch möglich sein, die Ursache zu erzeugen.

Die erste Ebene ist leicht zu erfassen: Dass Dinge von Ursachen und Bedingungen abhängen, ist offensichtlich. Ein Beispiel hierfür wäre eine Pflanze, die von einem Samen als Ursache abhängig ist. Auch wir Menschen sind zum Beispiel von unseren Eltern abhängig; sie sind unsere Ursache. Wir benutzen in diesem Zusammenhang zwei Begriffe, die fast gleichbedeutend sind:»in Abhängigkeit entstehend« und»durch Stützung bestehend«. Kinder entstehen beispielsweise in Abhängigkeit von ihren Eltern; man könnte aber auch sagen, Kinder bestünden durch Stützung auf ihre Eltern.

Weiterhin hängen Dinge von ihren Teilen ab. Ein Beispiel hierfür ist die Zeit – ein Jahr hängt von seinen 12 Monaten ab, ein Tag von seinen 24 Stunden, eine Stunde von ihren 60 Minuten, die Minuten hängen von den Sekunden ab und diese wiederum von ihren Teilen. Diese Betrachtung lässt sich auf alles anwenden; alle Objekte hängen von ihren Teilen ab. Wir könnten zum Beispiel darüber nachdenken, dass ein Haus aus vielen verschiedenen Materialien besteht: Steine, Holz usw. Es existiert in Abhängigkeit von diesen Teilen, es wird durch diese Teile erzeugt. Alles, was in Abhängigkeit von seinen Teilen existiert, ist ein Abhängig Entstehendes.

Anhänger der Sautrantika- und Vaibhasika-Schulen sind in der Lage zu verstehen, wie die Dinge in Abhängigkeit von Ursachen und Bedingungen entstehen. Die Anhänger der Cittamatra-Schule verstehen dies sowie das Abhängige Entstehen in Bezug auf die Teile, doch nur die Anhänger des Madhyamaka verstehen, dass die Objekte auch von einem begrifflichen Bewusstsein abhängig sind, welches sie benennt.

Die Phänomene sind von unterschiedlicher Natur: Alle Phänomene hängen von ihren Teilen und von einem zuschreibenden Bewusstsein ab; einige Dinge sind darüber hinaus auch noch von Ursachen und Bedingungen abhängig. Phänomene existieren auf diese Weise, aber sie erscheinen uns nicht so. Sie erscheinen, als würden sie aus sich selbst heraus existieren, und wir haben die Tendenz sie als wahrhaft Existierende zu begreifen. Erst durch eingehendes Nachdenken erkennen wir, dass alle Objekte tatsächlich abhängig Entstehende sind. Betrachten wir beispielsweise dieses Haus: Wenn wir es ganz unvermittelt ansehen, so scheint es unabhängig und aus sich selbst heraus zu existieren, und diese Erscheinung zieht ein Bewusstsein nach sich, das es als etwas Selbstexistentes begreift. Das Bewusstsein erfasst es als etwas, das von seiner eigenen Seite her genau in der Weise existiert, wie es erscheint.

Das Bewusstsein, welches das Haus als selbstexistent erfasst, ist natürlich falsch, denn schließlich existiert das Haus, indem es sich auf andere Faktoren stützt. Dieses falsche Bewusstsein heißt auch »Greifen nach wahrer Existenz«. Was ist das von diesem Greifen erfasste Objekt? Ein aus sich selbst heraus existierendes Objekt. Und was schadet dem Bewusstsein, welches das Objekt als selbstexistent erfasst? Die Erkenntnis, dass das Objekt in Wirklichkeit etwas ist, was in Abhängigkeit von anderen Faktoren besteht.

Wer sich ein wenig mit dem naturwissenschaftlichen Denken auseinandergesetzt hat, sollte eigentlich deutlich erkennen, wie alles in Abhängigkeit entsteht und insbesondere wie die Dinge von anderen Dingen gestützt werden. Hat man einmal anhand der Betrachtung verschiedener Fälle erkannt, wie alles abhängig entsteht, und hat sich diese Sichtweise einmal im Geist verankert, so negiert sie die Anschauung, dass die Phänomene unabhängig sind.

Wäre etwas unabhängig und ohne Bezug zu anderem und würde es zudem noch existieren, ohne vom Bewusstsein benannt worden zu sein, dann wäre es wahrhaft existent sowie inhärent existent, selbstexistent, von seiner eigenen Seite her existent und natürlich existent.

Würde etwas existieren, ohne sich auf etwas anderes zu stützen, so wäre es selbst-erzeugt. Doch in der Tat gibt es weder unter den beständigen noch unter den unbeständigen Phänomenen irgend etwas, das völlig bezugslos existiert und sich auf nichts anderes stützt. Doch sollten wir diese beiden Arten von Phänomenen selbst betrachten und ganz genau prüfen, ob sich nicht doch etwas Selbstexistentes finden lässt.

## Das Abhängige Entstehen beständiger Phänomene

Alle Produkte werden in Abhängigkeit von Ursachen und Bedingungen erzeugt – in diesem Fall ist die Abhängigkeit leicht zu erkennen. Doch es gibt noch eine andere Art von Phänomenen, die beständigen, wie etwa der nicht-zusammengesetzte Raum. Dabei handelt es sich um den leeren Raum, den wir in diesem Zimmer und draußen im Freien vorfinden. Auf welche Weise ist dieser etwas Abhängig Entstehendes? Er hängt von seinen Teilen ab: dem Raum in der rechten Ecke, dem Raum in der linken Ecke usw. Nun könnten wir weiterfragen:»Inwiefern ist der Raum in der rechten Ecke abhängig von seinen Teilen?« Die Antwort wäre:»Dieser Raum hat einen oberen und einen unteren Teil.« Auch der obere Teil hat dann wieder obere und untere Teile. Auf diese Weise klärt sich, wie der nicht-zusammengesetzte Raum von seinen Teilen abhängt. Auch am Beispiel eines Tischs lässt sich das nachvollziehen: Würdet ihr sagen, dass die Tischmitte vom Tischrand abhängt? Auf welche Weise hängt die Mitte von den vier Ecken ab? Was würde passieren, wenn man die vier Ecken des Tischs abschneidet? Raum hängt zudem von Nicht-Raum ab. Um den Raum festzustellen, muss man Nicht-Raum beseitigen. Füllen wir eine Plastiktüte mit Wasser, ist dann noch Raum in der Tüte? Wenn man die Tüte zuerst in der Hand hält, findet sich Raum darin. Doch nachdem sie angefüllt ist, gibt es keinen Raum mehr, weil sich etwas darin befindet, was Widerstand bietet und berührbar ist – Raum kann nicht am gleichen Ort sein. Das Gleiche gilt für den Raum in diesem Zimmer: Er hängt von der Abwesenheit eines Phänomens ab, das berührbar ist und Widerstand bietet. Wir können daraus schließen, dass nicht-zusammengesetzter Raum von der Abwesenheit von Widerstand und Berührbarkeit abhängt. Er wird als bloße Negation bezeichnet: Die bloße Abwesenheit berührbarer Phänomene, die einen Widerstand darstellen. Der Raum ist also von seinem Wesen her gesehen eine bloße Negation.

Betrachten wir nun ein anderes beständiges Phänomen, die Leerheit selbst. Auch sie ist etwas Abhängig Entstehendes. Im Allgemeinen hängt die Leerheit von der Gültigen Erkenntnis ab, die sie feststellt. Betrachten wir eine spezifische Leerheit, etwa die des Tischs, so hängt sie von dem Objekt ab, dessen Leerheit sie ist, in diesem Fall also vom Tisch. Ein weiteres beständiges Phänomen ist die Wahre Beendigung, die dritte der Vier Edlen Wahrheiten. Diese wird in Abhängigkeit von der Meditation über den Wahren Pfad – das Gegenmittel des Greifens nach wahrer Existenz – erreicht. Wahre Beendigung stützt sich also auf den Wahren Pfad. Auf diese Weise haben wir gesehen, dass die unbeständigen und die beständigen bzw. nicht-zusammengesetzten Phänomene allesamt Abhängig Entstehende sind.

## WIE DIE VORSTELLUNG VON SELBSTEXISTENZ ANHAFTUNG UND HASS ERZEUGT

Auf der Basis der falschen Vorstellung von Selbstexistenz entwickeln wir Anhaftung oder Begierde in Bezug zu bestimmten Objekten. Dann geben wir uns entsprechenden Aktivitäten hin, um ans Ziel unserer Anhaftung zu gelangen. Dadurch schaffen wir ein bestimmtes Karma, das wiederum zu einer Geburt im Daseinskreislauf führt. Anhaftung geht mit dem Wunsch einher, etwas Bestimmtes zu besitzen, einen bestimmten Körper, Freunde, Verwandte und so weiter. Doch die Anhaftung alleine bringt uns nicht in Besitz des Gewünschten, wir müssen handeln, und dabei schaffen wir Karma. So führt Anhaftung dazu, dass wir in unserem leidvollen Zustand bleiben.

Das Gleiche spielt sich ab, wenn Hass entsteht. Ein Objekt erscheint dem nach wahrer Existenz greifenden Bewusstsein, als existiere es von seiner eigenen Seite. Dieses Bewusstsein erfasst das Objekt genauso wie es ihm erscheint. Auf dieser Basis entsteht Hass. Man denkt zum Beispiel:»Diese Person hat mir in der Vergangenheit geschadet, sie schadet mir jetzt oder wird mir wahrscheinlich in Zukunft schaden«, oder»diese Person hat meinen Freunden und Verwandten in der Vergangenheit geschadet, sie schadet ihnen jetzt oder wird ihnen wahrscheinlich in Zukunft schaden.« Vielleicht denken wir auch:»Dieser Mensch hat meinem Feind in der Vergangenheit geholfen, er hilft ihm jetzt oder wird ihm in Zukunft helfen.« Auf der Basis solcher Gedanken wird der Geist aufgewühlt und aggressiv und möchte der Person schaden – durch Schläge und dergleichen oder sogar indem man sie umbringt. Da der Hass alleine nicht zum Ziel führt, muss man in einer bestimmten Weise handeln, damit er sein Ziel erreicht – so erzeugt man Karma, welches dann zu einer Wiedergeburt in den niederen Bereichen innerhalb des Daseinskreislaufs führt, in denen man sehr viel Leid erfahren muss.

Normalerweise heißt es immer, man erschaffe Karma aufgrund der drei Geistesgifte Anhaftung, Hass und Unwissenheit. Doch was uns letztlich motiviert, Karma anzuhäufen, ist die Unwissenheit, also das Bewusstsein, welches nach wahrer

Existenz greift. Unwissenheit bedeutet »nicht wissen« oder »nicht erkennen«. Es handelt sich um ein Bewusstsein, das nicht erkennt, wie die Dinge existieren. Es gibt nichts Selbstexistentes, doch der Geist erkennt das nicht und erfasst das Objekt als selbstexistent. Dieses Bewusstsein ist falsch und auch die Geistesplagen Anhaftung und Hass, die auf seiner Grundlage entstehen, sind falsche Bewusstseinsarten.

Auf schöne Objekte reagieren wir normalerweise mit Anhaftung. Besitzt ein solches Objekt von seiner eigenen Seite her Schönheit? Man könnte den Prozess so beschreiben: Das nach einem Selbst greifende Bewusstsein schafft die Täuschung eines selbstexistenten Objekts – und dann entwickelt sich Anhaftung in Bezug auf dieses Objekt. Das Objekt, an dem wir haften – ein Körper, ein Haus oder irgendein anderes Besitzstück – ist vielleicht zu 25 Prozent schön oder angenehm. Was passiert dann? Eine bestimmte Vorstellung entsteht, die die tatsächlich vorhandenen Qualitäten übertrieben wahrnimmt. Zu den 25 Prozent werden weitere 25 Prozent hinzugefügt, so dass die Sache zu 50 Prozent schön ist. Anhaftung basiert auf der so genannten »unpassenden Aufmerksamkeit«, ein konzeptuelles Bewusstsein, das einem Objekt auf unpassende Weise Aufmerksamkeit schenkt. Wenn Mann und Frau Anhaftung füreinander empfinden, so hat die andere Person vielleicht ein paar Fehler. Doch unter dem Einfluss dieses Bewusstseins sieht man die Fehler nicht und fügt noch weitere positive Eigenschaften zu jenen hinzu, die die Person tatsächlich besitzt. Diesem Objekt gegenüber entsteht dann Anhaftung.

Ähnliches geschieht, wenn wir uns ärgern. Das Objekt ist vielleicht zu 20 Prozent unangenehm, doch die unpassende Aufmerksamkeit fügt weiteres Unangenehmes hinzu. Ärger oder Hass entsteht gegenüber diesem Objekt, und auf deren Basis sammelt man verschiedene Arten von Karma an. Diese Geisteshaltungen sind also auf jeden Fall auch falsche Bewusstseinsarten, da sie ihr Objekt auf falsche Art begreifen.

Es heißt normalerweise, wenn man sein negatives Karma läutere, indem man beispielsweise die Vajrasattva-Meditation durchführt und das entsprechende Mantra rezitiert, so würde die Läuterung wesentlich wirkungsvoller, wenn man sich dabei an die Leerheit der drei Sphären erinnert. Die drei Sphären sind: derjenige, der das Karma geschaffen hat, die Handlung selbst und das Objekt der Handlung. Wir sollten also darüber nachdenken, dass diese drei keinerlei inhärente Natur besitzen, da sie in Abhängigkeit entstehen. Denkt man bei der Übung auch über den Mangel an Selbstexistenz nach, so schadet man damit dem Bewusstsein, das nach wahrer Existenz greift. Der Läuterungsprozess wird besonders wirkungsvoll, wenn er von einem Geist durchgeführt wird, der Nicht-Selbstexistenz erkennt.

## WIE DIE VORSTELLUNG VON SELBSTEXISTENZ ZU NEGATIVEM KARMA FÜHRT

Betrachten wir noch ein wenig genauer, wie auf der Basis des Geistes, der nach wahrer Existenz greift, Karma geschaffen wird. Im ersten Augenblick schaffen wir Karma, indem wir aus Ärger heraus handeln. Im zweiten Moment zerfällt dieses Karma. Der erste Augenblick des Zerfalls zieht einen zweiten Moment und einen dritten Moment des Zerfalls nach sich. Der Prozess, in dem ein Augenblick des Zerfalls einen nächsten erzeugt, geht weiter, bis euch schließlich ein weiterer solcher Augenblick in Kontakt mit dem leidhaften Resultat dieses Karma bringt – der Prozess wird nur unterbrochen, wenn man das Karma bereinigt. Wie ist das gemeint? Alles Unbeständige verändert sich von einem Augenblick zum anderen. Folglich zerfallen diese Dinge auch in jedem Augenblick. In einem Moment hat man das Karma und im zweiten Moment muss es schon zerfallen sein – das Potenzial aufgrund dieses Karma Leid zu erfahren, bleibt aber bestehen und setzt sich fort. Auch im Zerfall bleibt das Potenzial, Leid als Auswirkung des Karmas zu erfahren, kontinuierlich erhalten.

In philosophischen Systemen wie etwa dem Cittamatra würde man sagen, dass der karmische Eindruck das Potenzial für die Erfahrung der Auswirkung enthält. Doch im Prasangika-System spricht man davon, dass der Zerfall des Karmas das Potenzial beinhaltet. Der Zerfall setzt sich fort, bis schließlich das Resultat erfahren wird – so wie bei der Zeit, in der die erste Stunde langsam zerrinnt und sich dann die zweite anschließt und so weiter. Eine Kontinuität bleibt erhalten, während sich in jedem Augenblick etwas verändert. Doch wenn wir mittels der Meditation über die Leerheit dem Geist, der nach wahrer Existenz greift, Schaden zufügen, so schadet man auch allen Zerfallszuständen, die aufgrund dieses Geistes erschaffen wurden.

### Zwei Arten des Greifens nach wahrer Existenz

Bei der Betrachtung des nach wahrer Existenz greifenden Bewusstseins lassen sich zwei Arten unterscheiden: das Bewusstsein, das die Person als wahrhaft existent wahrnimmt, und das Bewusstsein, das Phänomene, die nicht Personen sind, als wahrhaft existent begreift. Das Erstgenannte nennt man »Greifen nach Selbstexistenz der Person«, das zweite »Greifen nach Selbstexistenz der Phänomene«.

Zuerst entsteht das Greifen nach Selbstexistenz der Phänomene, die zweite Art des Greifens folgt darauf. Im ersten Schritt sieht man die Aggregate der Person, und auf der Basis dieses Anblicks wird die Person identifiziert. Wenn die Aggregate erscheinen, erscheinen sie als selbstexistent, und es entsteht ein Bewusstsein, welches diese auch als selbstexistent erfasst. Auch wenn diese Erscheinung nicht besonders klar ist, spielt sich dieser Prozess ab. Dabei handelt es sich um ein Greifen nach Selbstexistenz der Phänomene, weil die Aggregate Phänomene sind.

Auf der Basis der Erscheinung der Aggregate entsteht dann die Erscheinung der Person. Anders ausgedrückt: Wir identifizieren die Person durch das Erscheinen der Aggregate. Wenn die Person dann unserem Geist erscheint, so scheint sie auch von ihrer eigenen Seite her zu existieren und wird so aufgefasst – das nennt man dann »Greifen nach Selbstexistenz der Person«.

Eine andere Reihenfolge ergibt sich dagegen wenn wir über die beiden Arten von Nicht-Selbst nachdenken: Hier wird zuerst das Nicht-Selbst der Person erkannt und dann das der Phänomene. Warum ist das so? Wenn wir zuerst über dieses Thema meditieren, fragen wir uns:»Aus welchem Grund wandere ich im Daseinskreislauf umher?«, und beginnen über die Tatsache nachzudenken, dass wir vollkommen von Karma und Geistesplagen beherrscht sind und diese unsere Wiedergeburt im Daseinskreislauf bewirken. Dann erkennen wir, dass die Geistesplagen der ausschlaggebende dieser beiden Faktoren sind und dass diese wiederum aufgrund der Vorherrschaft der Unwissenheit entstehen, die nach wahrer Existenz greift. Im nächsten Schritt denken wir über diese Unwissenheit nach und erkennen, dass es sich dabei um ein Bewusstsein handelt, das sein Objekt als vollkommen unabhängig von allem wahrnimmt.

Nun beginnt die Meditation, bei der man sich sagt:»Das nach Selbstexistenz greifende Bewusstsein ist ein falsches Bewusstsein, dessen Objekt nicht so existiert, wie es wahrgenommen wird. In Wirklichkeit gibt es nichts Selbstexistentes, alles besteht in Abhängigkeit.« Auf diese Weise führt uns die Kontemplation der Leiden im Daseinskreislauf dazu, über das Nicht-Selbst der Person nachzudenken. Man macht sich also zunächst mit dem Nicht-Selbst der Person vertraut, und wenn man immer wieder darüber nachdenkt, erkennt man es schließlich.

Die Leerheit lässt sich auf vielerlei Art kategorisieren, man unterscheidet beispielsweise 16 Arten von Leerheit usw. Alle diese Kategorien lassen sich auf die beiden zuvor erwähnten reduzieren: das Nicht-Selbst der Person und das Nicht-Selbst der Phänomene, und alle sind grundsätzlich von gleicher Natur – alle sind die Abwesenheit von Selbstexistenz.

Die 16 Arten von Leerheit unterscheiden sich nur durch ihre Basis – ansonsten sind sie identisch. So gibt es beispielsweise die Leerheit der Phänomene, die im Kontinuum eines fühlenden Wesens beinhaltet sind, oder die Leerheit der Dinge, die nicht darin beinhaltet sind. Beide sind aber gleichermaßen Leerheit von Selbstexistenz.

## DAS KONVENTIONELL BESTEHENDE ICH

Wenn wir denken: »Ich komme« oder »Ich gehe«, können wir ein spontan entstehendes Bewusstsein erkennen, welches »Ich« denkt. Bei dieser Art von Bewusstsein handelt es sich um ein Gültiges Bewusstsein, welches sich auf das konventionell bestehende Ich bezieht. Hier spricht man nicht vom »Greifen nach einem Ich« oder dem »Greifen nach wahrer Existenz«. So ist beispielsweise der Gedanke »ich esse« ein Bewusstsein, welches ein konventionell existierendes Ich wahrnimmt. Es bezieht sich lediglich auf eine konventionell bestehende Person[10].

Betrachten wir aber nun, wie dieses Ich dem Gültigen Bewusstsein erscheint, so erkennen wir, dass es als etwas Solides, Selbstexistentes erscheint. Das Ich scheint unabhängig von Ursachen und Wirkungen zu sein, es scheint sich nicht auf dieses oder jenes zu stützen.

Prüfen wir das noch etwas genauer: Dieses konventionell existierende Ich erscheint auf den Aggregaten als wäre es selbstexistent. Es erscheint nicht so, als wäre es nur durch die Vorstellung beigelegt, bloß durch den Namen erzeugt oder bloß benannt. Dem Bewusstsein, welches denkt »ich komme« etc. erscheint das Ich als selbstexistent und als sei es immer da gewesen. Tatsächlich ist dieses Ich aber bloß benannt – auf der Basis der Aggregate. Es ist lediglich von einem begrifflichen Bewusstsein beigelegt. Aber es erscheint nicht so, sondern so, als existiere es aus sich selbst heraus auf den Aggregaten. So erscheint es als etwas wahrhaft Existentes, natürlich Existentes, letztendlich Existentes, Selbstexistentes.

Wenn das Ich diesem Gültigen Bewusstsein zuerst erscheint, scheint es von seiner eigenen Seite her zu existieren, doch dieses Bewusstsein erfasst das Ich noch nicht als selbstexistent, deshalb ist es kein »Greifen nach wahrer Existenz«. Doch gleich darauf setzt der nach wahrer Existenz greifende Geist ein: Nun wird das Ich als von seiner eigenen Seite her existierend angesehen, als etwas, was von Anfang an auf den Aggregaten existiert, inhärent existiert, wahrhaft existiert und so weiter. Tatsächlich ist dieses Ich aber geistgeschaffen, denn es wurde vom Geist benannt.

## Entstehen in Abhängigkeit von der Benennung

Wir gehen davon aus, dass alles von einem begrifflichen Bewusstsein benannt ist. Bei der Betrachtung aller existierenden Phänomene, müssen wir uns fragen: Auf welche Weise existieren sie? Existieren die Dinge von Anfang an aus sich selbst heraus? Oder sind sie bloß von einem begrifflichen Bewusstsein benannt? Folgendes Beispiel kann uns das Verständnis dieses Prozesses erleichtern: Betrachten wir, wie jemand Präsident wird. Zunächst ist eine gültige Basis notwendig – man kann nicht jedermann oder alle Dinge »Präsident« nennen, man braucht eine Person mit bestimmten Fähigkeiten und Merkmalen. Danach gibt es verschiedene, in der Verfassung des jeweiligen Landes festgelegte Verfahrensweisen, durch die jemand zum Präsidenten wird. Die Person wird also nur zum Präsidenten, wenn sie auf der Basis dieser Regeln den Namen »Präsident« erhalten hat. Vor der entsprechenden Prozedur kann eine Person nicht auf gültige Weise denken: »Ich bin Präsident«, und niemand kann gültig sagen: »Der Präsident kommt«, wenn diese Person kommt.

Könnte ein Präsident unabhängig von anderen als solcher existieren, so müsste er schon seit seiner Geburt Präsident sein und hätte schon vor seiner Ernennung denken können »Ich bin der Präsident« – und daran wäre nichts Falsches gewesen. Es wäre auch zutreffend gewesen, wenn andere schon immer gesagt hätten: »Hier kommt der Präsident.« Versteht man dieses Beispiel, so kann man es auf alles andere anwenden, und man versteht, wie alles bloß vom begrifflichen Bewusstsein benannt ist.

Mit ein wenig Nachdenken erkennen wir, dass alle Dinge in dieser Hinsicht vollkommen gleich sind. Betrachten wir einmal dieses Objekt, dieses Stück Materie vor mir. Hätte jemand – bevor man solch ein Objekt »Tisch« nannte – gesagt: »Bring den Tisch her!«, hätte niemand dieses Stück Materie gebracht. Die Worte wären vollkommen bedeutungslos gewesen. Erst nachdem man es »Tisch« genannt hat, wird es sinnvoll zu sagen: »Der Tisch ist dort.« Wenn wir beginnen zu verstehen, was mit den Begriffen »bloß benannt« oder »bloß beigelegt«

gemeint ist, erfassen wir etwas äußerst Tiefgründiges, was uns direkt zur Bedeutung der Leerheit hinführt.

## GÜLTIGE GRUNDLAGE UND GÜLTIGES BEWUSSTSEIN

Das Objekt der Negation ist wahre Existenz oder Selbstexistenz. Die Begründung für die Widerlegung dieses Objekts ist: Die Dinge sind nicht selbstexistent, weil sie in Abhängigkeit von anderem bestehen. Wenn wir sagen, dass alles bloßer Name ist, bloße Benennung oder eine bloße Zuschreibung durch ein begriffliches Bewusstsein, so müssen wir verstehen, dass es sich bei dem benennenden Bewusstsein um ein Gültiges Bewusstsein handeln muss und dass die Benennung auf einer gültigen Grundlage erfolgen muss.

Was ist mit »gültiger Grundlage« gemeint? Die Grundlage muss entsprechend dem ihr beigelegten Namen funktionieren können. Der Tisch wäre zum Beispiel keine gültige Grundlage für die Benennung »Mikrofon«. Eine gültige Grundlage für die Benennung »Mikrofon« sollte als solches funktionieren können – ein Tisch ist dazu nicht in der Lage. Wir können beispielsweise auch nicht einfach den Koch »Präsident« nennen, denn er wäre ja nicht in der Lage, die Arbeit des Präsidenten zu verrichten.

Nun könnten wir denken: »Bedeutet dies nicht, dass die Dinge doch selbstexistent sind? Schließlich existieren die Fähigkeiten ja von ihrer eigenen Seite her.« Dieser Gedankengang ist nicht stimmig. Auch wenn eine gültige Grundlage bestimmte Fähigkeiten aufweisen muss, so besteht diese Fähigkeit selbst doch auch wieder nur in Abhängigkeit von anderen Faktoren. Auf der Objektseite muss die Fähigkeit vorhanden sein, eine bestimmte, der Benennung entsprechende Funktion auszuüben, doch diese Fähigkeit ist ihrerseits wiederum von Ursachen und Bedingungen abhängig und keinesfalls selbstexistent.

Betrachten wir den gesamten Prozess nochmals anhand des Mikrofons. Wir wissen nicht, wer zuerst beschloss, solch ein Ding »Mikrofon« zu nennen. Doch bevor diese Person dem Objekt diesen Begriff beilegte, existierte es nicht als solches.

Wenn wir davon sprechen, dass alles bloß durch eine Benennung erschaffen ist, weist das »bloß« darauf hin, dass die Grundlage der Benennung nicht von ihrer eigenen Seite her existiert.

Die Dinge existieren nur in Abhängigkeit von anderen Faktoren und sind nicht selbstexistent, doch sollten wir uns gleichzeitig bewusst sein, dass mit dieser Aussage nicht eliminiert wird, dass die Dinge gemäß allgemeiner weltlicher Übereinkunft bestehen. Hier kommen wir zu einer sehr feinsinnigen Analyse, die nur im Prasangika-System vorkommt. Hier kommt die Vorstellung ins Spiel, dass es für uns unmöglich ist, vom Gesichtspunkt eines hoch entwickelten Bodhisattvas aus über die Dinge zu sprechen. Wenn wir über die Dinge sprechen, sollten wir es auf der Grundlage dessen tun, was gemäß weltlicher Übereinkunft festgestellt wird.

Wenden wir uns wieder unserem Beispiel, dem Mikrofon, zu. Das Mikrofon erscheint unserem Sehbewusstsein, als würde es von seiner eigenen Seite her existieren und nicht vom Prozess der Benennung und dergleichen abhängen. Es ist aber nicht das Sehbewusstsein, welches das Mikrofon als selbstexistent erfasst. Keines der fünf Sinnesbewusstseins-Arten erfasst Objekte als selbstexistent, obwohl sie allen so erscheinen; diese Funktion fällt stets dem geistigen Bewusstsein zu.

Das Bewusstsein, welches das Mikrofon als selbstexistent betrachtet, ist zwar eine Art von Greifen nach der Selbstexistenz der Phänomene, doch hauptsächlich bezieht sich dieser Begriff auf das Bewusstsein, welches die Aggregate als selbstexistent wahrnimmt. Das angeborene Greifen nach einem Ich tritt folgendermaßen auf: Zunächst denken wir von uns selbst, »ich komme«, »ich gehe« und dergleichen, dabei erscheint aber das Ich so, als existiere es wahrhaft auf den Aggregaten. Nun kommt das angeborene Greifen nach einem Ich zum Zug, welches ein wahrhaft existierendes Ich auf den Aggregaten wahrnimmt. Doch das Ich existiert nicht als etwas Selbstexistentes – obwohl es so erscheint –, denn es ist abhängig entstanden.

Dieser Prozess lässt sich am Beispiel eines Gesichts im Spiegel erklären: Wir wissen ganz genau, dass diese Widerspiegelung kein wirkliches Gesicht ist. Es erscheint so, doch die Erscheinung trügt. Eine andere Veranschaulichung: Einem bestimmten Sinnesbewusstsein mag ein weißer Schneeberg blau erscheinen oder eine weiße Muschel gelb.

Obwohl die Dinge nicht wahrhaft existieren, können sie eine Funktion erfüllen. Sie existieren konventionell, und auf dieser Ebene gibt es Schaden und Nutzen, heiß und kalt, lang und kurz. Die Dinge existieren nominell, und nominell gibt es Handelnde, Handlung und Objekt der Handlung – etwa wenn Feuer als Handelndes am Objekt Holz die Funktion des Brennens ausführt. All das kann geschehen, und gleichzeitig kann alles leer von Selbstexistenz sein.

Auf diese Weise sollten wir über Leerheit meditieren. Wenn wir dann diese Meditation mit Reinigungsübungen verbinden, wird die Reinigung ganz besonders effektiv. Dabei denkt man folgendermaßen: All das negative Karma, welches wir seit anfangsloser Zeit angesammelt haben, ist nicht selbstexistent, existiert nicht von seiner eigenen Seite her, ist etwas abhängig Entstandenes, existiert nur aufgrund von Ursachen und Bedingungen und so weiter. Wir denken also auf diese Weise über Abhängiges Entstehen nach. Dann können wir wieder mehr den Aspekt der Leerheit ins Auge fassen: Weil Karma in Abhängigkeit entsteht, ist es leer davon, von seiner eigenen Seite her zu existieren. Diese Meditation sollte man nicht nur auf das Karma selbst beziehen, sondern auf alle Glieder der so genannten drei Kreise: die Handlung, die ausführende Person und das Objekt, auf die sich die Handlung bezog.

Und während wir über die Selbstlosigkeit der Person meditieren, erforschen wir, wie die Person dem nach einem Ich greifenden Bewusstsein erscheint und ob ihre Existenzweise ihrer Erscheinungsweise entspricht. Wir werden feststellen, dass eine Diskrepanz zwischen Erscheinung und Wirklichkeit besteht, die Person erscheint als selbstexistent, ist aber tatsächlich abhängig entstehend.

## »LEER« UND »ABHÄNGIG ENTSTEHEND« SIND SYNONYME

Die beiden Begriffe »leer« und »abhängig entstehend« sind Synonyme. Es gibt acht Ähnlichkeiten zwischen ihnen. Wenn etwas leer ist, muss es ein Abhängig Entstehendes sein; wenn es ein Abhängig Entstehendes ist, muss es leer sein; wenn es nicht leer ist, kann es kein Abhängig Entstehendes sein; wenn es kein Abhängig Entstehendes ist, kann es nicht leer sein; wenn es das Leere gibt, gibt es auch das Abhängig Entstehende; wenn es das Abhängig Entstehende gibt, gibt es auch das Leere; wenn es das Abhängig Entstehende nicht gibt, gibt es auch nicht das Leere; wenn es das Leere nicht gibt, gibt es auch nicht das Abhängig Entstehende.

Wir sollten aber stets beachten, dass »leer« und »Leerheit« unterschieden werden müssen. Während »leer« und »abhängig entstehend« synonym sind, trifft das für »Leerheit« und »abhängig entstehend« nicht zu. Wir können sagen, der Tisch sei leer, weil er etwas abhängig Entstehendes ist, doch der Tisch ist keinesfalls Leerheit. Wäre er Leerheit, so müsste er eine bloße Negation sein, die nichts anderes impliziert; er müsste im Aspekt einer Negation erscheinen. Der Tisch kann jedoch mittels Affirmation als positives Phänomen erkannt werden.

Abhängig entstehend und leer sind wie die beiden Seiten der Hand – derartig stark ist ihre gegenseitige Beziehung. Da es die Handfläche gibt, gibt es auch den Handrücken und umgekehrt. Das Innere und das Äußere der Hand sind sehr stark miteinander verbunden. Wenn jemand sagt: »Wieso bezeichnest du das als die Innenseite?«, so würden wir antworten: »Weil dies die Außenseite ist!«

# Die eigentliche Meditation über die Leerheit

Wer tief über all das vom Greifen nach einem Selbst hervorgerufene Leid nachdenkt, muss zu dem Schluss kommen, sich zu sagen: »Die nach Selbstexistenz greifende Unwissenheit ist wirklich mein schlimmster Feind. Unter all den Dingen, die mir Schaden zufügen, ist sie das Schlimmste, und ich muss unbedingt, eine Möglichkeit finden, mich gegen sie zu wehren.« Auch bei oberflächlichem Nachdenken mag man zum gleichen Schluss kommen, doch entsteht vielleicht nicht der starke Wunsch, etwas dagegen zu tun. Dazu bedarf es der eingehenden Beschäftigung mit dem Thema. Dass der unwissende Geist die Wurzel allen Leidens ist, ist nicht so schwer zu verstehen; doch wenn man nur zu dem Punkt kommt zu sagen: »Ja, wahrscheinlich ist es so«, so wird einem das nicht zu großen Anstrengungen motivieren. Über eine Person, die dieses Verständnis gewonnen hat, aber trotzdem nicht viel darüber nachdenkt, was sie tun könnte, um die Unwissenheit zu eliminieren, sagten die Heiligen der Vergangenheit: »Scheinbar ist das Herz dieser Person völlig verroht.« Wer nicht verstanden hat, wie Leid verursacht wird, kann nichts dagegen tun; hat es aber jemand verstanden und tut trotzdem nichts, so ist das wirklich jämmerlich.

Angenommen, es gäbe irgendwelche Biester in unserem Haus, die die ganze Nacht über im Haus hin- und herrennen, uns am Schlafen hindern und Kot und Urin auf unseren Kleidern und unserem Essen hinterlassen – wir würden uns sehr darüber aufregen. Wir würden anderen Leuten erzählen: »In meinem Haus gibt es ein Tier, das mir dies und jenes antut. Wenn ich es zu fassen bekomme, werde ich es ihm schon zeigen.« Es entstehen so starke Gefühle, dabei geht es nur um etwas, was ein klein wenig, auf dieses Leben begrenzten Schaden anrichtet. Und wie halten wir es mit dem, was uns andauernd riesiges Leid antut – die drei Arten von Leiden, die sechs Arten von Leiden, die acht Arten von Leiden und so weiter? Zudem bringt es nicht nur Leid, welches auf dieses Leben beschränkt ist, es war in allen früheren Leben da und wird – wenn wir nichts dagegen unternehmen – auch in künftigen Leben weiter da sein. Auf diesen Schadenstifter sollten wir zornig werden, und wir sollten das Gefühl entwickeln, ihm, dem unwissenden Geist, etwas antun zu wollen. Dieser Feind hat uns so viel geschadet, jeder andere Schaden nimmt sich dagegen nichtig aus; aber er ist nicht im Äußeren zu finden, er ist in uns. Um ihn zu eliminieren, müssen wir an uns selbst arbeiten.

Es ist möglich, unsere Unwissenheit genau zu erkennen, und die Weisheit zu entwickeln, die die Selbstlosigkeit versteht. Wir müssen erkennen, dass wir selbst von der Natur des Leidens und ein Produkt von Karma und Geistesplagen sind. Wir werden ganz und gar von Karma und Geistesplagen beherrscht, wir sind deren Sklaven. Forschen wir dann noch weiter, um herauszufinden, wer hinter Karma und Geistesplagen steht, so stoßen wir auf die Unwissenheit, die nach wahrer Existenz greift. Erst wenn wir das durch und durch begreifen, kommt die nötige Energie auf, um diese zu überwinden.

Mancher mag denken, er sei noch jung und werde noch lange nicht sterben, doch dafür gibt es keinerlei Garantie. Wir sollten uns vor Augen führen, wie schwer es ist, ein solch kostbares Leben zu finden, wie wir es jetzt haben, dass der Tod sicher ist, aber der Todeszeitpunkt unsicher: Und dann sollten wir uns entschließen, gegen diesen unwissenden Geist aufzubegehren.

Vielleicht gelingt es uns nicht, diesen Geist in diesem Leben zu beseitigen; trotzdem wird unser Leben sinnvoll, wenn wir alles in unserer Macht Stehende tun, um ihm zu schaden. Sind wir durch unsere Anstrengungen in der Lage, diese Geisteshaltung in diesem Leben zu überwinden, so ist das natürlich fantastisch, doch bereits der Versuch, es zu tun, ist lohnenswert. Auch wenn wir die Leerheit in diesem Leben nicht erkennen, so haben wir doch die Samen der Befreiung in unseren Geistesstrom gelegt. Und wenn wir in Zukunft noch einmal eine kostbare menschliche Existenz vorfinden und wieder den Lehren über die Leerheit begegnen, dann werden diese aufgrund des Samens etwas in uns auslösen, was sogar körperlich spürbar ist. Diese Lehren werden uns Tränen in die Augen bringen, und uns wird eine Gänsehaut überlaufen. Dann haben wir abermals die Gelegenheit, die Leerheit zu erkennen und die Befreiung zu erlangen.

Es heißt, man könne das ideale Gefäß für die Unterweisungen über Leerheit an körperlichen Zeichen erkennen, die beim Vernehmen dieser Lehren auftreten. Einer Person, die den Samen der Befreiung in sich trägt, sollte man unbedingt die Leerheit erklären. Doch auch wer nicht solch ein vollkommenes Gefäß ist, sollte sich um ein Verständnis der Leerheit bemühen. Wer es versucht, hat gute Chancen – denn schließlich sind die Darlegungen sehr klar. Und falls es uns bis zum Ende unseres Lebens nicht gelingt, die Erkenntnis zu erlangen, so gibt es dann keinerlei Grund zur Reue. Man hat keinesfalls seine Zeit vergeudet, wenn man sich um diese Verwirklichung bemühte, sie aber nicht erreicht.

## VORAUSSETZUNGEN FÜR EINE ERFOLGREICHE MEDITATION ÜBER LEERHEIT

Vielleicht entsteht jetzt die Frage: »Wie steht es mit der Meditation über Bodhicitta und Entsagung? Außerdem gibt es verschiedene Klausuren, die man durchführen könnte. Sind diese Dinge nicht auch sinnvoll?« Natürlich sind sie sinnvoll. Meditieren wir beispielsweise über Bodhicitta, so sammeln wir damit sehr viel Verdienst an, selbst wenn wir nicht in der Lage sind, es in unserem Kontinuum hervorzubringen. Und schließlich wird es immer leichter, die Leerheit zu verwirklichen, je mehr Verdienst wir besitzen. Einer verdienstlosen Person kommt die Leerheit nicht einmal in den Sinn.

Damit aus dem Samen der Befreiung schließlich die Verwirklichung der Leerheit hervorgeht, muss man störende Bedingungen beseitigen und günstige Bedingungen ansammeln. Es ist wie bei einem Pflanzensamen: Man muss die Erde von Steinen befreien und braucht unterstützende Bedingungen wie Feuchtigkeit, Wärme, Dünger und dergleichen. Wollen wir die Pflanze der Verwirklichung der Leerheit züchten, so sollten wir gleichermaßen vorgehen: Es bedarf der Läuterung, die wir mithilfe der Vajrasattva-Meditation oder irgendeiner anderen, mit Mantrarezitation verbundenen Übung durchführen können. Zudem brauchen wir noch den günstigen Umstand der Verdienstansammlung, welche sich mittels der siebengliedrigen Übung, durch das Darbringen von Mandala-Gaben oder Niederwerfungen oder durch irgendeine andere, mit Rezitationen verbundene Praxis bewerkstelligen lässt. Es hängt von unserer Motivation ab, ob solche Übungen vor allem der Ansammlung von Verdienst oder der Reinigung dienen. In jedem Fall aber lassen sich die Verwirklichungen nur dann erreichen, wenn hinderliche Umstände bereinigt und günstige Bedingungen geschaffen werden.

## WIE MAN MIT DER MEDITATION BEGINNT

Bei der Meditation über die Leerheit führen wir uns die Tatsache vor Augen, dass nichts wahrhaft existiert. Wird uns dieses Faktum unklar, so sollten wir darüber nachdenken, wie alles in Abhängigkeit entsteht. Auf der Basis dieser Überlegungen gehen wir dann wieder zurück zur Gewissheit, dass es nichts gibt, was nicht leer von Selbstexistenz wäre. Auf diese Weise pendeln wir zwischen der Leerheit und dem Abhängigen Entstehen hin und her.

Vielleicht denken wir nun, nachdem wir dies gehört haben: »Das ist nichts Besonderes, da gibt es nicht viel zu verstehen.« Es ist tatsächlich so, dass alles recht einfach wird, wenn man die Kernpunkte verstanden hat. Wenn man jemanden umbringen will und genau weiß, an welchem empfindlichen Punkt man ihn treffen muss, gelingt es leicht. Hat man dagegen keine Ahnung, wo dieser Punkt liegt, so beginnt man vielleicht damit, der Person die Haare abzuschneiden oder die Nase – was natürlich nicht die gewünschte Wirkung hat. Genauso ist es mit der Leerheit: Durch ein Verständnis der zentralen Aussage wird alles recht einfach. Wir müssen vor allem erkennen, wem dieses Verständnis schadet. Es schadet dem nach einem Selbst greifenden Bewusstsein, dem die Dinge so erscheinen, als existierten sie von ihrer eigenen Seite her, und das diese Dinge dann auch so erfasst, wie sie erscheinen. Dieses Bewusstsein ist falsch, und es ist die Wurzel des Daseinskreislaufs.

Manch einer meditiert sehr ausführlich über die Leerheit, andere tun dies nicht so ausführlich – das Wichtigste dabei ist aber, dass die Meditation korrekt ist. Man denkt darüber nach, dass alles leer ist und daher auch abhängig entstanden. Dann führt man sich vor Augen, dass alles abhängig entstanden und deshalb auch leer von Selbstexistenz ist – man denkt immer wieder abwechselnd über diese beiden Tatsachen nach. Wir sollten also nicht nur denken: »Alles ist leer«, sondern uns wiederholt klarmachen, dass Leerheit »leer von Selbstexistenz« bedeutet. Und warum sind die Phänomene leer von Selbstexistenz? Weil sie in Abhängigkeit entstehen.

Manchmal können wir diese Argumentation auf die negativen Handlungen beziehen, die wir in der Vergangenheit ausgeführt haben. Seit anfangsloser Zeit wandern wir im Daseinskreislauf umher, und es gibt keine Art von negativem Karma, die wir noch nicht geschaffen hätten; wir können sogar ziemlich sicher sein, dass wir auch die karmischen Samen der fünf besonders schrecklichen Vergehen in uns tragen. Also sagen wir uns: Die negativen Handlungen sind leer, weil sie Abhängig Entstehende sind. Was in Abhängigkeit entsteht, kann nicht unabhängig sein, daher ist es leer.

Vielleicht könnte einem nun der Gedanke kommen: »Wie kommt es, dass diese Art von Meditation solch eine kraftvolle Reinigung bewirkt?« Dies wird verständlich, wenn wir bedenken, dass das nach wahrer Existenz greifende Bewusstsein, Anhaftung, Hass und die anderen Geistesplagen nicht in die Natur des Geistes eingegangen sind, sondern diese nur kurzfristig verdecken. Die Natur des Geistes ist Klarheit und Licht, die Geistesschleier sind nur vorübergehend vorhanden. Es ist so, als würden wir in den blauen Himmel hinaufsehen. Die

Natur des blauen Himmelsraumes kann manchmal von den Wolken verdunkelt werden, die ihn bedecken und aus denen ab und zu Regen fällt. Doch all das ändert die eigentliche Natur des Himmels nicht – sie bleibt raumgleich. Tritt die eigentliche Natur des Himmels hervor, so sind all die Wolken verschwunden, die Regen, Hagel und so weiter bewirken. Hier zeigt sich ebenfalls eine Parallele zum Geist: Wird man sich seiner Natur bewusst, so verschwinden die vorübergehenden Geistesschleier. Der Geist ist von der Natur des Klaren Lichts, der Leerheit. Meditieren wir darüber, dass die Natur des Geistes Leerheit ist, so erkennen wir diese wahre Natur – dann verschwinden die Täuschungen, wie das nach wahrer Existenz greifende Bewusstsein und so weiter und mit diesen auch die Fehler, die sie normalerweise hervorbringen.

Wenn wir über Leerheit meditieren, reflektieren wir die Tatsache, dass nichts selbstexistent ist, während das nach wahrer Existenz greifende Bewusstsein, die Wurzel aller anderen Geistesplagen, sein Objekt als selbstexistent auffasst. Man schließt, dass dieses nach wahrer Existenz greifende Bewusstsein selbst sowie all das, was es bewirkt, falsch sind. Sieht man die tatsächliche Existenzweise der Phänomene, so ist man befreit. Sieht man, dass allen Phänomenen die Selbstexistenz fehlt, erkennt man gleichzeitig, dass jedes Bewusstsein, welches etwas anderes wahrnimmt, vollkommen falsch ist und befreit sich so von diesen Bewusstseinsarten.

## KÖNIG DER LOGISCHEN BEGRÜNDUNGEN

Die Begründung, die Leerheit beweist, ist das Abhängige Entstehen. Wir sagen beispielsweise in der Logik: »Das Subjekt (der Debattiergegenstand), die fünf Aggregate, ist leer von Selbstexistenz, da es in Abhängigkeit entsteht.« Abhängiges Entstehen wird auch »königliche Begründung« genannt, weil in ihr alles vollständig vorhanden ist: Die Grundlage, nämlich die beiden Wahrheiten, der Pfad, nämlich Methode und Weisheit, und das Resultat, nämlich die beiden Kayas. Wie kommen wir zu den beiden Wahrheiten? Das Prädikat »leer« führt zur konventionellen Wahrheit, und wenn wir über Abhängiges Entstehen sprechen, so weist dies auf die letztendliche Wahrheit hin. Bezogen auf den Pfad können wir die Weisheit, die das Abhängige Entstehen erkennt, der Methoden-Seite zuordnen, während die Weisheit, die die Leerheit versteht, der Weisheits-Seite angehört. Die Weisheit, die die konventionelle Wahrheit erkennt, ist die Methode zur Erkenntnis der letztendlichen Wahrheit. Wie funktioniert das? Indem wir sagen: »Ein Phänomen ist leer, weil es ein Abhängig Entstehendes ist.«

Die Verbindung zu den beiden Kayas wird folgendermaßen hergestellt: Die Erkenntnis der konventionellen Wahrheit gehört zur Ansammlung von Verdienst, die Erkenntnis der letztendlichen Wahrheit gehört dagegen zur Ansammlung von Weisheit. Die beiden Ansammlungen bringen die beiden Kayas hervor. Wenn wir uns auf die königliche Begründung stützen, können wir also die beiden Wahrheiten erkennen, welche einen Bezug zur Basis haben, Methode und Weisheit verwirklichen, welche einen Bezug zum Pfad haben, und die beiden Kayas hervorbringen, die einen Bezug zum Resultat haben.

Abhängiges Entstehen wird außerdem als königliche Begründung bezeichnet, weil man mit ihrer Hilfe die beiden extremen Einstellungen – Eternalismus und Nihilismus – beseitigen kann und zwar mit einem einzigen Syllogismus. In dem Beweissatz »Das Phänomen ist leer, weil es in Abhängigkeit besteht«, beseitigt »leer« die falsche Vorstellung von wahrer Existenz und damit die eternalistische Einstellung. Die Begründung »abhängig entstehend« weist darauf hin, dass etwas existiert, indem es sich auf anderes stützt. Das beseitigt die nihilistische Einstellung, nämlich die Vorstellung, das Subjekt, auf das sich der Syllogismus bezieht, sei nicht-existent. Indem wir sagen, etwas existiere in Abhängigkeit, widerlegen wir dessen Nicht-Existenz.

Alle philosophischen Systeme stimmen darin überein, dass die Erscheinungen, d. h. das abhängige Entstehen, die extreme Haltung des Nihilismus widerlegen und die Leerheit die extreme Haltung des Eternalismus. Im Prasangika-System wird zudem – und das ist einzigartig – erklärt, dass das abhängige Entstehen auch die eternalistische Haltung negiert und Leerheit auch den Nihilismus. Wie funktioniert das? Wenn wir über Existenz sprechen, so gibt es im Allgemeinen zwei Möglichkeiten, nämlich absolute Existenz und konventionelle Existenz. Indem wir etwas als konventionell existent bezeichnen, negieren wir die absolute Existenz dieser Sache, also die extreme Haltung des Eternalismus. Wenn wir also sagen, dass etwas »keine wahre Existenz besitzt«, so beseitigt das Prädikat aber nicht nur den Eternalismus, sondern auch den Nihilismus. Indem wir von der Leerheit von »wahrer Existenz« sprechen, weisen wir gleichzeitig auf die konventionelle Existenz einer Sache hin – ansonsten könnten wir ja auch einfach sagen: »Die Aggregate existieren nicht, weil sie in Abhängigkeit entstehen.« Wir negieren keinesfalls die Existenz der Phänomene, sondern nur deren wahre Existenz. Aus diesen Gründen sagen wir, dass das Zeichen »abhängiges Entstehen« und das Prädikat »leer« gleichermaßen beide extreme Haltungen beseitigen.

## Blosse Namen

Wenn wir davon sprechen, dass alles leer ist, weil es in Abhängigkeit entsteht, so beinhaltet das die Vorstellung, dass alles bloßer Name ist, bloße Benennung, bloße Zuschreibung durch ein begriffliches Bewusstsein. »Bloß« negiert hier die Selbstexistenz. Wir können verschiedenen Argumentationssträngen folgen: Im Allgemeinen können wir sagen, dass dies oder jenes Objekt leer von Selbstexistenz sei, weil es abhängig entstanden ist. Dann wieder könnten wir sagen: »Das Objekt ist bloßer Name, bloße Benennung, eine bloße Zuschreibung durch ein begriffliches Bewusstsein.« Nachdem wir das eine Weile reflektiert haben, können wir wieder zu dem Gedanken zurückkehren, dass alles leer von wahrer Existenz ist. Dass alles bloß benannt ist, lässt sich anhand des bereits zuvor erwähnten Beispiels des Präsidenten verdeutlichen. Bevor die Person »Präsident« genannt wurde, war sie nicht Präsident. Dieses Prinzip lässt sich auf alles anwenden.

Diese Argumentationen sollen allesamt die Selbstexistenz widerlegen. Doch manchmal kommt uns vielleicht in den Sinn:

»Die Dinge wirken aber doch so selbstexistent – sie sollten auch selbstexistent sein.« In diesem Fall wäre zu entgegnen: »Wenn sie selbstexistent wären, sollten sie auffindbar sein. Wenn man in der Basis der Zuschreibung eines Phänomens nach etwas Selbstexistentem sucht, dann sollte da etwas zu finden sein.« Gelingt es uns aber nicht, etwas in dieser Basis zu finden, so müssen wir schließen, dass es dort nichts Selbstexistentes gibt.

Vollziehen wir das an einem Beispiel nach: Wenn wir diese Uhr betrachten, so erscheint sie uns als etwas Selbstexistentes. Nun behalten wir dieses Bild der selbstexistenten Uhr im Geist und suchen es in der Basis der Zuschreibung – nämlich in allen Teilen der Uhr. Die selbstexistente Uhr ist nirgendwo in den Teilen zu finden. Selbst wenn wir alle Teile, einen nach dem anderen, untersuchen, lässt sie sich nicht aufspüren. Nach einer gewissen Zeit, wenn wir überall gesucht haben, verlieren wir diese selbstexistente Uhr, und uns erscheint nur noch Leerheit. So können wir uns der Erkenntnis der Leerheit annähern.

## Gefahren bei der Meditation über Leerheit

Allgemein gesprochen existiert alles in Abhängigkeit von Ursachen und Bedingungen. Auch wenn man innerhalb ihrer Teile nur nach der Uhr sucht – also nicht einmal nach der selbstexistenten Uhr –, kann man sie nicht finden. Man sollte aber nicht den Schluss ziehen, dass die Uhr nicht existiert, bloß weil sie durch Analyse nicht festgestellt wird. Die Uhr wird ohne Analyse als abhängig Entstehendes festgestellt. Es ist wahr, dass man die Uhr nicht findet, wenn man in ihren Teilen nach ihr sucht. Aber so analysiert man nicht die Leerheit. Bei der Meditation über die Leerheit sucht man in der Benennungsgrundlage schließlich nicht nach einem konventionell existierenden Objekt. Würde man das tun und dann zu dem Schluss kommen, dass dieses konventionelle Objekt nicht existiert, so würde man einen großen Fehler machen. Die Meditation über die Leerheit bedeutet:

- Erkennen, dass das Objekt so erscheint, als würde es von seiner eigenen Seite her existieren.

- Dieses als selbstexistent erscheinende Objekt in der Basis der Zuschreibung suchen.
- Wenn es nicht zu finden ist, den Schluss ziehen, dass es nicht existiert.

Es heißt, wenn man Leerheit falsch verstehe, könne das den Ruin bedeuten – so als würde man eine Giftschlange falsch anpacken. Hält man eine Schlange falsch, so kann sie einen beißen. Das Gift kommt dann in den Blutstrom, verteilt sich vom Scheitel bis zur Sohle, und es besteht die Gefahr, dass man daran stirbt.

Versteht man die Leerheit dagegen richtig, so kann man sehr davon profitieren. Auch das kann man anhand der Giftschlange illustrieren: Es heißt, wenn man eine Schlange ärgere, würde sich ihr Gift im Kopf oder im Schwanz sammeln. Fängt man die Schlange dann und verwertet den Rest ihres Körpers, so kann man darin eine sehr wirkungsvolle Medizin finden, die viele Krankheiten heilen kann. Packt man die Schlange also richtig, so führt das zu etwas Nützlichem.

Die Gefahr bei der Meditation über die Leerheit ist, dass man fälschlicherweise denken könnte, nichts würde existieren. Sucht man in der Basis der Zuschreibung einfach nach der Uhr, ohne sie mit dem Merkmal »wahre Existenz« in Verbindung zu bringen, und schließt dann aus dem Nicht-Finden dieser Uhr, dass sie nicht existiert, so wäre das ein falscher Schluss.

Diese Gefahr besteht auch, wenn man in der Basis seiner Zuschreibung nach Karma sucht – natürlich findet man es dort nicht. Bei der Zuflucht ergeht es einem genauso. Der Fehler wird dabei bereits am Anfang gemacht, wenn man sich entscheidet, Karma oder Zuflucht in deren Basis der Zuschreibung zu suchen – das kann zu falschen Schlüssen führen. Führt unser Verständnis der Leerheit uns dahin, dass wir nicht mehr an Karma, Zuflucht und dergleichen festhalten können, so weist das auf dessen Fehlerhaftigkeit hin. Wir müssen begreifen: Die Dinge sind leer und existieren gleichzeitig nominell; damit vermeiden wir die Falle, konventionelle Phänomene zu negieren. Unser Verständnis der Leerheit muss so sein, dass es unserem Verständnis von Karma – welches einer Widerspiegelung gleicht – keinen Abbruch tut. Eine Widerspiegelung existiert nicht so wie sie erscheint. Auch Karma erscheint als etwas wahrhaft Existentes, ist aber tatsächlich leer von wahrer Existenz. Und trotzdem funktioniert Karma auf konventioneller Ebene. Obwohl Karma nicht so existiert, wie es erscheint, bringen heilsame Handlungen angenehme Auswirkungen hervor, und unheilsame Taten ziehen unangenehme Resultate nach sich. Die Widerspiegelung eines Gesichts erscheint wie ein Gesicht, ist aber keines. Kein einziger Teil dieser Widerspiegelung ist ein Gesicht, und doch lassen sich in Bezug auf das Gesicht im Spiegel Handelnder, Handlung und Objekt unterscheiden. Man kann beispielsweise in den Spiegel schauen und in Abhängigkeit von der Widerspiegelung Schmutz im eigenen Gesicht entdecken und ihn beseitigen. Lama Tsongkhapa sagte, das Beispiel des Gesichts im Spiegel sei am besten geeignet zu verdeutlichen, dass die Dinge zwar nicht wahrhaft existent sind – obwohl sie so erscheinen –, dass dies aber nicht bedeutet, dass Handelnder, Handlung und Objekt in diesem Rahmen nicht funktionieren. Ich rate euch, eingehend über dieses Beispiel nachzudenken. Geht nicht einfach darüber hinweg – es ist sehr wichtig!

Aryadeva sagt in *Vierhundert Verse*: Wenn jemand die Leerheit dahingehend falsch versteht, dass er auf die Nicht-Existenz der Dinge schließt, so führt dies zu einer Wiedergeburt in den niederen Bereichen. Begreift man dagegen die wahre Bedeutung der Leerheit, nämlich dass die Dinge in Abhängigkeit entstehen, so kann man dadurch die Befreiung erlangen. Begreift man, dass die Dinge leer von natürlicher Existenz, wahrer Existenz, Selbstexistenz sind und doch konventionell, als Abhängig Entstehende existieren – funktioniert die Meditation sehr gut. Acharya Nagarjuna sagt in seiner Schrift *Wurzel der Weisheit*, wenn man verstünde, dass alles leer ist und gleichzeitig Handelnder, Handlung und Objekt funktionieren, so sei das etwas ganz Besonderes, das man unbedingt loben sollte. Solch ein Verständnis mache die Person, die es besitzt, zu einer Kostbarkeit.

Es gibt Menschen, die sehr fest an wahre Existenz glauben, zum Beispiel die Anhänger der Vaibhasika- und der Sautrantika-Schulen. Auch die Anhänger der Cittamatra-Schule behaupten, manche Phänomene seien wahrhaft existent. Zur Zeit könnten sie es nicht akzeptieren, wenn man ihnen erklären würde, dass nichts wahrhaft existiert – deshalb besteht man nicht darauf. Unter Beachtung ihrer verschiedenen Interessen, Neigungen, Wertvorstellungen und dergleichen lässt man ihnen ihre Vorstellungen und erklärt solche Themen wie Karma und Zufluchtnahme auf dieser Grundlage. Praktizieren diese Menschen dann die Dinge auf korrekte Weise, sammeln sie damit Verdienst an, ihr Geist verändert sich, und sie werden zu geeigneten Gefäßen für die Leerheits-Lehren. Wenn Menschen die Vorstellung von Nicht-Selbstexistenz im Augenblick nicht akzeptieren können, so heißt das somit nicht, dass es keinen Weg zur Erleuchtung für sie gibt.

Den Menschen, die Interesse und Wertschätzung für diese Vorstellung besitzen, aber sie noch nicht verstanden haben, sollte man die Leerheit auf eine Weise erklären, die ihrem Verständnis der konventionellen Existenz der Dinge nicht schadet. Man sollte das Abhängige Entstehen als Begründung für die Leerheit anführen; damit vermeidet man alle Gefahren für Lehrer und Zuhörer, und beide tragen großen Nutzen davon.

VERDIENSTANSAMMLUNG MITTELS DER LEERHEITS-
MEDITATION

Stellen wir uns einen weniger geschickten Bodhisattva vor, der nicht verstehen kann, wie alles leer von Selbstexistenz ist. Solch eine Person sammelt ungeheuer viel Verdienst an, wenn sie Hunderttausende Äonen lang die ersten fünf Paramitas übt. Würde sie aber den Lehren über Nicht-Selbstexistenz zuhören, so würde sie noch viel mehr Verdienst ansammeln, selbst wenn sie dabei Zweifel hätte. Hätte sie dagegen keinen Zweifel, wäre die Verdienstansammlung noch wesentlich umfangreicher. Ein Äon ist eine sehr lange Zeit, doch hier sprechen wir nicht nur von einem Äon, sondern von Hunderttausenden. Das Verdienst, das durch die Praxis von Großzügigkeit Geduld, Ethik, Begeisterung und Sammlung in solch einer langen Zeit angesammelt wird, ist unvorstellbar groß. Doch bereits der mit Zweifeln vermischte Gedanke: »Wahrscheinlich sind die Dinge leer von wahrer Existenz«, schafft mehr Verdienst. Und wenn jemand denkt: »Zweifelsohne sind die Dinge frei von wahrer Existenz«, dann ist das Verdienst natürlich noch um ein Vielfaches größer.

Im so genannten *Diamantenschneider-Sutra* kommt eine Geschichte vor, in der der Ausdruck »wie die Sandkörner des Ganges« erwähnt wird, um eine große Anzahl zum Ausdruck zu bringen. Eigentlich sind hier die Wassermoleküle des Ganges gemeint, und wenn man bedenkt, dass der Ganges vom Himalaja bis in die bengalische Bucht hinein fließt und viele Seitenarme hat, so weiß man, dass es unvorstellbar viele davon gibt. Nun können wir uns ausmalen, dass es so viele Flüsse gäbe, wie es Moleküle gibt – und wie viele Moleküle wiederum darin wären.

In der besagten Geschichte sagt Buddha zu einem Schüler namens Rabchö: »Würde nun ein Mann oder eine Frau eine diesen Molekülen entsprechende Anzahl von Welten mit den sieben kostbaren Substanzen füllen, so wäre das eine unvorstellbar große Opfergabe, durch die man eine riesige Menge von Verdienst ansammeln würde. Doch noch mehr Verdienst entstünde, wenn jemand den Lehren über die Leerheit von Selbstexistenz zuhört oder sie korrekt erklärt.« Hier wird deutlich, wie wertvoll diese Unterweisungen sind. Im Allgemeinen halten wir es für lohnenswert, in eine Fabrik zu gehen und eine Menge Geld zu verdienen. Doch das ist nichts im Vergleich zu dem Nutzen, der aus dem Studium oder Weitergeben dieser Lehren entspringt. Wenn wir deren große Nützlichkeit verstehen, werden wir viel Freude bei der Praxis empfinden, wir entwickeln Vertrauen und die nötige geistige Kraft, um die Übungen aufzunehmen.

## LEERHEITSMEDITATION ALS REINIGUNGSÜBUNG

Es heißt, selbst eine Person, die alle zehn unheilsamen Handlungen[11] begangen habe, könne eine Wiedergeburt in den niederen Bereichen als Resultat dieses Tuns vermeiden, wenn sie über die Leerheit von Selbstexistenz meditiert und damit das heranreifende Resultat bereinigt. Bei diesen zehn unheilsamen Handlungen handelt es sich um Dinge, die man unbedingt vermeiden sollte. Wenn wir untersuchen, woraus sie entstehen, so erkennen wir, dass sie von den Geistesplagen kommen – wobei das nach einem Selbst greifende Bewusstsein wiederum an der Wurzel aller Geistesplagen steht. Wenn ihr über die Leerheit von Selbstexistenz meditiert, wird folglich die Wurzel all dieser negativen Handlungen beschädigt – so als würden wir einen Stromgenerator abstellen: Ist dieser einmal abgestellt, so funktionieren all die Dinge nicht mehr, die er versorgte. Die Wurzel des Daseinskreislaufs zu beschädigen, gleicht dem Abstellen des Generators.

Im Zusammenhang mit der Tatsache, dass die Leerheit von Selbstexistenz aller Dinge schon immer existierte und nichts Geschaffenes ist, sprechen wir auch von »ursprünglicher Reinheit« oder »rein vom Buchstaben A an«. Es bedeutet, dass die Dinge schon immer leer von Selbstexistenz waren, wir es aber bisher nicht erkennen konnten. Hören wir dann die Erklärungen über die Leerheit, so eröffnet sich uns etwas, was schon immer vorhanden war.

Der König Magheda hatte seinen Vater umgebracht, eine Tat, die den fünf besonders schrecklichen Vergehen zugerechnet wird. Begeht man eine solche Handlung, so fährt man normalerweise sofort nach dem Tod in die Hölle unaufhörlicher Qualen hinab. Dieser König aber lauschte den Unterweisungen über die Leerheit, meditierte darüber und war so in der Lage, selbst dieses äußerst negative Karma zu bereinigen. Wenn nun die Meditation über die Leerheit selbst solch schweres negatives Karma bereinigen kann, so kann sie natürlich auch andere Fehler bereinigen, die wir begangen haben.

Denken wir auf diese Weise über die Nützlichkeit der Meditation über die Leerheit nach, so sehen wir, dass es viele gute Gründe gibt, froh darüber zu sein, diesen Lehren zuhören zu können. Allerdings müssen Lehrer und Schüler eine reine Motivation haben, um in den Genuss aller Vorteile zu kommen. Ist die Motivation nicht rein, können sogar viele Nachteile entstehen, und zuvor erzeugtes heilsames Karma wird wieder zunichte gemacht. Was verstehen wir unter »unreiner Motivation«? Es wäre beispielsweise nicht richtig, wenn Lehrer oder Schüler die Unterweisungen geben oder ihnen beiwohnen, um sich damit einen guten Ruf zu erwerben, Gaben zu erhalten und dergleichen. Zudem sollten die Lehren selbst hundertprozentig auf den Schriften basieren; niemand sollte sie verändert haben, um sie den Zuhörern schmackhafter zu machen.

Die rechte Motivation stellt sich ein, nachdem man all die verschiedenen Arten von Leiden betrachtet hat, erkannt hat, dass sie allesamt auf dem nach einem Selbst greifenden Geist beruhen und auf dieser Grundlage den starken Wunsch entwickelt hat, sich davon zu befreien. Wir sollten folglich über den Nutzen der Leerheitsmeditation nachdenken und uns klarmachen, dass wir eine gute Motivation brauchen, um in den Genuss aller Vorteile zu kommen. Kommt der Gedanken, dass wir uns unbedingt von dem nach einem Selbst greifenden Geist befreien müssen, weil dieser die Wurzel allen Leidens ist, so ist das die richtige Grundlage für unsere Meditation.

Nun wissen wir, wie man über die Leerheit meditiert, aber dieses Wissen allein genügt nicht. Wie Milarepa schon sagte: Es ist so, als wisse man, wie man kocht. Natürlich ist es schon besser, wenn man weiß, wie man kocht, als wenn man es nicht weiß. Doch die Kenntnisse allein genügen nicht; will man in den Genuss dieses Wissens, nämlich eines vollen Magens, kommen, so muss man auch tatsächlich kochen.

## WIE DIE LEERHEITSMEDITATION HILFT, ANDERE ÜBUNGEN WERTZUSCHÄTZEN

Wenn wir bei unserer Meditation über die Leerheit bemerken, dass auch unsere Wertschätzung der konventionellen Wahrheit und damit der Praxis der ersten fünf Paramitas wie Ethik, Geduld und dergleichen anwächst, so ist das ein Zeichen, dass diese Meditation Wirkung zeigt.

Der Wert der die Selbstlosigkeit erkennenden Weisheit, der sechsten Paramita, lässt sich an folgendem Beispiel verdeutlichen: Stellen wir uns eine nach Norden ausgerichtete Höhle tief in der Erde vor, zu der viele Äonen lang keinerlei Licht vorgedrungen ist. Doch ganz gleich, wie lange dort Dunkelheit geherrscht hat: Sobald man mit einem Licht in die Höhle geht, ist sie vertrieben. Gleichermaßen kann das Weisheitslicht das Greifen nach wahrer Existenz in unserem Geist vertreiben und das vom nach einem Selbst greifenden Geist erfasste Objekt negieren, das viele Äonen lang in unserem Kontinuum vorhanden war.

Doch warum bringt uns die Meditation über die Leerheit dazu, auch die anderen fünf Paramitas wertzuschätzen? Warum sind diese so kostbar? Wenn ihr über Leerheit meditiert und dabei die Leerheit verwirklicht, so heißt das nicht, dass ihr sofort jegliches Greifen nach wahrer Existenz und alle Geistesplagen in eurem Geist beseitigt habt. Wenn am Anfang des Monats[12] die erste schmale Mondsichel sichtbar wird, so ist damit auch noch nicht die gesamte Dunkelheit des Mondes vertrieben. Auch hier findet ein gradueller Prozess statt: Während die Mondsichel immer breiter wird, nimmt die Dunkelheit immer mehr ab. Durch ein kontinuierliches Sich-Vertrautmachen mit der Weisheit, die die Leerheit versteht, werden die Geistesschleier allmählich beseitigt.

Die Hindernisse der Leidenschaften sind von zweierlei Art: intellektuell erworben und angeboren. Mit dem Erreichen des Pfads des Sehens und dem Durchschreiten seiner sechzehn Stufen werden allmählich die intellektuell erworbenen Hindernisse beseitigt. Was das Greifen nach wahrer Existenz betrifft, so handelt es sich dabei um ein Bewusstsein, das ohne jeden Zweifel denkt, dass alles wahrhaft existent ist.

Auf dem Pfad der Meditation werden dann die angeborenen Hindernisse der Leidenschaften überwunden. Dabei handelt es sich um eine schwächere Form des Greifens nach wahrer Existenz: ein Bewusstsein, das die Phänomene nicht ganz eindeutig für wahrhaft existent hält. Wenn wir die Bodhisattva-Stufen betrachten, so werden die beiden Arten von Hindernissen der Leidenschaften auf den ersten sieben Stufen beseitigt, während man auf der achten, neunten und zehnten Stufe die übrigen zu beseitigenden Bewusstseinszustände überwindet, nämlich die Hindernisse vor dem Wissen. Dabei handelt es sich um Befleckungen, die von den Hindernissen der Leidenschaft im Geist hinterlassen wurden und dort bleiben, auch wenn die Ersteren bereits vollständig getilgt sind. All dies dauert außerordentlich lange. Man muss sich viele Leben lang mit den Meditationen vertraut machen.

Wenn wir keine Großzügigkeit üben, bleiben wir in künftigen Leben arm, selbst wenn wir beispielsweise als ranghoher Mensch geboren werden. In diesem Fall müssten wir unsere Zeit damit verbringen, unseren Lebensunterhalt zu verdienen und hätten keine Zeit, über Leerheit zu meditieren. Daraus folgt: Hält man die Meditation über Leerheit für wichtig, so sollte man auch die Praxis der Großzügigkeit wichtig nehmen. Das Gleiche gilt für die Übung der Ethik: Ethik bedeutet, dass wir Unheilsames vermeiden, indem wir beispielsweise unsere Pratimoksha-, Bodhisattva- und tantrischen Gelübde einhalten. Im Allgemeinen heißt es, die Übung der Ethik sei die wesentliche Ursache für eine Geburt als Mensch oder Gott. Hätten wir uns nicht ethisch verhalten, wären wir nicht als Menschen geboren worden, und für unsere Leerheitspraxis wäre das katastrophal gewesen. Vernachlässigt man die Übung der Geduld, so hat man in seinem nächsten Leben keine angenehme Erscheinung. Ein hässliches Äußeres, das die Menschen als unangenehm empfinden, bringt viele Nachteile mit sich. Dies ist einer der Gründe für die enorme Bedeutung der Übung der Geduld. Mit der Übung der Begeisterung verhält es sich ähnlich. Begeisterung ist der Geistesfaktor, der uns veranlasst, die Dinge zu Ende zu bringen, statt auf halbem Wege schlapp zu machen – daher ist sie ausgesprochen wichtig. Sind wir nicht in der Lage mit einsgerichteter Sammlung zu meditieren, wenn wir unseren Geist auf die Leerheit ausrichten, wird unsere Übung weit weniger nützlich – daher ist auch die Praxis der Sammlung sehr bedeutsam.

Hat man einmal die Wichtigkeit der Leerheitsmeditation erkannt und begonnen, sie stetig zu üben, so entsteht nach einer Weile ganz spontan das Gefühl, dass es unbedingt notwendig ist, auch die anderen Paramitas zu üben. Es heißt: Wenn eine Person ein gutes Verständnis von Leerheit und Abhängigem Entstehen hat und den Pfad des Mittleren Weges kennt, der frei von jeglicher extremer Geisteshaltung ist, und dann stirbt, ohne dazu gekommen zu sein, das zu praktizieren, was sie weiß, so gleicht sie einer Person, die von köstlichen Speisen umgeben ist, aber doch vor Hunger stirbt. Wir müssen diese Dinge praktizieren, ein rein intellektuelles Verständnis genügt nicht!

Wir denken vielleicht: Natürlich ist alles leer, und nichts ist selbstexistent, worüber sollte man da noch meditieren? So zu denken, ist ein großer Fehler. Man muss sich immer wieder mit dieser Erkenntnis vertraut machen, sonst ist es so, als hätte man einen Edelstein in der Hand und würde ihn nicht gebrauchen, weil man sich seiner Kostbarkeit nicht bewusst ist. Zur Zeit besitzen wir die notwendige Intelligenz, um zwischen Gut und Schlecht, Richtig und Falsch unterscheiden zu können, und haben zudem diesen fehlerfreien Pfad gefunden. Würden wir diese Gelegenheit verschleudern, würden wir damit ein großes Hindernis schaffen.

## Die Identifikation des Objekts der Negation

Wir sagen, alles sei leer und selbstlos. Das hört sich so an, als würden wir sagen, es gäbe kein Selbst. Heißt das, dass es keine Person, kein Ich und dergleichen gibt? Nein, wir müssen hier genau unterscheiden. Das Ich, welches das Bezugsobjekt der Sichtweise ist, die die vergängliche Ansammlung für ein wahrhaftes Selbst hält, also des unwissenden Bewusstseins, existiert; es ist das konventionelle Ich. Das erfasste Objekt dieses Bewusstseins, ein Ich, das von seiner eigenen Seite her existiert, existiert dagegen nicht. Dieses letztgenannte Ich ist das Objekt der Negation in der Meditation über die Leerheit der Person.

Das Selbst, auf das sich das nach einem Selbst der Person greifende Bewusstsein bezieht, existiert. Ganz allgemein gesprochen, existiert ein Ich, eine Person. Doch dieses Ich wird als selbstexistent aufgefasst; in der Vorstellung existiert ein aus sich selbst heraus bestehendes Ich, doch dieses gibt es in Wirklichkeit nicht. Die Aussage: »Es gibt kein Selbst«, bedeutet folglich nichts anderes, als dass es kein von seiner eigenen Seite her existierendes Selbst gibt. Das vom nach einen Selbst greifenden Bewusstsein wahrgenommene Selbst ist nicht-existent.

Im Allgemeinen unterscheidet man zwei Arten von Meditation: analytische und stabilisierende. Hier handelt es sich um eine analytische Meditation, bei der man äußerst sorgfältig vorgehen muss. Würde man zu einem falschen Schluss gelangen und dann den Geist einsgerichtet darauf ausrichten, so wäre das ganz und gar nicht gut. Die Identifikation des Objekts, auf das man seine Sammlung richtet, ist ausgesprochen wichtig. Hier geht es darum, Klarheit und Gewissheit in Bezug auf die Tatsache zu erreichen, das es nichts gibt, was von seiner eigenen Seite her existiert. Ist diese Gewissheit einmal erreicht, kann man seinen Geist mit einsgerichteter Sammlung darauf ausrichten.

# Argumentationsstränge zum Nachweis der Leerheit

## Die logische Begründung »eins oder viele«

Neben der »königlichen Begründung« gibt es noch eine andere Begründung zum Nachweis der Nicht-Selbstexistenz: Die Freiheit davon, eins oder viele zu sein. Hier wird die Natur der Phänomene analysiert. Die Person ist auf der Basis der Aggregate bloß benannt. Würde sie so existieren, wie sie dem angeborenen, nach einem Selbst greifenden Geist erscheint und wie sie von diesem Geist erfasst wird, so müsste sie in Bezug zu den Aggregaten existieren, indem sie entweder eins mit ihnen und damit untrennbar von ihnen ist oder verschieden von ihnen. Wäre das Selbst untrennbar eins mit den Aggregaten, so müsste man schließen, dass die Aggregate bereits eine lange Reihe von Leben hinter sich haben, bevor sie in dieses Leben kommen, denn die Person hat schließlich schon eine Serie von Vorleben gehabt. Auch müsste die Person – genau wie die Aggregate dieses Lebens – auf dem Zusammenkommen von Sperma und Ei der Eltern basieren und die Aggregate müssten ins nächste Leben weitergehen, wie das die Person tut.

Im Allgemeinen haben wir fünf Aggregate – nämlich Form, Empfindung, Unterscheidung, Willenskräfte und Bewusstsein – gleichzeitig. Das Form-Aggregat bezieht sich auf unseren physischen Körper, also die Form und Farbe unseres Körpers, die wir als schön oder hässlich bezeichnen. Das Empfindungs-Aggregat umfasst unsere angenehmen, unangenehmen und neutralen Empfindungen. Das Aggregat der Unterscheidung ermöglicht uns, Dinge zu erkennen, so dass wir dies als blau und jenes als gelb bezeichnen können. Immer wenn wir etwas erkennen, so ist das Unterscheidungs-Aggregat in Funktion. Während jedes der ersten drei Aggregate seine spezifische Aufgabe hat, umfasst das Aggregat der Willenskräfte, das auch »Aggregat der zusammengesetzten Phänomene« genannt wird, verschiedene Geistesfaktoren, die die anderen Aggregate unterstützen. Das Bewusstseins-Aggregat besteht aus Primär-Bewusstseinsarten, die die Funktion haben, Objekte individuell zu erfassen. Das dritte und das fünfte Aggregat mögen uns ähnlich erscheinen, doch handelt es sich beim dritten, im Gegensatz zum fünften, um einen Geistesfaktor.

Wir besitzen diese fünf Aggregate gleichzeitig, und wenn das Ich selbstexistent und untrennbar eins mit den Aggregaten wäre, so müssten wir gleichzeitig fünf Selbste haben. Wenn wir einen längeren Zeitraum betrachten, so haben wir natürlich eine Reihe von Selbsten: das von gestern, das von heute und dergleichen. Aber zu einem bestimmten Zeitpunkt haben wir nur eines. In Wirklichkeit ist das konventionelle Ich bloß benannt – auf der Basis der Kontinuität des geistigen Bewusstseins. Anders ausgedrückt: Es ist dem bloßen Ich beigelegt.

Fassen wir die Sache nochmals kurz zusammen: Würde das Ich von seiner eigenen Seite her existieren – so wie es dem angeborenen, nach einem Selbst greifenden Bewusstsein erscheint –, müsste es entweder untrennbar eins mit den Aggregaten oder getrennt von ihnen sein, so dass es keinerlei Beziehung zu ihnen hätte. Bisher haben wir die verschiedenen Konsequenzen der erstgenannten Möglichkeit betrachtet und diese ausgeschlossen.

Tatsache ist, dass die Person getrennt von den Aggregaten besteht, doch ist es keineswegs so, dass sie keine Beziehung zu ihnen hätte. Wäre die Person selbstexistent und verschieden von den Aggregaten, dann müsste sie so verschieden sein, dass sie ganz beziehungslos wäre. Wäre das der Fall, dann müsste das selbstexistente Ich übrig bleiben, wenn man die Aggregate eins nach dem anderen abtrennt. Doch ist es schließlich so, dass wir denken: »Ich habe Schmerzen«, wenn unser Körper schmerzt, und: »Ich bin krank«, wenn unser Körper krank ist – was durchaus seine Richtigkeit hat. Auch wenn der Körper etwas Angenehmes erfährt, denken wir: »Ich erfahre Angenehmes.« Wäre der Körper vollkommen getrennt vom Ich, so könnten wir so etwas nie sagen, denn schließlich bestünde keine Beziehung zwischen Aggregaten und Ich, sie wären getrennt wie Ost und West. Wenn einem der beiden geschadet würde, hätte das keine Auswirkung auf den anderen Faktor. So verhält es sich aber in Wirklichkeit nicht: Wenn wir körperlich krank waren und genesen sind, dann sagen wir:»Mir geht es wieder gut« oder:»Ich bin wieder gesund«. Diese Formulierungen weisen darauf hin, dass Ich und Aggregate eine sehr enge Beziehung zueinander haben, auch wenn sie verschieden sind. Bei einem selbstexistenten und getrennten Ich gäbe es keinerlei solche Beziehung.

Im Allgemeinen wird die Person in Abhängigkeit von den Aggregaten identifiziert; wir können die Person erkennen, weil die Aggregate als ein Objekt unseres Bewusstseins erscheinen. Indem die Aggregate dem Geist erscheinen, erscheint ein bloßes Ich, das als Basis der Benennung»Person« dient. Es ist also nicht so, dass wir die Aggregate»Ich« nennen; die Person wird nicht direkt den Aggregaten zugeschrieben. Vielmehr erscheinen die Aggregate dem Bewusstsein, man hat die Erscheinung des konventionell existierenden Ich, und die Person wird auf dieser Basis benannt.

Alle philosophischen Systeme des Buddhismus mit Ausnahme des Prasangika- Systems gehen davon aus, dass das Ich von seiner eigenen Seite her existiert. Ihnen zufolge ist das Ich einem Faktor innerhalb der Aggregate beigelegt, den man als Person identifizieren kann. Die Svatantrika-, Cittamatra-, Vaibhasika- und Sautrantika-Lehrmeinungen unterscheiden sich darin, was genau innerhalb der Aggregate als Person identifiziert werden kann, doch sie gehen alle davon aus, dass die Person auf der Basis dieses findbaren Faktors zugeschrieben ist. Hier wird etwas als Person bezeichnet, was die Person ist, etwas von seiner eigenen Seite her Existierendes wird»Person« genannt. In der Prasangika-Schule sagt man dagegen, dass die Aggregate die Basis der Benennung der Person sind. Damit wird aber nicht gesagt, das Ich oder die Person sei auf den Aggregaten benannt. Vielmehr wird gesagt, das Ich sei auf dem bloßen Ich benannt – indem die Aggregate als Objekt des Bewusstseins erscheinen.

Die Person erscheint dem angeborenen, nach einem Ich greifenden Bewusstsein so, als würde sie von ihrer eigenen Seite her auf den Aggregaten existieren, sie erscheint als etwas Selbstexistentes auf den Aggregaten. So erscheint sie dem Geist und so wird sie auch vom Geist erfasst. Wenn das Ich von seiner eigenen Seite her existierte, so wie es dem Geist erscheint und von ihm erfasst wird, dann kann es nur entweder eins mit den Aggregaten sein oder getrennt von ihnen existieren. In unserer Meditation denken wir nun darüber nach, welche Fehler sich ergäben, wenn das Ich als etwas von den Aggregaten völlig Getrenntes existieren würde und keine Beziehung zu ihnen hätte oder wenn es völlig eins mit ihnen wäre. Mithilfe dieser Meditation erkennen wir dann, dass es kein selbstexistentes Ich geben kann, das eins mit den Aggregaten ist oder getrennt und verschieden von ihnen ist – die Folgerung aus diesen Überlegungen ist, dass es keinerlei selbstexistentes Ich gibt.

Bei dieser Meditation denken wir manchmal: »Wie würde das Ich existieren, wenn es so existieren würde, wie es dem angeborenen, nach einem Ich greifenden Geist erscheint und von diesem erfasst wird?« Wir führen uns dabei vor Augen, dass etwas Selbstexistentes notwendigerweise vollkommen unabhängig existiert. Da das nicht möglich ist, kann es nichts Selbstexistentes geben.

Wir können auch folgendermaßen analysieren: Würde das Ich so existieren, wie es dem angeborenen, nach einem Ich greifenden Geist erscheint, müsste es entweder eins oder viele sein. Gäbe es ein selbstexistentes Ich, das als eins existiert, so wäre es notwendigerweise monolithisch und hätte keine Teile. Ein solches Ich kann aber nicht existieren, weil es immer aus Teilen besteht. Betrachten wir eine Person, so kann man das Ich dieses Lebens, das Ich des Vorlebens und das Ich des künftigen Lebens unterscheiden – so haben wir schon drei Teile. Auch wenn wir nur dieses Leben in Betracht ziehen, so gibt es das Ich dieses Monats, das ich des letzten Monats und dergleichen. So lässt sich deutlich erkennen, dass es sich nicht um eine ununterteilbare Einheit handelt. Es müsste aber eine solche Einheit sein, wenn es selbstexistent wäre und als eins existierte.

Im nächsten Schritt machen wir uns klar: Diese Folgerung

bedeutet auch, dass es kein selbstexistentes Ich geben kann, das als viele existiert. Kann schon eines nicht bewiesen werden, wie könnte man dann mehr als eines beweisen? Hat man nicht den ersten Baustein, wie könnte man dann einen weiteren dazufügen? Also existiert die Person auch nicht als etwas Selbstexistentes und Mehrfaches.

## DIE LOGISCHE BEGRÜNDUNG: DER ALLWISSENDE GEIST SOLLTE SOLCH EIN OBJEKT ERKENNEN

Wir können auch noch einem weiteren Gedankengang folgen: Würde das Ich so existieren, wie es dem angeborenen, nach einem Ich greifenden Geist erscheint, sollte es von einem Geist erkannt werden, der alle Phänomene sehen kann, wie sie sind. Es sollte dem Geist eines Buddha genauso klar erscheinen, wie uns ein Apfel in unserer Hand erscheint. Der Buddha lehrte jedoch, dass es nichts Selbstexistentes gibt. Wir sind weit davon entfernt zu sehen, wie die Dinge wirklich sind; aber der Buddha ist dazu in der Lage. Es ist so, als würden wir in einer gewissen Entfernung eine Vogelscheuche oder einen Steinhaufen erblicken, die wie ein Mensch aussehen. Wäre es wirklich ein Mensch, so wäre seine Gestalt beim Näherkommen immer deutlicher zu erkennen. Jemand, der direkt daneben steht, sollte ihn dann noch klarer sehen. Die Erleuchteten gleichen der Person, die neben dem vermeintlichen Menschen steht. Uns, die wir weit entfernt sind, erscheinen die Dinge als wären sie selbstexistent, doch wäre das richtig, so sollten diejenigen, die daneben stehen, sie noch deutlicher als selbstexistent erkennen. Diese nehmen sie aber genau gegenteilig wahr, nämlich als nichtselbstexistent.

## WAS TUN, WENN DAS OBJEKT DER NEGATION NICHT DEUT-
## LICH HERVORTRITT?

Manchmal nehmen wir die Erscheinungsweise des selbstexistenten Ichs nicht deutlich wahr. Wir erkennen gar nicht,
dass das Ich uns vorkommt, als bestehe es von seiner eigenen
Seite her. In diesem Fall sollten wir uns vorstellen, dass wir auf
einem schmalen Pfad in der Nähe eines Abgrunds wandern
und uns an den Felsen festhalten müssen, um nicht hinunter
zu fallen. In solch einer Situation kommt uns mit Sicherheit
der Gedanke: »Hilfe, ich könnte abstürzen«, und das Ich erscheint sehr deutlich. Hier tritt eine greifbare Erscheinung eines von seiner eigenen Seite her existierenden Ichs auf, und
der Geist erfasst das Ich auch auf diese Weise.

Eine andere Technik wäre, sich vorzustellen, ihr wäret in
einem Zimmer voller Menschen und jemand würde von außen euren Namen rufen. Ihr antwortet: »Ja, hier bin ich!«, und
in diesem Moment beginnt man, euch anzuklagen. Vor allen
versammelten Menschen bezeichnet man euch als eine ausgesprochen böse Person, die Vater und Mutter umgebracht hat,
ein Dieb ist und so weiter. In diesem Moment denkt ihr mit
Sicherheit: »Ich habe das nicht getan; was sagen diese Leute
nur über mich?« Auch hier entsteht die Erscheinung eines Ich,
das unabhängig von allen Ursachen und Bedingungen existiert,
und euer Geist greift nach diesem Ich.

Haben wir die Erscheinungsweise einmal erkannt, wenden
wir die zuvor beschriebenen Analysen an, um zu beweisen,
dass diese im Widerspruch zur Bestehensweise steht. Man muss
sehr lange über diese Thematik nachdenken, bis man Klarheit
darüber erlangt, denn es wäre schließlich wenig sinnvoll, den
Geist auf das falsche Objekt zu konzentrieren. Beginnen wir
mit der einsgerichteten Meditation über die Leerheit, so sollte
das Objekt sehr klar bestimmt sein. Es wird immer wieder gesagt, dass die Bestimmung des Objekts nicht einfach ist – doch
lohnt sich jeder Aufwand, da es sich hier um eine unentbehrliche Methode zum Durchtrennen der Wurzel des Daseinskreislaufs handelt. Sie ist die Hauptursache dafür, dass die
Lebewesen den Dharmakaya erlangen können. Wir haben be-

reits erwähnt, welch negative Folgen es haben kann, die Leerheit falsch zu verstehen und zu dem Schluss zu kommen, dass nichts existiert. Deshalb ist es ausgesprochen wichtig, von Anfang an darüber nachzudenken, wie alles in Abhängigkeit von anderen Dingen besteht. Wir sollten nicht voreilig zu dem Schluss kommen, dass wir bereits alles verstanden haben und diese Meditationen nicht mehr ausführen müssen: Im Augenblick haben wir nur eine korrekte Annahme. Wir müssen aber eine Gültige Erkenntnis erlangen, die auf einer gültigen Analyse basiert.

## Sich auf die Schriften berufen genügt nicht

Da die Leerheit in den verschiedenen philosophischen Schulen innerhalb des Buddhismus unterschiedlich erklärt wird und diese Erklärungen von verschiedenen Sutren gestützt werden, können wir nicht einfach sagen: »Die Leerheit ist dies und das, weil Buddha sie in diesem Sutra so beschrieben hat.« Es gibt so viele verschiedene Schriften, die unterschiedliche Auffassungen darlegen, da der Buddha eine Vielfalt von Systemen lehrte, um die Wesen allmählich zur Erkenntnis der letztendlichen Wahrheit zu führen. Will man die Leerheit erklären, kann man sich daher nicht nur auf die Schriften berufen, man muss die eigene Position mit logischen Beweisen begründen können. Man darf keine Behauptungen aufstellen, die der Logik widersprechen. Unsere Auffassungen sollten einer intelligent analysierenden Person vernünftig erscheinen. Außerdem sollten unsere Behauptungen nicht im Widerspruch zur direkten Wahrnehmung stehen.

Neben den Sutren gibt es die klärenden Darlegungen von Nagarjuna, Chandrakirti und schließlich Lama Tsongkhapa, die allesamt die logischen Analysen enthalten, mit denen man die Behauptung stützt, dass alles leer ist. Während es also im Allgemeinen nicht ausreichend ist, einfach nur zu sagen, nichts existiere von seiner eigenen Seite her, weil solche Weisen wie Buddha und Nagarjuna es sagen, sollten wir uns doch auf deren Schriften stützen, da sie die einzelnen Schritte erklären, durch die wir uns mittels Logik die rechte Sichtweise selbst begreifbar machen. Dies wird uns schließlich zur direkten Wahrnehmung führen.

## KONVENTIONELLES ICH VOM SELBSTEXISTENTEN ICH UNTERSCHEIDEN

In der Meditation sollten wir stets zwischen dem Nachdenken über das Abhängige Entstehen und über die Leerheit hin- und herwechseln. Nach einer Weile kommt man an einen Punkt, an dem diese beiden Aspekte sehr gut zusammenpassen: Nun erfährt man den wirklichen Geschmack der Leerheit, so als würde man eine köstliche Speise verzehren. Hat man eine Weile auf diese Weise meditiert, nach dem selbstexistenten Ich gesucht und es nicht gefunden, so sinkt der eigene Geist einfach in die Leerheit des Ich. Nun hat man das selbstexistente Ich negiert, aber es scheint so, als hätte man damit auch das konventionell existierende Ich widerlegt, da im Allgemeinen die Erscheinungen dieser beiden vermischt sind. Da sie so vermischt sind, kann es geschehen, dass auch die Erscheinung des konventionell existierenden Ichs aus unserem Geist verschwindet, sobald wir erkennen, dass das selbstexistente Ich nicht existiert, und es deshalb nicht mehr erscheint. So haben auch manche Menschen mit beschränkter Auffassungsgabe Angst, wenn sie die Leerheit erkennen; sie meinen, sie selbst würden dadurch nicht-existent. Darüber gibt es eine Geschichte, aus der Zeit von Lama Tsongkhapa. Dieser lehrte einmal an einem Ort namens Serachüting, wo ihm Tausende zuhörten. Unter den Zuhörern befand sich auch ein Mann namens Sherab Sengye, der der Gründer des Gyumed-Kollegs war. Als Lama Tsongkhapa sprach, fasste er sich plötzlich am Hemdkragen, um sich zu vergewissern, dass er noch existierte – in diesem Moment hatte er die Leerheit erkannt.

Man erkennt also die Leerheit mit einem Gültigen Bewusstsein. Das selbstexistente Ich wird durch ein Gültiges Bewusstsein negiert. Doch weil die Erscheinungen des selbstexistenten Ichs und des konventionell existierenden Ich so stark miteinander vermischt sind, verschwindet auch die Erscheinung des konventionellen Ichs – es wirkt so, als wäre auch dieses von einem Gültigen Bewusstsein negiert worden. Doch selbst wenn das konventionelle Ich dem Bewusstsein nicht mehr erscheint, können wir daraus nicht schließen, dass es nicht existiert.

Wenn wir darüber nachdenken, dass es nichts Selbstexistentes gibt, so können wir das ohne große Schwierigkeiten mit der Abhängigkeit aller Dinge vereinbaren. Wir können leicht einsehen, dass die Dinge nicht aus sich selbst heraus bestehen, doch Karma, Zuflucht und so weiter als Abhängig Entstehende existieren. Aber uns erscheint das nur deshalb so leicht verständlich, weil wir noch nicht tief darüber meditiert haben. Wenn man aufgrund von intensiver Meditation und wiederholtem Nachdenken über alle logischen Schlussfolgerungen die Gewissheit erlangt hat, dass es nichts Selbstexistentes gibt, so soll es – dem Hörensagen nach – sehr schwierig sein, direkt danach die Existenz von konventionellen Phänomenen – Karma, Ursache und Wirkung und dergleichen – nachzuweisen.

Vielleicht denkt ihr folgendermaßen: »Solche Überlegungen sind nur etwas für Meditierende in der Bergeinsamkeit, diese haben nichts anderes zu tun als nachzudenken, sie verbringen ihre Zeit eben auf solch eine Weise. Wir dagegen leben in der Stadt und müssen sehr viel arbeiten; wir haben keine Zeit dafür.« So zu denken ist wirklich falsch. Wir sollten Gebete sprechen, damit wir in der Lage sind, den Rest unseres Lebens damit verbringen zu können, diese Dinge zu kontemplieren.

Manchmal haben wir vielleicht keine Lust mehr, über Leerheit zu meditieren, wir verlieren den Geschmack daran. Sollte das geschehen, denkt einfach über den Nutzen dieser Meditation nach – so wie es in den Schriften beschrieben wird. Dadurch stellt sich neuer Schwung ein, und man kann sich erneut dieser Meditation widmen. Wir sollten unsere Praxis wirklich wertschätzen. Halten wir sie für nicht so bedeutsam und denken, dass es Wichtigeres zu tun gibt, so schadet das unserer Praxis.

Es gibt die Geschichte einer alten Frau, die viele Jahre lang einer Geschäftstätigkeit nachgegangen war. Sie hatte mal mit diesem mal mit jenem gehandelt und versucht, ein wenig Gewinn abzuschöpfen. Als sie schließlich einen gewissen Geldbetrag zusammengespart hatte, spendete sie ihn einer Versammlung von Mönchen, die gerade Unterweisungen von einem Lama erhielten. Der Lama sagte: »Bitte widmet die Verdienste aus der Spende dieser Frau dem Wohlergehen aller Wesen.« Da rief die Frau aus: »Bitte tut das nicht!« Sie hatte das Gefühl, dass man das Verdienst nur ihr widmen sollte, und befürchtete, es bliebe nichts mehr für sie übrig, wenn es allen gewidmet würde. Sie hatte so schwer gearbeitet, um dieses Geld zu verdienen, das Verdienst aus der Gabe erschien ihr als etwas so Kostbares, dass sie den Gedanken nicht ertragen konnte, es einfach so herzuschenken.

Diese Geschichte soll uns zeigen, wie wir unser heilsames Tun betrachten sollten: nämlich als etwas sehr Kostbares und Wertvolles.

## WIE DAS OBJEKT DER NEGATION ERSCHEINT UND WIE ES ERFASST WIRD

Das Ich erscheint dem angeborenen Greifen nach einem Ich als etwas wahrhaft Existentes. Diese Erscheinung wollen wir nicht widerlegen, denn sie existiert ja tatsächlich. Wir widerlegen, dass das Ich so existiert, wie es diesem Bewusstsein erscheint. Veranschaulichen lässt sich das an dem bereits beschriebenen Beispiel unsers Gesichts im Spiegel: Die Widerspiegelung erscheint wie ein tatsächliches Gesicht, doch das entspricht nicht ihrer wirklichen Existenzweise. Auch wenn ein Zauberer Sinnestäuschungen bewirkt, so erscheinen uns Pferde oder Elefanten auf recht eindrückliche Weise real, doch in Wirklichkeit existieren sie nicht so, wie sie erscheinen. Alle diese Dinge existieren nicht wie sie erscheinen, doch die Erscheinung selbst existiert. Auch das Bewusstsein, das nach einem wahrhaft existierenden Ich greift, existiert. Seine Existenz lässt sich mit einem Gültigen Bewusstsein feststellen.

Wir widerlegen auch nicht das Bezugsobjekt des nach einem Ich greifenden Bewusstseins. Dieses Bewusstsein bezieht sich auf das Ich, und das wollen wir schließlich nicht negieren.

Andererseits greift dieses Bewusstsein nach dem Bezugsobjekt als sei es wahrhaft existent, und das Objekt dieser Wahrnehmungsweise ist das selbstexistente Ich – welches nicht existiert.

Sind wir nicht in der Lage, das Objekt der Negation korrekt zu identifizieren, so können wir auch nicht korrekt erkennen, was »leer« bedeutet, denn es geht ja immer darum, dass etwas »leer vom zu negierenden Objekt« ist.

## DER FEHLER, ZUVIEL ODER ZU WENIG ZU NEGIEREN

Bei der Analyse der vier essentiellen Punkte (siehe Seite 56) hängt alles von der richtigen Erkenntnis des Objekts der Negation ab. Bei der Identifikation des Objekts der Negation müssen wir vermeiden, zuviel oder zu wenig zu negieren. Zuviel negieren bedeutet, dass man etwas negiert, was nicht zu negieren ist. Zu wenig negieren bedeutet, dass man etwas nicht widerlegen kann, was eigentlich widerlegt werden sollte.

Wenn man begreift, dass Selbstexistenz das Objekt der Negation ist, also eine Bestehensweise, die weder von Ursachen und Bedingungen noch von irgendetwas anderem abhängig ist, so macht man keine Fehler. Auch die Meditation über Leerheit verläuft dann fehlerfrei, wenn man über dieses Objekt der Negation meditiert. Dieses Objekt der Negation existiert nicht, nicht einmal als Erscheinung. Andererseits existiert natürlich die Erscheinung des Objekts der Negation.

Wie sähe es aus, wenn man zuviel negiert? Negiert man die Existenz des Phänomens, so ist das zuviel.

Denkt man dagegen, das Objekt der Negation – wahre Existenz – bezöge sich bloß auf ein Selbst, das »beständig, teilelos und unabhängig« existiert, so negiert man zu wenig. Viele Menschen haben bereits erkannt, dass die Person leer davon ist, auf beständige, teilelos und unabhängige Weise zu existieren, doch haben sie damit noch nicht die Leerheit von Selbstexistenz der Person begriffen.

Wir sprechen hier von »Minder-Durchdringung«: Wenn man die Merkmale »beständig, teilelos und unabhängig« als Kriterien für wahre Existenz annimmt, kann man diese Existenzweise widerlegen, aber hat damit noch nicht die wahre Existenz negiert, sondern nur oberflächlichere Merkmale. Der Buddha führte seine Schüler von der Erkenntnis der oberflächlicheren Ebenen der Selbstlosigkeit zu immer tieferen und feineren Ebenen. Zunächst lehrte er, Selbstlosigkeit bedeute, dass die Person leer davon ist, beständig, teilelos und unabhängig zu existieren. Später sprach er über die Leerheit von einer sich selbst stützenden, substanziell existierenden Person. Schließlich sprach er von der Leerheit von Selbstexistenz. Die letztgenannte Leerheit ist am subtilsten. Widerlegt man nur eine der oberflächlicheren Ebenen des zu negierenden Objekts, so ist das Minder-Durchdringung.

In einem Gebet heißt es: »Möge ich erkennen, dass alle Objekte leer sind von einem zu negierenden Objekt, das niemals existiert hat.« Genau diese Art von Leerheit sollten wir erkennen. Von Anfang an existierten die Phänomen niemals von ihrer eigenen Seite her, unabhängig von Ursachen, Bedingungen und anderem, doch waren wir nie zuvor in der Lage, dies zu erkennen. Unser fehlerhafter Geist sieht die Phänomene als selbstexistent, und so haben wir nicht die Möglichkeit, die vollkommene Bedeutung zu schauen.

## DIE LETZTENDLICHE SEINSWEISE ANALYSIEREN

Alle Phänomene existieren, wenn sie nicht hinterfragt werden. Alle Handelnden und Handlungen, auf die man sich mit Ausdrücken wie »Bring dies her! Lege das dort hin! Komme! Gehe!« bezieht, sind möglich, solange man sie nicht weiter analysiert. Wir können beispielsweise problemlos sagen: »Dort drüben steht eine Person.« Beginnen wir aber zu fragen: »Was ist die Person? Ist sie die Aggregate, die Grundlage ihrer Benennung? Ist sie eines der Aggregate oder die Ansammlung aller?«, dann finden wir die Person nicht mehr, weil wir deren letztendliche Seinsweise analysieren.

Wenn wir normalerweise über die konventionellen Phänomene nachdenken, gehen wir mit ihrer bloßen Erscheinung um, ohne zu hinterfragen. Beginnen wir mit der Analyse der letztendlichen Seinsweise, so verschwindet die Person, das heißt aber nicht, dass wir die Leerheit erkannt haben. Die Objekte lassen sich nie finden, wenn man in der Grundlage ihrer Benennung nach ihnen sucht. Erst wenn wir das Objekt der Negation identifiziert und dann erkannt haben, dass solch ein Objekt gar nicht existiert, haben wir die Leerheit erkannt.

Von welcher Natur sind die Phänomene wie die Aggregate und dergleichen? Welches ist ihre wirkliche Bestehensweise? Ihre wirkliche Natur ist ihre Freiheit von Wesenhaftigkeit, was gleichbedeutend ist mit »Nicht-Selbstexistenz«. Während sie ihrem Wesen nach nicht selbstexistent sind, sind sie doch nicht nicht-existent. Das bezieht sich auf alle Phänomene, denn sie existieren konventionell, indem sie sich auf anderes stützen.

Da es bei allen Phänomenen die verschiedenen Möglichkeiten von Nutzen und Schaden gibt sowie Veränderungen, etwa den Wechsel der Jahreszeiten, können wir folgern, dass sie bestehen, indem sie sich auf anderes stützen. Ihre Veränderlichkeit zeigt, dass sie nicht selbstexistent sind. Im Herzsutra heißt es: »Form ist leer.« Das bedeutet, dass Form ihrer Natur nach leer von Selbstexistenz ist. Die Leerheit ist die Wirklichkeit der Form.

Weiter heißt es »Leerheit ist Form«, da Form – eben genau auf der Basis dessen, dass sie von ihrer Natur her leer von Selbstexistenz ist – fähig ist, verschiedene Wandlungen durchzumachen. Gerade wegen ihres Freiseins von Wesenhaftigkeit sind Formen, Klänge, Geschmäcker, Gerüche, Tastbares und so weiter in der Lage, sich aufgrund bestimmter Umstände zu verändern und unterschiedliche Erscheinungsformen anzunehmen. Betrachten wir die am Beispiel der Form: Was ist die Bestehensweise von Form? Dass sie leer von Wesenhaftigkeit ist. Was ist die Leerheit der Form? Sie ist die Natur der Form und deren Bestehensweise. Wenn wir dies in Bezug zu einer Grundlage verstanden haben, können wir es auf alles anwenden.

Form hat keinerlei Natur, außer jener, leer von Selbstexistenz zu sein. Genau dies ist ihre Bestehensweise. An der Stelle im Herzsutra, in der es heißt: »Form ist leer; Leerheit ist Form. Leerheit ist nichts anderes als Form und Form ist nichts anderes als Leerheit«, werden in den ersten beiden Sätzen die beiden Wahrheiten definiert. Die beiden folgenden Sätze zeigen auf, dass die beiden Wahrheiten von einem Wesen, von einer Natur, sind.

## Auch die Leerheit ist abhängig

Wenn wir über Leerheit oder Wirklichkeit (skt.: *dharmata*) sprechen, können wir sie nie getrennt von ihrer Grundlage betrachten. Leerheit ist immer die Leerheit von einem Objekt der Negation. Das Objekt der Negation muss auf einer bestimmten Basis widerlegt werden; man kann keine ganz allein stehende Leerheit identifizieren. Ganz gleich, ob wir von der Leerheit der Person, der Phänomene, der Berge oder der Bäume sprechen, sie hängt immer von einer Grundlage ab.

Wenn uns jemand fragt, ob es so etwas wie die Leerheit gibt, so sollten wir das natürlich bejahen. Und falls dann weitergefragt wird: »Was bedeutet das genau?«, so könnten wir nur antworten: »Es gibt die Leerheit des Tischs, die Leerheit des Hauses und so weiter.« Es ist so als würde uns jemand fragen, was ein Produkt ist, und wir würden antworten: »Der Tisch ist ein Produkt, das Mikrofon ist ein Produkt und so weiter.« Man führt mehrere Beispiele an, die illustrieren, worum es sich handelt. Auch wenn wir die Gattung »Mensch« erklären wollen, beginnen wir erst einmal damit, festzustellen, dass Menschen existieren. Danach führen wir Beispiele an: die Menschen dieses Kontinents, jenes Kontinents etc. Und wenn wir bei der Erklärung der Leerheit die verschiedenen Beispiele angeführt haben, erkennen wir schließlich, dass die Leerheit immer eine Grundlage braucht.

## Die Zwei Wahrheiten sind von einer Natur

Die Natur des Tischs ist leer von wahrer Existenz, und es gibt keine andere Natur des Tischs als diese. Die beiden Wahrheiten sind wie die beiden Seiten einer Hand, sie sind von gleicher Natur. Sprechen wir über die letztendliche Wahrheit, so spre-

chen wir über die Leerheit von Selbstexistenz eines bestimmten
Objekts. Die konventionelle Wahrheit bezieht sich auf den Aspekt
der nominellen Existenz des Objekts. Die Leerheit des Tischs ist
eine letztendliche Wahrheit, der Tisch selbst ist dagegen eine konventionelle Wahrheit, wobei der Tisch und dessen Leerheit von
gleicher Natur sind. Das gilt für alle Dinge.

Auch wenn die beiden Wahrheiten von einer Natur sind,
sind sie begrifflich unterscheidbar. Wir haben unterschiedliche Namen für sie, aber sie sind doch grundsätzlich gleicher
Natur. Die Leerheit von Selbstexistenz selbst existiert konventionell, da sie in Abhängigkeit besteht – zum Beispiel in Abhängigkeit von ihrer Grundlage. Also ist die konventionelle
Existenz leer von Selbstexistenz.

## UNPASSENDE BEACHTUNG

Ein falsches Bewusstsein erfasst sein Objekt auf eine Weise,
die seiner tatsächlichen Bestehensweise nicht entspricht. So
könnte es zum Beispiel ein Bewusstsein geben, welches Form
als beständig wahrnimmt – was nicht mit der Existenzweise
von Form übereinstimmt, die ja schließlich unbeständig ist. Es
gibt auch das Bewusstsein, das Form als selbstexistent wahrnimmt. Dies hat keinen Bezug zur tatsächlichen Existenzweise
von Form.

Auch Anhaftung und Hass sind falsche Bewusstseinsarten.
Es gibt verschiedene Arten von Objekten, wobei manche schön
oder angenehm sind, andere aber hässlich und unangenehm.
Bei der Entstehung von Anhaftung oder Hass ist immer Übertreibung im Spiel. Der Faktor, der die positiven beziehungs-
weise negativen Merkmale des Objekts übertrieben wahrnimmt,
wird »unpassende Beachtung« genannt. Anhaftung oder Hass
entstehen dann gegenüber diesem falsch wahrgenommenen
Objekt. Diese negativen Geisteszustände brauchen die Übertreibung und das nach wahrer Existenz greifende Bewusstsein
als ihre Stütze.

Wir befolgen nicht die Lehren, die empfehlen, das Gute einfach nur als gut zu sehen und das Schlechte als schlecht – ohne

irgendetwas zu übertreiben –, und dann Mitgefühl gegenüber den fühlenden Wesen zu empfinden und den Wunsch, sie vom Leiden zu befreien. Würden wir die Wesen mit den Augen des Mitgefühls anschauen, würden die Übertreibungen hinfällig. Im Gegensatz zu Anhaftung und Hass sind Liebe und Mitgefühl gegenüber den leidenden Wesen und der Wunsch, sie von Leiden zu befreien, Bewusstseinszustände, die nicht auf die Hilfe dieser unrealistischen, unpassenden Beachtung angewiesen sind, denn sie stehen im Einklang mit der Wirklichkeit, und sie gehen mit keinerlei Übertreibung einher. Die fühlenden Wesen sind nicht glücklich, wären es aber gerne. Liebe ist der Geist, der das erkennt und ihnen Glück wünscht. Die fühlenden Wesen leiden, wünschen sich aber, frei davon zu sein. Mitgefühl erkennt dies und wünscht, dass sie frei von Leiden sein mögen. Diese beiden Bewusstseinszustände stimmen ganz mit der Wirklichkeit überein.

Die negativen Geisteszustände brauchen dagegen das Bewusstsein, das nach Selbstexistenz greift, manche brauchen dazu auch noch Anhaftung und Hass. Sie sind allesamt fehlerhaft und fügen der eigentlichen Wirklichkeit ihres Objekts etwas hinzu. Das nach Selbstexistenz greifende Bewusstsein bezieht sich beispielsweise auf ein Objekt, das leer von Selbstexistenz ist, und fügt diesem Selbstexistenz hinzu. Auch der Geist, der nach beständiger Existenz greift, bezieht sich auf ein unbeständiges Objekt, das sich in jedem Augenblick verändert, und sieht es als beständig und unwandelbar.

Will man die negativen Bewusstseinszustände überwinden, so braucht man als Gegenmittel ein Bewusstsein, das die Objekte in genau entgegengesetzter Weise wahrnimmt. Die Weisheit, die die Leerheit erkennt, ist solch ein Gegenmittel, welches das Problem geradewegs angeht. Sie schneidet den Fehler von der Wurzel her ab, weil die Art, wie sie sich auf ihr Objekt bezieht, der Unwissenheit, der Wurzel des Daseinskreislaufs. direkt entgegenwirkt.

Diese Weisheit wird oft mit einem sehr intelligenten und fähigen Minister verglichen. Wenn wir den Präsidenten oder König eines Landes mit Bodhicitta gleichsetzen, dann könnte dieser sich mithilfe solch eines Ministers aller Angriffe erwehren, denen das Land ausgesetzt ist. Es ist sehr positiv, wenn der Herrscher eines Landes herzensgut ist, doch braucht ein derartiger Herrscher einen Minister, der seinen Anweisungen folgt – ansonsten kann er seine Ziele nicht erreichen. Er ist angewiesen auf jemanden, der weiß, was der Herrscher will und ihm beisteht.

Es könnte andererseits auch vorkommen, dass es einen fähigen Minister gibt, aber die Person, die ihm Anweisungen erteilt, nichts taugt. In diesem Fall können die Dinge auch nicht gelingen. Wir brauchen eine Verbindung von zwei Aspekten: Die Person, die Anweisungen erteilt, sollte gütig sein, und die Person, die sie ausführt, muss entsprechende Fähigkeiten besitzen. Genauso brauchen wir eine Verbindung von Weisheit und Methode, von Bodhicitta und der Weisheit, die die Leerheit erkennt, wenn wir die Erleuchtung erlangen wollen. In diesem Zusammenhang wird oft das Beispiel eines Vogels angeführt, der auch zwei Schwingen braucht, um an sein Ziel zu fliegen.

Hat man nur die Weisheit entwickelt, die die Leerheit erkennt, aber die Methodenseite vernachlässigt, so besteht die Gefahr, dass man die Meditation nur zum eigenen Wohl ausführt, dass man damit nur die eigenen Interessen verfolgt. Man erreicht dann durch die Meditation über die Selbstlosigkeit vielleicht nur die Erleuchtung eines Hörers oder Pratyekabuddhas, weil man nicht in der Lage ist, die Bodhisattva-Übungen auszuführen. Ist die Meditation über die Leerheit jedoch mit Bodhicitta verbunden, versuchen wir also die Bedeutung der Selbstlosigkeit zu erkennen, um zum Wohle aller Wesen die Erleuchtung zu erlangen, wird sie zur Ursache für die Erleuchtung.

Wenn wir sagen, dass alles leer ist, so wissen wir natürlich mittlerweile, dass dies nicht bedeutet, dass alles leer davon ist, eine Funktion erfüllen zu können. Es geht immer um die Leerheit von wahrer Existenz oder unabhängiger Existenz. Das ist das Grundlegende. Dann folgt man verschiedenen logischen Gedankengängen, um dies zu beweisen; man bezieht sich dabei aber stets auf das Objekt, über das man gerade meditiert. Wenn man auf einen Spiegel bläst, bildet sich der Beschlag von innen und verschwindet dann wieder vom Rand her. In ähnli-

cher Weise gehen wir mit unseren Gedankengängen in verschiedene Richtungen und bringen dann alles zum Grund-Ob-
jekt zurück.

### ACHT GESICHTSPUNKTE ZUM WIDERLEGEN VON SELBST-EXISTENZ

Im Vorwort zu Lama Tsongkhapas »Lobpreis des Abhängigen
Entstehens« wird die Selbstexistenz unter verschiedenen Gesichtspunkten betrachtet. Zunächst heißt es: »Es gibt kein Entstehen und Vergehen«. Das bedeutet, dass die Phänomene nicht
inhärent entstehen und nicht inhärent enden, da sie schließlich
in Abhängigkeit von Ursache und Bedingungen erzeugt werden. Erzeugung und Beendigung treten immer in einer bestimmten Zeitenfolge auf: Zuerst werden die Dinge erzeugt;
doch handelt es sich nicht um eine inhärent existierende Erzeugung; darauf folgt die Beendigung, die auch nicht inhärent
existiert. Nicht nur unter dem Gesichtspunkt der Zeit, sondern
auch unter dem Gesichtspunkt der Natur sind die Phänomene
frei von den beiden Extremen des Eternalismus und des Nihilismus. Unter dem Aspekt der Aktivität gibt es kein selbstexistentes Kommen und Gehen; Handlungen sind also ebenfalls nicht selbstexistent. Das nächste Paar ist »gleich und verschieden« – die Dinge sind weder selbstexistent gleich noch
selbstexistent verschieden. Folglich kann man Selbstexistenz
unter den Gesichtspunkten von Zeit, Natur, Handlung und
Wesenheit negieren.

Dem liegt eine tiefe Bedeutung zugrunde. In Nagarjunas
*Wurzel der Weisheit* wird mit unzähligen logischen Schlussfolgerungen erklärt, wie alles frei von Selbstexistenz ist. Lama
Tsongkhapa hat alle diese Argumentationen in acht zusammengefasst, und diese sind wiederum alle in einem Vers erwähnt. Wollten wir unsere Studien noch vertiefen, so müssten
wir alle Argumentationsstränge betrachten, die sich in den 27
Kapiteln von Nagarjunas Schrift finden. Wir haben bereits betrachtet, wie alles frei von den beiden Extremen des Nihilismus und Eternalismus ist und sind auch schon der Argumen-

tation »eins und verschieden« gefolgt. Dass alles frei von inhärent existierendem Kommen und Gehen ist, ist ziemlich offensichtlich. Daher betrachten wir jetzt die Argumentation, dass es keine inhärente Erzeugung und Beendigung gibt.

## DIE LOGISCHE BEGRÜNDUNG: ES GIBT KEINE INHÄRENTE ERZEUGUNG UND BEENDIGUNG

Nagarjuna sagte: »Da es keine Erzeugung aus sich selbst heraus, von anderem, von beidem und ohne jede Ursache gibt – gibt es überhaupt keine Erzeugung.« Einige Leute interpretieren die Bedeutung dieser Textstelle dahingehend, dass es keinerlei Erzeugung in Abhängigkeit von Ursachen und Bedingungen gibt. Das ist natürlich falsch. Es heißt hier zwar, es gäbe keinerlei Erzeugung, doch ist diese Aussage in ihrem Kontext zu interpretieren. Es soll hier lediglich festgestellt werden, dass es keine selbstexistente Erzeugung gibt, und dies wird belegt, indem man sagt, unter den zuvor erwähnten Aspekten gäbe es keine Erzeugung. Betrachten wir diese Aspekte im Einzelnen.

Würden Phänomene aus sich selbst heraus erzeugt, müssten Ursache und Wirkung von gleicher Natur sein. Das ist aber nicht möglich, denn Ursache und Wirkung sind ganz allgemein gesprochen von unterschiedlicher Natur, unterschiedlichem Wesen, unterschiedlicher Substanz. Würde es sich anders verhalten, so müsste man beispielsweise sagen, ein Same und der aus ihm entstehende Spross seien von gleicher Natur – was nicht den Tatsachen entspricht. Menschen, die sagen, dass Ursache und Wirkung von gleicher Natur seien, belegen ihre Ansicht mit der Aussage, dass die Ursache schließlich das Potenzial habe, eine bestimmte Wirkung hervorzubringen, und somit habe das Potenzial bereits die Natur der Wirkung.

Natürlich ist es so, dass sich die Wirkung aus dem Potenzial entwickelt, doch das ist noch kein Hinweis darauf, dass beide von gleicher Natur sind. Sonst ergäben sich absurde Konsequenzen; man müsste beispielsweise sagen, der Vater und die Mutter, die die Substanzen besitzen, aus denen sich das Kind entwickelt, wären von gleicher Natur wie das Kind. Das Kind wäre in dem Fall schon da, sobald das Potenzial für das Kind vorhanden ist, auch wenn man noch kein Kind wahrnimmt. Diese Folgerung halten wir für unvernünftig, deshalb gehen wir davon aus, dass es keine Erzeugung aus sich selbst heraus gibt. Übrigens wird die These, dass es eine Erzeugung aus sich selbst heraus gibt, von keiner buddhistischen Schule, sondern nur von einigen extremen Hindu-Schulen vertreten.

Betrachten wir nun die Möglichkeit, dass die Dinge von anderem produziert werden. Das würde bedeuten, dass eine inhärent existierende Ursache ein inhärent existierendes Resultat hervorbringt, welches verschieden ist. Man hätte also Ursache und Wirkung, die beide aus sich selbst heraus existieren und keinerlei Verbindung zueinander haben. Wären zwei Dingen inhärent eines, so müssten sie absolut identisch und untrennbar voneinander sein. Wären diese beiden inhärent verschieden, so kann es absolut keine Beziehung zwischen ihnen geben. Wir hätten also eine Ursache, die eine Wirkung hervorbringt, zu der sie keinerlei Beziehung hat. Doch wenn wir über Kausalität sprechen, so basiert alles darauf, dass es eine Beziehung zwischen Ursache und Resultat gibt.

Aus einer selbstexistenten Ursache kann keine selbstexistente Wirkung hervorgehen – das eine muss sich immer auf das andere stützen. Wenn es nun keine Erzeugung aus sich selbst heraus und keine Erzeugung von anderem gibt, so kann es natürlich auch keine Erzeugung aus beidem geben. Auch die vierte Möglichkeit – Erzeugung ohne jegliche Ursache – ist natürlich ausgeschlossen. Es kann keine Wirkung ohne Ursache geben. Wir haben nun gesehen, dass es keine dieser vier extremen Arten der Erzeugung gibt, und daher gibt es niemals irgendeine Art inhärenter Erzeugung.

Es gibt bestimmte Pflanzen, die in einem Land wachsen, aber nicht in einem anderen; sie gedeihen beispielsweise in Indien, aber nicht in Europa. Mit der inhärenten Erzeugung verhält es sich aber nicht so: Man kann nicht behaupten, dass es an einem Ort diese Art von Erzeugung gäbe, an einem anderen dagegen nicht. Manche Pflanzen wachsen auch nur zu bestimmten Jahreszeiten; doch das lässt sich von der inhärenten Erzeugung nicht sagen. Es ist keinesfalls so, dass es sie manchmal gibt und manchmal nicht – es gibt sie zu keiner Zeit. Es gibt auch Dinge, die man durch ein bestimmtes philosophisches System feststellen kann, doch durch ein anderes nicht. Auch das ist bei der inhärenten Erzeugung nicht der Fall: In keinem einzigen philosophischen System innerhalb oder außerhalb des Buddhismus wird ihre Existenz behauptet. So widerlegt Nagarjuna die inhärent existierende Erzeugung, indem er beweist, dass es keine Erzeugung aus den vier Extremen gibt. Und da es nichts gibt, was inhärent produziert ist, kann es auch nichts geben, das inhärent zu Ende geht. Etwas kann nur aufhören, wenn es zu einem früheren Zeitpunkt produziert wurde. Mit anderen Worten: Da es keine inhärente Erzeugung gibt, kann es auch keine inhärente Beendigung geben.

# Schlussbemerkungen

## DAS DREIMALIGE DREHEN DES DHARMARADES

Der Buddha gab 84.000 Lehren. Dabei drehte er das Dharmarad drei Mal. Zunächst lehrte er den fünf Schülern in Varanasi die Vier Edlen Wahrheiten. Bei dieser ersten Drehung waren die Schüler hauptsächlich den Vaibashika und Sautrantika zuzurechnen. Die zweite Drehung wird auch »Drehung des Rades der Merkmalslosigkeit« genannt und fand am Geierberg in Rajgriha statt. Die dritte Drehung ist die der feinen Unterscheidung.

Unser Thema ist die so genannte »letztendliche Wahrheit«, welche die nicht-inhärente Existenz aller Dinge ist. Wir haben das Thema Leerheit anhand von Buddhas eigenen Lehren über die tatsächliche Existenzweise der Dinge besprochen. Wir können dabei aber nie sicher sein, dass eine bestimmte Aussage des Buddha direkt die tatsächliche Bestehensweise der Dinge aufzeigt, da er beim Lehren stets die Anlagen, Wertvorstellungen und so weiter seiner Zuhörer in Betracht zog. Daher müssen wir unterscheiden zwischen Lehren von definitiver Bedeutung und solchen, die zu interpretieren sind. Wir müssen immer beachten, welche Absicht der Buddha mit einer bestimmten Lehre verfolgte und warum er sie auf eine ganz bestimmte Art gab. Die Leerheits-Unterweisungen, die wir in den Schriften von Nagarjuna, Chandrakirti und Shantideva finden, basieren allesamt auf der zweiten Drehung des Dharmarads. Auch unsere Erklärungen haben diese Basis.

Bei allen drei Drehungen wurde Selbstlosigkeit gelehrt, wir sollten uns aber auf die feinsinnigsten Erklärungen konzentrieren, die bei der zweiten Drehung gegeben wurden. Selbstlosigkeit ist hier gleichbedeutend damit, dass die Dinge leer von inhärenter Existenz sind. In der zweiten Drehung war die Leerheit explizites Thema, während die klaren Verwirklichungen, die Stufen und Pfade und so weiter als »verborgene Bedeutungen« dieser Sutren gelten.

Wie bereits gesagt: Ergründen wir die Natur der Grundlagen der Leerheit, so stoßen wir auf die Leerheit. So entwickeln wir die Erkenntnis der Leerheit, und in Abhängigkeit von dieser Erkenntnis durchwandern wir Stufen und Pfade. Die Verwirklichungen der Stufen und Pfade sind die verborgene Bedeutung der zweiten Drehung des Rades.

Buddha gab also nach einer ersten Serie von Unterweisungen noch eine zweite. Heißt das, dass die bei der ersten Drehung dargelegten Lehren falsch sind? Nein, sie sind nicht falsch; die hier erklärte Selbstlosigkeit – das Leersein einer Person von autarker und substanzieller Existenz – ist bloß nicht die tiefste Ebene der Selbstlosigkeit. Auch hier spricht man davon, dass ein Selbst als selbstexistent erscheint, widerlegt dann aber nur ein Selbst, das nicht von den Aggregaten abhängig ist. Anhänger dieser Lehren erkennen, dass sich das Selbst auf die Aggregate stützt, doch widerlegen sie nicht die Selbstexistenz der Person und bleiben somit an der Oberfläche.

Bei der zweiten Drehung lehrte der Buddha, dass alle Phänomene von der Form bis zum allwissenden Bewusstsein leer von Wesenhaftigkeit sind.

Die dritte Drehung des Rades war speziell für Schüler bestimmt, die gehört hatten, dass die Dinge nicht inhärent existieren, denen diese Lehre aber ganz und gar nicht entsprach. Sie interpretierten sie dahingehend, dass nichts existiert – kein Karma, keine Zuflucht usw. –, denn ihrer Meinung nach muss etwas aus sich selbst heraus bestehen, wenn es besteht. Um den Geist dieser Schüler zu schützen, erklärte Buddha die nichtinhärente Bestehensweise der Dinge auf eine Weise, die der Auffassungsgabe dieser Menschen entsprach; er lehrte drei unterschiedliche Kategorien von Phänomenen – von anderen gestützte, vollständig erwiesene und vorgestellte Phänomene. Allen drei Arten fehlt die Wesenhaftigkeit, jedoch auf unterschiedliche Weise. Wie in einer Schrift mit dem Titel »Dreißig Verse« erklärt wird, waren diese Lehren für bestimmte Leute die richtige Praxis-Grundlage. Auf der Basis der Überzeugung, dass nur die vorgestellten Phänomen nicht von ihrer eigenen Seite her existieren, konnten sie Zufluchtnahme und Karma verstehen, und konnten mithilfe ihrer Übungen Verdienste erwerben, die sie schließlich zum rechten Verständnis der Leerheit führten.

Buddha lehrte hier, dass der Produktion der von anderem gestützten Phänomene (den Produkten) jede Wesenhaftigkeit fehlt. Die vollständig erwiesenen Phänomene haben dagegen keine letztendliche Wesenhaftigkeit und die vorgestellten keine inhärente Wesenhaftigkeit. Diese Dinge werden hier erklärt, damit man weiß, was man jemandem entgegnen sollte, der einem mit dem Argument widerspricht, Gegenteiliges in einem Sutra gelesen zu haben. Vielleicht könnten uns in so einem Fall Zweifel kommen: Wir haben zwar in vielen Unterweisungen etwas anderes gehört, doch dieser Mensch kann die Sutren als Quellen vorlegen. In so einer Situation ist es sehr hilfreich, wenn wir die Aussagen der anderen Person einordnen können und verstehen, welcher Drehung des Rades sie entsprechen.

## DEFINITIVE UND ZU INTERPRETIERENDE BEDEUTUNG

Es gibt definitive und zu interpretierende Lehren; wobei die letztgenannten nicht wirklich die vom Buddha letztlich gewollte Bedeutung wiedergeben, sondern nur den jeweiligen Schülern entsprechen. Buddha selbst sagte voraus, zu einer bestimmten Zeit nach seinem Verscheiden und an einem bestimmten Ort werde Nagarjuna erscheinen und den Unterschied zwischen den definitiven und den zu interpretierenden Sutren deutlich herausarbeiten. Buddha sagte, Nagarjuna werde nicht nur einfach definieren, welche Sutren welcher Kategorie angehören, sondern seine Interpretation auch mit vielen logischen Begründungen untermauern. Nagarjuna verfasste die sechs logischen Begründungen des Mittleren Weges, denn Buddha selbst hatte erklärt, die definitiven Sutren könnten durch Logik gestützt werden. Wenn man tief über sie nachdenkt und sie analysiert, erkennt man, dass in ihnen die tatsächliche Bestehensweise

beschrieben wird. Bei eingehender Analyse der zu interpretierenden Sutren kommt man dagegen an einen Punkt, wo etwas
nicht stimmt, wenn man sie wörtlich nimmt.

In Aryadevas *Vierhundert Verse* finden sich viele logische
Argumentationsstränge, die belegen, dass es sich bei der Leerheit um die Leerheit von inhärenter Existenz handelt. Auch
Shantidevas *Bodhisattvacharyavatara* und die Werke Chandrakirtis kommen zum gleichen Schluss. Die Ankunft dieser gelehrten Meister war bereits lange vorhergesagt worden, und
sie führten genau das aus, was man von ihnen – den Prophe-
zeiungen entsprechend – erwartete. Hier geht es keinesfalls
darum, die Wichtigkeit dieser Personen selbst besonders her-
vorzuheben, sondern darum, ihre Arbeit zu würdigen, durch
die sie uns die logische Argumentationsstränge sowie den
Unterschied zwischen der definitiven und der zu interpretierenden Bedeutung vermittelten.

Auch in den verschiedenen Schulen des tibetischen Buddhismus – Nyingma, Sakya, Kagyü und Gelug – gibt es unterschiedliche Interpretationen der Leerheit. In den Werken der
großen Meister dieser Schulen – etwa jenen der großen Nying-
ma-Meister, der fünf großartigen Lehrer der Sakya-Schule, jenen von Marpa und Milarepa der Kagyü-Schule und den verschiedenen Lamrim-Schriften von Lama Tsongkhapa – wird
die Leerheit stets auf der Basis von Nagarjunas System und
Chandrakirtis Interpretationen erklärt. Es zeigen sich kleine
Unterschiede in der Art und Weise, wie die Dinge vermittelt
werden, doch letztlich führen alle diese Unterweisungen zum
gleichen Punkt. Es gibt also keinen gravierenden Unterschied
zwischen den verschiedenen Darlegungen der tibetischen Meister, doch gibt es niemanden, der so viele Erklärungen verfasste
wie Lama Tsongkhapa. Daher lohnt sich das Studium seiner
Schriften sehr.

# Anmerkungen

1. Nagas: schlangenähnliche Wesen, die unter der Erde leben.
2. Aggregat: siehe Glossar; Götter im Formlosen Bereich haben nur vier Aggregate.
3. Die sechs Arten von Wesen finden sich in den sechs Bereichen des Daseinskreislaufs: 1) in den drei höheren Existenzformen der Menschen, Halbgötter und weltliche Götter; 2) in den drei niederen der Tiere, Hungergeister und Höllenbewohner.
4. Acht Freiheiten: die Freiheit, nicht unter folgenden Umständen wiedergeboren zu sein: als Mensch mit vollkommen falschen Ansichten, als Tier, als Hungergeist, als Höllenwesen, in einer Gegend, in denen es die Lehren des Buddha nicht gibt oder unter Barbaren, als geistig Behinderter oder Gehörloser oder als langlebiger Gott.
   Zehn Ausstattungen: als Mensch geboren zu sein; in einem zentralen Land geboren zu sein; mit intakten Sinneskräften geboren zu sein; die fünf besonders schrecklichen Vergehen nicht begangen zu haben; sich zum Dharma hingezogen zu fühlen; in einer Zeit zu leben, in der der Buddha präsent ist, in der die Lehren verfügbar sind, verbreitet werden, bewahrt werden und in der es dem Dharma wohlgesonnene Gönner gibt.
5. Drei Leidensarten: 1) Das manifeste Leid, das jeder als Leid erfährt, z. B. körperlicher Schmerz oder geistige Leiden wie Sorgen und Trauer etc.; 2) das Leid des Wandels, das wir gewöhnlich für einen angenehmen Zustand halten und 3) das alles durchdringende Leid der Bedingtheit durch Geistesplagen und verblendetes Handeln.
   Sechs Leidensarten: die allgemeinen Leiden des Daseinskreislaufs: keine Gewissheit zu haben, keine Zufriedenheit zu finden, immer wieder den Körper hinter sich lassen müssen, immer wieder geboren werden, von oben nach unten fallen müssen und keine beständigen Freunde haben.
   Acht Leidensarten: die Leiden im menschlichen Bereich: Geburt, Alter, Krankheit, Tod, Trennung von Angenehmem, Unangenehmem ausgesetzt sein, nach begehrenswerten Dingen streben, sie aber nicht finden, die geistigen und körperlichen Aggregate besitzen, die von Natur aus Leiden sind.
6. Ein Buddha besitzt einen Formkörper (skt. *rupakaya*) und einen Wahrheitskörper (skt. *dharmakaya*). Der Wahrheitskörper ist vornehmlich das allwissende Bewusstsein eines erwachten Buddha. Um den unerleuchteten, leidenden Wesen zu helfen und sie zu mehr Glück, zur Befreiung und weiter zur Buddhaschaft zu geleiten, ma-

nifestiert sich ein Buddha auf verschiedenen Ebenen in so genannten Formkörpern. Diese erscheinen in jedweder Gestalt, die für die Lebewesen mit ihren unterschiedlichen Voraussetzungen, Neigungen und Fähigkeiten geeignet ist. Besonders wirken die Formkörper mittels der erleuchteten Heilsaktivität der Rede, mit der sie die spirituellen Mittel und Pfade lehren. Es gibt zwei Ebenen des Formkörpers: 1) der subtilere Körper des Vollkommenen Erfreuens (skt. *sambhogakaya*), der nur für hoch verwirklichte Arya-Bodhisattvas wahrnehmbar ist, und 2) der Ausstrahlungskörper (skt. *nirmanakaya*), der auch von gewöhnlichen Wesen mit reinem Karma, z. B. als höchster Ausstrahlungskörper in Form des historischen Buddha, wahrzunehmen ist.

7.  Die falsche Ansicht, dass es sich bei der vergänglichen Ansammlung der Aggregate um ein wahrhaft existierendes Selbst handelt.

8.  Eine genauere Darstellung dieser Einteilung der Phänomene findet sich auf Seite 92.

9.  Vajrapani ist eine Buddhagestalt, die die erleuchtete Kraft aller Buddhas zum Ausdruck bringt.

10.  »Ich«, »Selbst« und »Person« werden hier synonym gebraucht.

11.  Die zehn unheilsamen Handlungen sind: Töten, Stehlen, sexuelles Fehlverhalten, Lügen, verletzende Worte sprechen, Zwiespalt säen, Tratschen, Bösartigkeit, Habsucht und falsche Ansicht.

12.  Die tibetische Monatseinteilung richtet sich nach dem Mond; der Monat fängt immer mit Neumond an.

# Glossar

(skt. = Sanskrit; tib. = Tibetisch)

**Abhängiges Entstehen:** Die Art und Weise, in der das Selbst und alle Phänomene existieren.

**Aggregat:** siehe *Fünf Aggregate.*

**Analytische Meditation:** *siehe* Meditation.

**Arya** (skt.): Dieser Begriff wird oft mit »*Heiliger*« oder »*heiliges Wesen*« übersetzt und bezieht sich auf eine Person, die die Leerheit unmittelbar erkannt hat. Es gibt vier Arten von Heiligen: 1) die Hörer-Heiligen; 2) die Alleinverwirklicher-Heiligen (skt. *pratyekabuddha*) der Hinayana-Linie, 3) die Bodhisattva-Heiligen und 4) die Buddha-Heiligen der Mahayana-Linie. In jedem Fall wird man erst zu einem Arya, nachdem man eine direkte Einsicht in die Leerheit entwickelt hat. In diesem Sinne werden alle Aryas aus der Weisheit, welche die Leerheit erkennt, geboren. Siehe: Von Tibet nach New York, B. Alan Wallace (München: Diamant, 1995).

**Befreiung:** Nirvana, der Zustand jenseits allen Leids; Befreiung vom Leid durch das Überwinden aller Täuschungen; das Ziel der Hinayana-Praktizierenden.

**Bodhicitta** (skt.), (tib. *byang chub kyi sems*): auch »Erleuchtungsgeist«. Endgültiges Bodhicitta ist die Vereinigung der Erkenntnis der Leerheit und des Mitgefühls. Der konventionelle Erleuchtungsgeist ist das altruistische Streben nach höchster Erleuchtung, um allen Lebewesen dienlich sein und sie zu zeitweiligem Glück und auch zur endgültigen Befreiung und höchsten Erleuchtung führen zu können.

**Bodhisattva** (skt.): Eine Person, in der der Erleuchtungsgeist (skt. *bodhicitta*) anstrengungslos entsteht.

**Buddha** (skt.): Ein erleuchtetes Wesen wie etwas Shakyamuni Buddha, der Gründer des Buddhismus. Das erste der Drei Juwelen.

**Buddhadharma:** *siehe* Dharma.

**Buddhaschaft:** *siehe* Erleuchtung.

**Chandrakirti:** Der indische Gelehrte und Schüler Nagarjunas aus dem sechsten Jahrhundert, der Nagarjunas Darstellung des Madhyamaka erläuterte und damit die Madhyamaka-Prasangika Auslegung begründete. Chandrakirtis Schriften dienen allen tibetischen Traditionen als Grundlage für das Studium des Mittleren Weges.

**Dharma** (skt.): allgemein: spirituelle Praxis; spezifisch: die Lehren des Buddha, die vor Leiden schützen und zur Befreiung und vollständigen Erleuchtung führen; das zweite der Drei Juwelen.

**Dharmakaya** (skt.): Siehe *drei Kayas.*

**Drei Juwelen**: Buddha (der Lehrer), Dharma (seine Lehre) und Sangha (die spirituelle Gemeinschaft); die drei Objekte der Zuflucht im Buddhismus.

**Drei Kayas** (skt.): Die drei Körper eines Buddha: der Dharmakaya (Wahrheitskörper) ist der glückselige, allwissende Geist eines Buddha. Der Sambhogakaya (Freudenkörper) ist der feinstoffliche Lichtkörper, in dem der Buddha den Bodhisattvas erscheint, und der Nirmanakaya (Ausstrahlungskörper) ist die Form, in der sich der Buddha gewöhnlichen Wesen darstellt.

**Entsagung** (skt. *nihsarana,* tib. *nges 'byung*): Die Geisteshaltung, die wünscht, von den Leiden des Daseinskreislaufs und den Ursachen der Leiden erlöst zu sein und welche die Befreiung anstrebt.

**Erleuchtung**: Buddhaschaft; Allwissenheit; Erwachen; das letztendliche Ziel der Praxis im Mahayana-Buddhismus und das Potenzial aller Lebewesen. Die Merkmale sind: 1) unendliche Weisheit, die die Wirklichkeit aller Phänomene erkennt und den Geist jedes einzelnen fühlenden Wesens sieht; 2) unendliches Mitgefühl, der spontane und stets gegenwärtige Wunsch, alle fühlenden Wesen von ihren Leiden zu befreien und sie zur Erleuchtung zu führen und 3) unendliche Kraft, die Fähigkeit alles zu tun, was getan werden sollte, um das zu erreichen.

**Fühlende Wesen**: Alle Wesen innerhalb der sechs Bereiche.

**Fünf Aggregate** (skt. *skandha,* tib. *phung* po): Die körperlich-geistigen Bestandteile der Persönlichkeit, auf welche die Wesen gemeinhin ihre falsche Vorstellung von einem vermeintlich inhärenten Selbst projizieren. Diese fünf sind: 1) Form; 2) Empfindung; 3) Unterscheidung; 4) Willenskräfte; 5) primäres Bewusstsein.

**Geistesplagen** (skt. *klesa;* tib. *nyon mongs*): Mentale Verzerrungen, Leidenschaften, Leid verursachende Emotionen.

**Gelug** (tib.): wörtlich: die Tugendhaften. Eine der vier Traditionen des tibetischen Buddhismus; sie wurde von Lama Je Tsongkhapa im frühen 15. Jahrhundert gegründet und von berühmten Lamas wie etwa den Dalai Lamas und Panchen Lamas und deren Nachfolgern weiterverbreitet.

**Großes Mitgefühl** (skt. *maha karuna;* tib. *snying rje chen po*): Die Wurzel für die Mahayana- und Vajrayana-Pfade. Es lässt den intensiven Wunsch entstehen, die Wesen aus den Leiden zu befreien, und basiert auf der Erkenntnis der Nicht-Selbstexistenz aller Lebewesen und ihrer Verbundenheit in gegenseitiger Abhängigkeit. Das Große Mitgefühl zieht spontanes Handeln nach sich, das bezweckt, die Leiden der Wesen zu beenden und sie zum höchsten spirituellen Erwachen zu führen.

**Gültige Erkenntnis** (skt. *pramana*): ist eine unumstößliche, korrekte und einwandfreie direkte oder schlussfolgernde Einsicht in Hinblick auf einen tatsächlichen Sachverhalt. Eine gültige Wahrnehmung kann durch keine gleichartige Erkenntnis geschwächt werden, da sie in der Realität selbst wurzelt. Entsprechend der buddhistischen Psychologie ist es eine der Hauptaufgaben der Geistesschulung, die täuschenden und inkorrekten Wahrnehmungen im Prozess der Wahrheitsfindung durch gültige Erkenntnisse zu ersetzen. Dies drückt sich auf der resultierenden Stufe dadurch aus, dass ein Buddha sich in völliger Kongruenz zum Sein befindet, da er einzig gültige Wahrnehmungen besitzt und alles Täuschende aufgegeben hat.

**Guru** (skt.): Lama (tib.): Meister; wörtlich »schwer«, d. h. gewichtig aufgrund des Dharma-Wissens; der eigene spirituelle Meister.

**Hinayana** (skt.): »Individuelles Fahrzeug«.

**Hindernisse der Leidenschaften** (skt. *klesavarana*, tib. *nyon sgrib*): Hindernisse vor der Befreiung aus dem Daseinskreislauf.

**Hindernisse vor der Allwissenheit** (skt. *jneyavarana*, tib. *shes sgrib*): Hindernisse im Erkenntnisvermögen; subtile Schleier im Bewusstsein, die verhindern, dass man den allwissenden Geist eines Buddha erlangt.

**Karma** (skt.): wörtlich: Handlung, Tat. Das Gesetz von Ursache und Wirkung; der Prozess, durch den positive Taten von Körper, Sprache und Geist zu Glück führen und negative zu Leid; die Erklärung des Buddha, warum einige Wesen Glück erfahren und andere Leid.

**Kaya** (skt.): Siehe *drei Kayas.*

**Lama** (tib.): *siehe* Guru.

**Lama Je Tsongkhapa** (1357-1419): Der Gelehrte und Lehrer, der die Gelug-Tradition des Tibetischen Buddhismus begründete.

**Lamrim** (tib.): wörtlich: Stufenweg. Eine schrittweise Darstellung der Lehren des Buddha, die ursprünglich im 11. Jahrhundert von Lama Atisha durch seine Schrift *Lampe auf dem Pfad zur Erleuchtung* in Tibet eingeführt wurde. Der Lamrim stellt den Pfad in Form von Meditationen dar, die stufenweise zu meistern sind.

**Madhyamaka** (skt.): wörtlich: Mittlerer Weg. Die philosophische Schule, die von Nagarjuna begründet wurde.

**Mahayana** (skt.): wörtlich: Großes Fahrzeug, auch »Universales Fahrzeug«. Der Pfad der Bodhisattvas, deren letztendliches Ziel die Buddhaschaft ist; beinhaltet Paramitayana und Tantrayana.

**Mandala-Gabe:** Das gesamte Universum wird visualisiert und den Buddhas dargebracht.

**Manjushri** (skt.): Ein männlicher Buddha, der die Weisheit verkörpert, die die Leerheit versteht.

**Mantra** (skt.): wörtlich: Schutz für den Geist. Der Geist wird vor gewöhnlichen Erscheinungen und Vorstellungen geschützt, d. h. davor, sich selbst und andere Phänomene in herkömmlicher Weise zu sehen; Sanskrit-Silben, die in Verbindung mit der Praxis einer speziellen Gottheit rezitiert werden und die Qualitäten dieser Gottheit verkörpern.

**Meditation:** Der Prozess, durch den sich ein Praktizierender des spirituellen Pfades immer mehr mit einem Dharma-Thema vertraut macht, Verwirklichungen erlangt und seinen Geist transformiert. Man unterscheidet analytische und konzentrative Meditation, durch die man Sammlung und Einsicht entwickelt. 1) Bei der analytischen Meditation werden Schlussfolgerungen und logische Analysen benutzt, um die Bedeutung und Gültigkeit einer bestimmten Unterweisung zu erforschen. 2) Bei der konzentrativen Meditation richten sich die Übenden dann mit einspitziger Konzentration auf die Einsicht aus, die durch Analyse entstanden ist. So wird die gewonnene Einsicht stabilisiert und vertieft. Hat man die einspitzige Sammlung erlangt, können die Einsichten zur Vollendung gebracht werden.

**Milarepa:** Ein tibetischer Yogi, Heiliger und Dichter aus dem elften Jahrhundert.

**Nagarjuna:** Der indische Gelehrte und tantrische Meister, der ungefähr vierhundert Jahre nach dem Paranirvana des Buddha geboren wurde und die Bedeutung der Leerheits-Unterweisungen des Buddha erklärte. Er begründete die Madhyamaka Schule der buddhistischen Philosophie.

**Niedere Bereiche:** siehe *Samsara*.

**Nirmanakaya** (skt.): siehe *drei Kayas*.

**Nirvana:** siehe *Befreiung*.

**Paramita:** siehe *sechs Paramitas*.

**Prajnaparamita** (skt.): wörtlich: Vollendung der Weisheit. Eine der sechs Paramitas eines Bodhisattva; eine Sammlung von Sutra-Lehren des Buddha, die die Leerheit behandelt.

**Prasangika-Madhyamaka** (skt.): wörtlich: auf Schlussfolgerungen beruhender Mittelweg. Die höhere der beiden Madhyamaka-Schulen buddhistischer Lehrmeinungen. Sie vertritt, dass weder das Selbst noch andere Phänomen inhärent existieren. Diese Sicht der Leerheit wurde von den meisten buddhistischen Traditionen in Tibet übernommen.

**Reinigung:** Läuterung; das Entfernen oder Hinwegwaschen von negativem Karma und dessen Samen aus dem Geist.

**Sambhogakaya** (skt.): siehe *drei Kayas*.

**Samsara** (skt.): wörtlich: Daseinskreislauf; Umherwandern, Kreisen. Es gibt sechs Bereiche innerhalb von Samsara: die niederen Bereiche der Höllenwesen, Hungergeister und Tiere und die oberen Bereiche der Menschen, Halbgötter und Götter. Der Begriff bezieht sich auch auf den ununterbrochenen Prozess von Tod und Wiedergeburt innerhalb der sechs Bereiche, der durch Karma und Geistesplagen verursacht wird.

**Sangha:** Spirituelle Gemeinschaft; das dritte der Drei Juwelen.

**Sechs Paramitas:** Diese sind: 1) Großzügigkeit; 2) ethische Disziplin; 3) Geduld; 4) freudige Tatkraft; 5) Konzentration; 6) Weisheit.

**Shakyamuni Buddha** (563-483 v.Chr.): Der vierte der tausend Gründer-Buddhas des gegenwärtigen Weltzeitalters. Er war ein Prinz des Shakya-Stamms in Nordindien, der seinem Königreich entsagte, mit 29 Jahren die Erleuchtung erlangte und dann die Pfade zur Befreiung und Erleuchtung lehrte, bis er im Alter von 80 Jahren verschied.

**Shantideva:** Bedeutender indischer Mahayana-Heiliger aus dem achten Jahrhundert, Autor des einflussreichen Textes *Bodhisattvacharyavatara*, in dessen neuntem Kapitel die Leerheit erklärt wird.

**Siebengliedrige Übung** (tib. *yan lag bdun pa*): Auch »sieben Zweige«

genannt: 1) Verneigungen (tib. *phyag 'tshal ba*); 2) Darbringen von Opfergaben (tib. *mchod pa*); 3) Offenlegung [und Bereinigung des Unheilsamen] (tib. *bshags pa*); 4) Erfreuen am Heilsamen (tib. *rjes su yi rang*); 5) Ersuchen (tib. *bskul ba*); 6) Bitten (tib. *gsol ba 'debs*); 7) Widmung (tib. *bsngo ba*).

**Sutra** (skt.): Die Hinayana- und Paramitayana-Lehrreden des Buddha; die öffentlichen Vorträge; eine Schrift sowie die Lehren und Übungen, die sie enthält.

**Sutrayana** (skt.): Die Lehren der Hinayana- und Paramitayana-Teile des Pfads zur Erleuchtung.

**Tantra** (skt.): Die geheimen Lehren des Buddha (*siehe* Tantrayana); eine Schrift sowie die Lehren und Übungen, die sie enthält.

**Tantrayana** (skt.): Vajrayana; Mantrayana; Geheimes Mantra; der schnelle Pfad; die geheimen Lehren des Buddha; die fortgeschrittenen Stufen auf dem Mahayana-Pfad zur Erleuchtung, die – wenn man sie mit Erfolg praktiziert – in kurzer Zeit zur Erleuchtung führen können.

**Tathagata** (skt.): »Jener, der in die Soheit eingegangen ist«, bezieht sich auf den Buddha.

**Vajrasattva-Meditation:** Eine tantrische Übung, bei der man den Buddha Vajrasattva visualisiert und sein hundertsilbiges Mantra rezitiert, die besonders zur Reinigung von negativem Karma benutzt wird.

**Vier Edle Wahrheiten:** Das Thema des ersten Lehrvortrags von Buddha Shakyamuni: die Wahrheit von den Leiden, die Wahrheit von den Ursachen des Leidens, die Wahrheit von der Beendigung der Leiden und die Wahrheit der Pfade zur Beendigung des Leidens.

**Vier Gegenkräfte:** 1) Offenlegung oder die Kraft der Stütze; 2) die Kraft der Reue oder des Bedauerns; 3) die Kraft des Verwerfens [des begangenen Unheilsamen]; 4) die Kraft der Gegenmittel oder der Läuterung.

**Yogi** (skt.): Ein Praktizierender des Tantra, der Meisterschaft erlangt hat.

**Zuflucht:** Das tief empfundene Vertrauen, dass Buddha, Dharma und Sangha einem auf dem Pfad zur Erleuchtung anleiten können.

**Zwölf Glieder des Abhängigen Entstehens**: 1) Unwissenheit; 2) karmische Handlung; 3) Bewusstsein; 4) Name und Form; 5) Sechs Sinnesquellen; 6) Kontakt; 7) Empfindung; 8) Verlangen; 9) Ergreifen; 10) Werden; 11) Geburt; 12) Tod mit Altern und ohne Altern.

# Bibliographie

Es werden folgende Abkürzungen benutzt:

P: *Das tibetische Tripitaka*
  Pekinger Ausgabe, Herausgeber: Dr. Daisetz T.Suzuki. Suzuki
  Research Foundation, Tokyo, 1962
T: *Ein vollständiger Katalog des tibetisch-buddhistischen Kanon.*
  Tohoku Imperial University, 1934
*Blo sbyong brgya rtsa:*
  *Sems dpa' chen po dkon mchog rgyal mtshan gyis phyogs*
  *bsgrigs mdzad pa'i blo sbyong brgya rtsa dang dkar chag gdung*
  *sel zla ba bcas*
  Shes rig par khang, Dharamsala, 1973
*Bla ma'i mal 'byor*
  *Bla ma'i mal 'byor dang, yi dam khag gi bdag bskyed sogs zhal*
  *'don gces btus*
  Shes rig par khang, Dharamsala, Auflage 1979


## 1) Sanskrit- und tibetische Texte, die im Text zitiert werden

Aryadeva *('Phags pa lha)*
  *Vierhundert Verse*
  *P5246 Bd.95, T3846*
  Chatuhshataka shāstra kārikā nama
  bsTan bcos bzhi brgya pa shes bya ba'i tshig le'ur byas pa

Buddhapālita *(Sangs-rgyas-bskyangs)*
  *Buddhapālitas Kommentar zu (Nagarjunas) Abhandlung über*
  *den Mittleren Weg*
  P5254 Bd.95
  Buddhapālita mūla madhyamaka vritti
  dBu ma rtsa ba'i 'grel pa buddhapalita

Chandrakirti *(Zla-ba-grags-pa)*
  *Ergänzung zu (Nagarjunas) Abhandlung über den Mittleren Weg*
  P5261, Bd.98; P5262, Bd.98
  Madhyamakāvatāra
  dbU ma la 'jug pa

Dharmakirti (*Chso-kyi-grags-pa*)
*Kommentar zu (Dignagas) Kompendium der Gültigen Erkenntnis*
P5709, Bd.130
Pramāṇavarttikakārikā
Tshad ma rnam 'grel gyi tshig le'ur byas pa

Nagarjuna (*Klu sgrub*)
*Siebzig Verse über Leerheit*
P 5227; Bd.95
Shūnyatā saptati kārikā nama
STong pa nyid bdun cu pa'i tshig le'ur byas pa shes bya ba

*Grundlegende Abhandlung über den Mittleren Weg*
P5224, Bd.95
Prajñā nāma mūla madhyamaka kārikā / Madhyamaka shāstra
dbBu ma rtsa ba'i tshig le'ur byas pa shes rab ces bya ba

*Kostbarer Kranz*
P5658 Bd.129, T4158
Raja Parikatha ratnavali
RGyal po la gtam bya ba rin po che phreng ba

*Abhandlung zum Erleuchtungsgeist*
P2665, Bd.61; P2666, Bd.61
Bodhicittavivaraṇa
Byang chub sems kyi 'grel pa

Shantideva (*Zhi-ba-lha*)
*Bodhisattvacharyāvatāra*
Bodhisattva charyāvatāra
P5272 Bd.99, T3871
Deutsche Übersetzung: Shantideva, Eintritt in das Leben zur
Erleuchtung, München 1997

Tsongkhapa (*Tsong kha pa*)
*Die kurze Essenz der Guten Erklärung*
Auch: *Lobpreis des Abhängigen Entstehens* (rTen 'brel bstod pa)
P6016 Bd.153
Sangs rgyas bcom ldan 'das ... la zab mo rten cing 'brel bar
'byung ba gsung ba'i sgo nas bstod pa legs par bshad pa'i snying
po shes bya ba
Teil des 2.Bandes der Guru Deva Ausgabe in *Verschiedenes*
(*thor bu) 13 a4 bis 16 a3*
Übersetzung ins Englische:»Praise for Relativity« in Thurman,
Robert A.F. ed. *The Life and Teachings of Tsong Khapa.*
Dharamsala: LTWA, 1982

*Ausführliche Darlegung der Stufen auf dem Pfad (Lam Rim)*
P6001, Bd. 152
Lam rim chen mo

*Knappe Darlegung der Stufen auf dem Pfad*
P6002, Bd.152
Lam rim chung ba

## SUTRAS

*Große Trommel Sutra*
P888; Bd.35
Mahābherīhārakarparivartasūtra
rNga bo che chen po'i le'u'i mdo

*Herzsutra*
P160 Bd.6
Bhagavatī prajñāpāramitā hrdaya sūtra
*Shes rab snying po*
*bCom ldan 'das ma shes rab kyi pha rol tu phin pa'I snying po'i*
*mdo*

*Kurze Sutra von der Vollendung der Weisheit*
P735 Bd.49, T13
Ārya prajñāpāramitā gatha
*'Phags pa sher rab kyi rol tu phyin pa sdud pa tshigs su bcad pa*

*Sutra über das Hinabsteigen nach Lanka*
P775; Bd.29
Laṅkāvatārasūtra
*Lang kar gshegs pa'i mdo*

*Sutra von der Vollendung der Weisheit*
P730 bis 759 Bd.12.21, T8-43
Prajñāpāramitā sūtra
*shes rab kyi pha rol tu phin pa'o mdo*

*Von Upa erbetenes Sutra*
P760 Bd.23 Nr.19, T63
Ārya sāgaramati pariprchchhā nāma mahāyāna sūtra
*'Phags pa khyim bdag drag shul can gyis zhus pa shes bya ba*
*theg pa chen po'i mdo*

# Literaturhinweise

Dalai Lama Gyatso, Tenzin. Das Auge einer neuen Achtsamkeit. München 1987

Dalai Lama. Essence of the Heart Sutra. Somerville: Wisdom 2002

Dalai Lama. Der Stufenweg. München: Diamant 1998

Dalai Lama. Gesang der inneren Erfahrung. Hamburg: dharma edition 1993

Dalai Lama. The Buddhism of Tibet. Ithaca: Snow Lion 1975

Dalai Lama Gyatso, Tenzin. The Union of Bliss and Emptiness: A Commentary on the Lama Choepa Guru Yoga Practice. Ithaca: Snow Lion, 1988

Dalai Lama Gyatso, Tenzin. Transcendent Wisdom: A Commentary on the Ninth Chapter of Shantideva's Guide to the Bodhisattva's Way of Life. Übers. A. Wallace. Ithaca: Snow Lion, 1988

Gen Lamrimpa. Calming the Mind. Ithaca: Snow Lion 1992

Gen Lamrimpa. Realizing Emptiness, Madhyamaka Insight Meditation. Ithaca: Snow Lion 1999

Hopkins, J.. Der Tibetische Buddhismus. Sutra und Tantra, Arnstorf 1988.

Hopkins, J.. Meditation on Emptiness. London: Wisdom, 1983.

Jampa Tegchok, Geshe. Transforming the Heart. Ithaca: Snow Lion 1999

Lati Rinpoche und J. Hopkins, (Übers.). Meditative States in Tibetan Buddhism: The Concentrations and Formless Absorptions. London: Wisdom, 1983

Lati Rinpoche, Elizabeth Napper. Mind in Tibetan Buddhism. Ithaca: Snow Lion 1986

Nagarjuna und der Siebte Dalai Lama. The Precious Garland and the Song of the Four Mindfulnesses. London: George Allen and Unwin, 1975

Napper, E.. Dependent-Arising and Emptiness: A Tibetan Buddhist Interpretation of Madhyamika Philosophy Emphasizing the Compatibility of Emptiness and Conventional Phenomena. Boston: Wisdom, 1989

Pabongka Rinpoche. Befreiung in unseren Händen, Bd.1 und 2. München: Diamant 2000

Rabten, Geshe. Echoes of Voidness. London: Wisdom, 1983

Rabten, Geshe. Song of the Profound View. London: Wisdom, 1989

Thurman, R., Hrsg. The Life and Teachings of Tsong Khapa. Dharamsala: Library of Tibetan Works and Archives, 1982

Thurman, R., Hrsg. Tsong Khapa's Speech of Gold in the »Essence of True Eloquence«. Princeton: Princeton University Press, 1984. Paperbackausgabe als The Central Philosophy of Tibet

Wallace, A.. Von Tibet nach New York, Arnstorf 1994

Yeshe Tobden, Der Weg des Sanften Kriegers, Ein Kommentar zur Shantidevas Bodhisattvacharyavatara. München: Diamant 2003

# DER DIAMANT VERLAG

ist Mitglied in der Stiftung zur Erhaltung der Mahayana-Tradition (FPMT), einem Zusammenschluss von etwa 130 Meditations-, Studien- und Klausurzentren rund um den Erdball, die unter der Leitung von Lama Thubten Zopa Rinpoche stehen.

Falls Sie Interesse an den Lehren von Lama Thubten Yeshe und Lama Thubten Zopa Rinpoche haben, können Sie sich an eines der FPMT-Zentren wenden. Deutschsprachige Kurse gibt es in folgenden Zentren:

*Aryatara Institut*
*Barerstr. 70/Rgb.*
*D-80799 München*
*www.aryatara.de*

*Longku Zopa Gyu Zentrum*
*Zentrum für Buddhismus*
*Reiterstr. 2*
*CH-3013 Bern*
*www.zentrumfuerbuddhismus.ch/fpmt*

*Panchen Losang Chogyen Zentrum*
*Naafgasse 18*
*A--1180 Wien*
*www.fpmt.plc.at*

Informationen über die weltweite Organisation:

*www.fpmt-europe.org*
*www.fpmt.org*